21世纪工商管理类学科基础课教材

Basic Courses Series on Business Management

国家级精品课程

国家级精品资源共享课程

Principles of Finance

3rd edition

财务学原理

第三版

樊莹　罗淑贞　编著

东北财经大学出版社
Dongbei University of Finance & Economics Press
大连

图书在版编目（CIP）数据

财务学原理 / 樊莹，罗淑贞编著. —3版. —大连：东北财经大学出版社，2021.1
（21世纪工商管理类学科基础课教材）
ISBN 978-7-5654-4046-5

Ⅰ. 财… Ⅱ. ①樊… ②罗… Ⅲ. 财务管理-高等学校-教材
Ⅳ. F275

中国版本图书馆CIP数据核字（2020）第239965号

东北财经大学出版社出版
（大连市黑石礁尖山街217号 邮政编码 116025）
网 址：http://www.dufep.cn
读者信箱：dufep@dufe.edu.cn
大连雪莲彩印有限公司印刷 东北财经大学出版社发行
幅面尺寸：185mm×260mm 字数：341千字 印张：17.25 插页：1
2021年1月第3版 2021年1月第1次印刷
责任编辑：石真珍 周 晗 责任校对：周小焕
封面设计：冀贵收 版式设计：钟福建
定价：42.00元

教学支持 售后服务 联系电话：（0411）84710309

如有印装质量问题，请联系营销部：（0411）84710711

第三版前言

我国教育部把财务管理专业从会计学专业中单列出来后，暨南大学及时响应，成为我国最早开设“财务学原理”课程的高校之一。我校不仅设立了财务管理专业，而且将财务学课程细分为“财务学原理”、“中级财务管理”和“高级财务管理”。经过十几年的探索和实践，我校的“财务学原理”课程先后入选国家级精品课程、国家级精品资源共享课程。基于此，我们在参阅国内外近年出版的财务学教材的基础上，结合多年的教学实践经验编写了本教材。

《财务学原理》作为高校经济管理类本科专业的基础课教材，简明易懂地阐述了企业财务管理的基本原理和方法体系，其中着重阐述了货币时间价值、风险与报酬、资本成本、杠杆原理、现金流量等财务管理基本知识以及财务分析与预测的基本方法。编者在借鉴国内外先进的财务管理理论和方法的同时，结合我国的实际情况分析问题，力求使本书既具有理论性，又具有实务指导性。

本书在内容和体例上力图体现以下几个特点：

一是重基础。在内容上力求简明扼要、深入浅出，着重介绍与阐述企业财务管理的基本概念和原理，为学生学习相关专业课程打下扎实的基础。

二是强实操。理论联系实际，强调实用性和操作性。在进入每一章内容之前，通过“引例”引导学生建立对该章内容的认识，明确学习方向；在每一章的正文中穿插若干“课堂讨论”，引导学生从不同角度进行延伸性思考。这些案例大多是最近几年我国企业实际发生的事件，如美团的投融资战略、万科的白银时代、航空公司高杠杆运行等大家熟悉和关注的事例，使学生有机会运用财务管理的基本原理和方法，领悟相关知识点与现实问题之间内在的逻辑关系，激发学生学习财务管理知识的兴趣，培养学生分析问题、解决问题的能力。

三是揽全局。企业的财务状况和财务成果必须结合其运营的环境来理解，因此，本书较为详细地介绍了经济状况、竞争环境、金融环境、法律环境、企业文化和新技术等因素对财务行为的影响，使学生明白要在全局背景的框架下理解和掌握财务知识，培养统揽全局的能力。

本教材第三版更新了部分章节的引例、课堂讨论、基础理论和财务报表等内容，增加了用Excel函数功能计算现值和终值的步骤、财务分析、财务报表之间的关系等内容，并对第二版中存在的错漏之处进行了修改。

本书由暨南大学管理学院会计系樊莹副教授和罗淑贞副教授共同编著，并撰写大纲，最后由樊莹总纂定稿。第三版的修订工作由樊莹和罗淑贞完成，具体分工为：樊莹，第1、3、5、8、9章；罗淑贞，第2、4、7章。

在本书的写作过程中，东北财经大学出版社给予了编者大力支持，在此谨致谢意！编者参考了大量的文献，在此，对这些文献的作者表示感谢！

限于编者的学识与水平，书中难免尚存失当之处，恳切期待读者的批评指正。

编著者

2020年10月

目　录

第1章 绪论

财务是商品货币经济的伴随现象，企业财务管理是对企业的运作资本进行筹划和调度的管理活动，其理论和方法还处于不断完善和发展的过程中。认识和理解企业财务活动、财务关系、资本运动规律、财务管理原则以及财务人员的职责等内容，是财务学入门的前提。

学习目标

1. 理解财务学与财务管理的内涵
2. 认识财务活动与财务关系
3. 了解资本运动规律
4. 了解财务学的产生与发展
5. 掌握财务管理的主要原则
6. 了解财务人员的职责

引 例

财务是企业的血液

海信集团是特大型电子信息产业集团公司，成立于1969年。1994年，海信集团公司成立。1997年4月，海信电器股票上市，给海信带来了发展机遇。海信集团在过去的50年间，保持着稳健经营的发展步伐，以持续经营的理念来对待技术投入，围绕着相关多元化的产业规划，实现着资金的不断投入与并购重组。海信从创业之初只有十几个员工的小公司，到现在已经发展成为拥有几万员工、两家上市公司、名列中国电子信息产业前十名的跨国经营的大公司。

海信认为：财务是一个企业的血液，如果血液不畅通，企业就会休克乃至死亡；企业无力偿还到期债务，才是破产的真正标准；在发展速度与财务健康的选择上，宁要健康不要速度；“做大先要做强”。因此，海信坚持“技术立企、稳健经营”的发展战略，以优化产业结构为基础、技术创新为动力、资本运营为杠杆，将追求当期利益与长远发展统一起来，确保持续健康发展。进入21世纪，海信以强大的研发实力为后盾，以优秀的国际化经营管理团队为支撑，加快了产业扩张的速度，形成了多媒体、家电、IT、智能信息系统、地产及现代服务的产业格局。

“创造完美，服务社会”是海信总的价值观念，是海信一切经营活动的最高准则。海信人在生产劳动过程中，把对美的追求、对生活的热爱，融注于每一个产品之中，并通过优质的服务把它奉献给人民，让更多的人在使用海信产品、享受海信服务的过程中，真切地感到一种美的存在，获得一种美的享受，从而引导广大消费者以及社会大众热爱美、追求美、创造美。“服务社会”是海信事业的最终目标。“服务”不仅表现在海信与社会、海信与消费者之间，也表现在海信集团内部各职能单位、集团与子公司之间，即集团为子公司服务，子公司及各职能部门为生产、销售服务，上一道工序为下一道工序服务，整个海信为社会服务。海信以服务社会来回报社会，立足于社会。

2019年，在全球经济持续下行大环境之下，海信集团着眼全球竞争和企业长远发展，营业收入和利润逆势同比双增长，实现营业收入1 268.6亿元，其中利润79.3亿元，同比增长24.17%，在激烈的竞争中交出了一份亮眼的成绩单。

2019年海信集团以超过833亿元的战略性新兴产业收入，在中国战略性新兴产业领军企业100强排行榜中位列第14位，在家电企业中排名第一。海信集团荣获2019年第15届中国企业管理杰出贡献奖。

资料来源 根据海信集团网站和相关新闻报道整理。

阅读本章不妨思考下面几个问题：在海信集团的持续健康发展中财务管理重要吗？为什么？企业财务活动包括哪些内容？如何处理企业与利益相关者的关系？

1.1 财务学与财务管理

1.1.1 财务与财务学

1.财务

“财务”一词是19世纪从西方引入的概念，英文为“Finance”，译为“金融”，有的将其翻译为“财政”。《新帕尔格雷夫经济学大辞典》对“Finance”做了如下解释：“金融以其不同的中心点和方法论而成为经济学的一个分支。其基本的中心点是资本市场的运营、资本资产的供给和定价。其方法论是使用相近的替代物给金融契约和工具定价。对那些有时间连续特点和收益取决于解决不确定性的价值工具来说，这一方法很实用。金融不是研究实物经济中所发生的问题，因此，也不是研究在静态和确定性世界中所发生的问题。但是，一旦引入时间因素，交易就形成了两个方面。但达成贷款协议时，为了保证偿还，数量和条件都记录在案。记述和法定约束借款人偿还贷款的文件或计算机账目本身也成为一种

'持票'工具。在债务首次交易时刻，资本市场和金融学科便产生了。"[①]

财务作为再生产中以资本运动为管理对象的社会经济现象，作用于商品货币经济社会的各个单位、各个部门、各个行业、各个政府及各个国家。其作用的空间可宏观可微观，作用的时间可持续可分阶段，作用的范围可大可小，作用的方式可直接可间接。可以说，只要资本渗透到的地方，财务就伴随而来。正是由于这种作用的广泛而强大，财务具有多样性和复杂性，需要分类分层进行理解和应用；同时因为财务作用于整个社会经济系统之中，而社会经济系统本身所具有的层级与分工，决定了财务也具有相互联系又相对独立的内涵。据此，我们将财务分为三个层级：

一是政府财务。政府财务也叫国家财务或社会财务，主要是政府层面组织安排的资本收支与筹划使用活动及其相关研究。其收入主要是由税收形成的财政收入；其支出主要是用于土地资源、基础设施、国防公安、政府行政、科教文卫、社会保障与环境保护等社会公共产品的建设与运行，故也称为公共财政。由于政府财务的收支活动主要服务于社会大众的整体利益和需求，所以其管理活动的最终目标是资本的社会价值（利益）最大化。

二是市场财务。市场财务主要是基于金融市场尤其是资本市场的财务活动及其相关研究，包括股票、债券、信贷、信托、租赁等方面的内容。例如，金融学、投资学、价格学、货币银行学等，主要研究的是市场层面的财务问题。由于市场是资本的"集散地"，资本的所有者（股东）将其拥有的资本（权益）投入市场，其基本目的就是要使自有资本获得尽可能多的增值，所以市场财务的最终目标是股东权益最大化。

三是企业财务。企业财务也叫公司理财，是指在社会和市场大环境下的企业财务活动及其相关研究，包括对企业运作资本的筹集、投放、耗用、回收和分配等内容，也就是通常意义上的企业财务管理。企业财务的最终目标是企业（资产）价值最大化，其原因和道理将在第3章做专门论述。

严格说来，财务还有第四层级，即家庭财务（包括个人财务），现在已有这方面的专门论著，主要是研究如何利用已有的财务管理方法和技术来合理配置家庭财产，使之能安全保值和增值，所以也叫家庭安全理财（Family Finance Peace）。由于家庭财务的理念与方法皆在市场财务与企业财务的内容之内，故财务学并不专门讨论家庭财务问题。本书也是如此，而且本书主要讨论第三层级的财务——企业财务，所以有关企业财务管理的基本理念与方法是本书主要讲解的内容。

企业财务（Finance），是指企业财务活动及其所体现的经济关系的总称。企业财务活动，指企业在再生产过程中的资金运动。企业财务关系，指资金运动所

① 伊特韦尔，米尔盖特，纽曼，等. 新帕尔格雷夫经济学大辞典：第二卷［M］. 陈岱孙，主编译. 北京：经济科学出版社，1996：345.

形成的企业同各方面的经济关系。

2.财务学

财务学是指对财务管理实践之经验和方法进行理论归纳并探究资本运筹规律与效率的学科，属于理论的范畴，而且由于财务实践的特性决定了它是社会科学的范畴。而财务活动是指在再生产过程中协调利益相关者关系、筹划并实施运作资本的管理活动，属于实践的范畴。财务学与财务活动是理论与实践的关系，而且财务学来自财务活动，又高于财务活动，从而可以指导财务活动。

1.1.2 企业财务管理

企业财务管理（Financial Management）也叫公司理财，是基于在生产过程中客观存在的财务活动和财务关系而产生的，是企业组织财务活动、处理与各方面财务关系的一项经济管理工作。需要说明的是，作为财务学“原理”，本书是为企业财务管理提供基础性知识，即主要讲解财务基本内容、财务理念和具有通用性、基础性的财务方法，而具体的、专用性的理财方法和内容则不在本书中介绍。

1.2 财务活动与财务关系

企业财务管理是企业在处理各种财务关系的基础上，利用价值形式对其所运作资本进行筹划和协调的财务活动。可见，在企业财务管理实践中，开展财务活动和处理财务关系是其核心的内容，必须对此有清晰的认识。

1.2.1 财务活动

1.企业财务活动存在的客观基础

企业财务活动是指企业筹集资本、运用资本、回收资本和分配资本而产生的资本管理活动。在商品经济条件下，资本运动是客观存在的，而资本运动存在的客观经济基础是商品货币经济。

商品是使用价值和价值的统一，企业再生产过程也就表现为商品使用价值的生产和交换过程与商品价值的形成和实现过程的统一。在这一过程中，企业运用一定的劳动手段对劳动对象进行加工，生产出新的商品并将其出售，使商品的使用价值得以实现，它表现为商品的运动过程；另一方面，与商品运动过程相对应，企业将生产中消耗的生产资料转移到产品上去，并创造出新的价值，通过商品的出售，使新创价值得以实现。这种价值运动过程可以表示如下：

$$G—W\begin{Bmatrix}A\\P_m\end{Bmatrix}\cdots P\cdots W'—G'$$

在上式中，G—W反映了商品的购进过程，同时也是货币资本向商品资本的转化过程；$W\begin{cases}A\\P_m\end{cases}\cdots P\cdots W'$反映了购进的商品与劳动力结合而被生产加工成为一种新的商品的过程，同时也是商品资本转化为生产资本，继而又转化为商品资本的过程，并会伴随着商品形态的转换和价值的增值；W′—G′（即G+ΔG）反映了商品的销售过程，同时又是商品资本向货币资本转化的过程。这样，企业的再生产过程，既是商品的生产运动过程，同时也是商品的价值运动过程。由于商品的价值运动过程可以用货币形式表现出来，通常又把在再生产过程中商品价值的货币表现称为资本，进而把商品的价值运动称为资本运动。企业的资本运动构成企业经济活动的一个独立的方面，那就是企业的财务活动。

2.企业财务活动的内容

企业资本运动过程是通过一定的财务活动表现出来的，一方面通过筹资活动形成权益，另一方面通过投资活动形成资产。作用过程如图1-1所示。

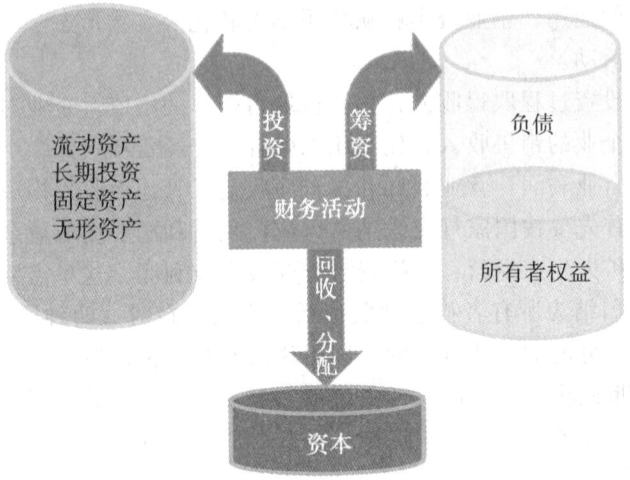

图1-1　财务活动示意图

（1）筹资活动。

企业的生存和发展离不开资本的筹集。企业从各种渠道以各种形式筹集资本是商品运动的前提，也是资本运动的起点。所谓筹资，是指企业为了满足投资和用资的需要，筹措和集中所需资本的过程。在筹资过程中，企业一方面要确定筹资的总规模，以保证投资和用资所需资本；另一方面要通过筹资渠道和筹资方式或工具的选择确定合理的筹资结构，使筹资的代价降低而风险不变甚至降低。

从整体上看，任何企业都可以从不同方面筹资并形成两种性质的资本来源：一是企业的权益资本（Equity Capital）。它是通过吸收直接投资、发行股票、企业内部留存盈余等方式从投资者那里取得，投资者可以是国家、法人、个人、外商等。二是企业的债务资本（Debt Capital）。它是企业通过向银行借款、发行债券、应付款项等方式取得。无论是权益资本还是债务资本，开始时多数处于货币形态。

（2）投资活动。

企业筹集资本的目的是把资本运用于生产经营活动以便谋求最大的经济效益。企业可把筹集到的资本用于购置流动资产、固定资产、无形资产等形成对内投资，也可以用于购买其他企业的股票或债券或与其他企业联营形成对外投资。无论企业购买内部所需资产，还是购买各种证券，都需要支付资本。而当企业变卖其对内投资的各种资产或收回其对外投资时，则会产生资本的收入。这种因企业投资而产生的资本收付，便是由投资而引起的财务活动。投资活动为企业带来各种资产，如各种实物资产、债权和无形资产。它们是企业从事生产经营的物质基础，并以各种具体形态分布或占用在生产经营过程的各个方面。从资产的流动性分析，其具体包括流动资产、长期资产、固定资产、无形资产、递延资产和其他资产等。

通过资本的运用，企业资本就从货币形态转化为实物形态。

（3）分配活动。

企业通过投资过程取得收入，并相应取得资本的增值。企业对投资收入应进行合理分配，企业的销售收入首先要用以弥补生产经营耗费并缴纳流转税，其余部分为企业的营业利润。营业利润和投资净收益、其他净收入构成企业的利润总额。利润总额首先要按国家规定缴纳所得税，税后利润要提取盈余公积，分别用于弥补亏损、扩大生产经营、向投资者分配股利或利润。这里需要说明的是，企业筹集的资本归结为所有者权益和负债两个方面，在对这两种资本分配报酬时，前者是通过利润分配的形式进行的，即由税后利润支付，后者是通过将利息等计入成本费用的形式进行分配的，即由税前利润支付。二者的相同之处在于，它们被分配后就从企业的资本运动中退出。可以看出，这种因分配而产生的财务收支就是分配中的财务活动。

在资本分配活动过程中，企业的实物（成品资本）形态转化为货币形态。资本分配是一次资本运动过程的终点，又是下一次资本运动过程开始的前奏。

以上三个方面是企业财务活动的主要组成部分，它们之间相互联系、相互依存，共同构成了企业财务管理的基本内容。对此更详细的解释见本书第2章。

1.2.2 财务关系

企业进行资本筹集、资本运用和资本分配等财务活动，必然与企业上下左右各方面有着广泛的联系。我们把企业在组织资本运动过程中与各利益相关者发生的经济关系，称为财务关系。企业的这种财务关系取决于由企业资本运动所钩稽的企业与各利益相关者之间的契约关系，正所谓“企业是各种契约的集合体”。所以，诚信履约是处理好企业财务关系的根本。企业与各利益相关者的关系如图1-2所示。

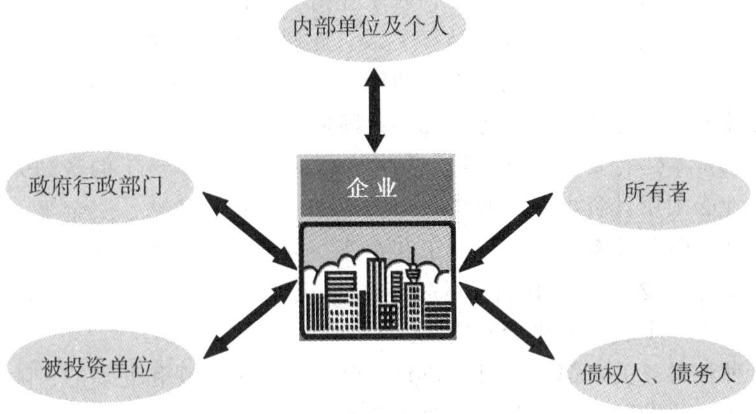

图1-2　企业与利益相关者关系图

具体说来，企业的财务关系主要有以下几方面：

1.企业与投资者和受资者之间——权益至上，利益共享

企业从各种投资者那里筹集资本，进行生产经营活动，并将所实现的利润按各投资者的出资额进行分配。企业还可将自身的法人财产向其他单位投资，这些被投资单位即为受资者，受资者应向企业分配投资收益。企业与投资者、受资者的关系，即投资与分享投资收益的关系，在性质上属于所有权关系。处理这种财务关系必须维护投资、受资各方的合法权益。

2.企业与债权人、债务人、往来客户之间——诚信为本，及时还贷

企业由于购买材料、销售产品要与购销客户发生货款收支结算关系，在购销活动中由于延期收付款项要与有关单位发生商业信用——应收账款和应付账款。当企业资本不足或资本闲置时，则要向银行借款、发行债券或购买其他单位债券。无论由于何种原因，一旦形成债权债务关系，则债务人不仅要还本，而且要付息。企业与债权人、债务人、购销客户的关系，在性质上属于债权债务关系、合同义务关系。处理这种财务关系，也必须按有关各方的权利和义务，保障有关各方的权益。

3.企业与政府行政机构之间——遵纪循规，依法纳税

企业应按照国家税法和规定缴纳各种税款，包括企业所得税、流转税和计入成本的税金。国家以社会管理者的身份向一切企业征收有关税金，这些税金是国家财政收入的主要来源。企业及时定额地纳税，是生产经营者对国家应尽的义务。

4.企业内部各单位之间——责利分明，团结协作

一般说来，企业内部各部门、各级单位与企业财务部门之间都要发生领款、报销、代收、代付的收支结算关系。在实行内部经济核算制条件下，企业内部各单位都有相对独立的资本定额或独立支配的费用限额，各部门、各单位之间提供产品和劳务要进行计价结算。这样，在企业财务部门同各部门、各单位之间，各部门、各单位相互之间，就发生结算关系。处理这种财务关系，要严格分清有关各方面的经济责任，以便有效地发挥激励机制和约束机制的作用。

5.企业与员工之间——按劳分配，共同发展

企业的资本运行要完成并持续，始终都要依托于全体员工的辛勤劳动与齐心奉献，企业必须用其资本及其收益，向员工支付工资、津贴、奖金等。这种企业与员工之间的财务关系，体现着员工和企业在劳动成果上的分配关系。合理处理这种财务关系，必须正确执行国家有关的法规和政策，使员工既能得到利益保障，又能有进一步发展的机会和空间。

以上种种财务关系都是通过企业日常财务活动来表现和处理的，随着经济多元化、全球化的发展，企业与各利益相关者的联系日益密切和广泛，企业的财务活动和财务关系将越来越复杂，如何处理好这些关系将成为决定企业生存和发展的关键问题。

【课堂讨论1-1】

1.如果张山采取“定期定额”方式，每期都买一张10元的福利彩票，请问这是一种“投资”吗？

2.如果张山准备将彩票中奖的500万元用来投入股市，请问他应如何按投资程序来进行这项投资呢？

1.3 财务管理原则

财务管理的原则，是企业进行财务活动及处理各种财务关系所应遵循的基本规范。财务管理原则是从财务管理实践中总结归纳出来的行为规范，它既反映了企业财务管理活动规范化的本质要求，又体现了理财的基本理念。

1.3.1 资本保值增值原则

资本保值增值原则是企业财务管理的目的性原则，因为企业运作资本最基本的目的和任务就是在保持原有资本价值量的基础上使资本增值。企业资本从不同角度可分为财务资本和实物资本。按国际会计准则委员会的界定，财务资本“如同投入的货币或投入的购买力，是企业的净资产或产权的同义词”。实物资本则“如同营运能力，被看作以每日产量等为基础的企业的生产能力”。所以资本保值有两种含义：一是财务资本保值，即要求所有者投入资本的价值保持完整，表现为期末资本价值等于期初资本价值；二是实物资本保值，即要求所有者投入资本的实际生产能力保持完整，表现为期末实际生产能力等于期初实际生产能力。无论何种资本保值，实际上都与货币计量单位有关，由于货币计量单位可分为名义货币单位和一般购买力单位两种，因此，资本保值就由上述两种演变为四种，即名义货币单位财务资本保值、一般购买力单位财务资本保值、名义货币单位实物资本保值和一般购买力单位实物资本保值。

资本保值增值的关键是保值，因为超过保值的额度才是增值，不能保值就不可能增值。而增值最能代表资本所有者的投资目的和需求，又能体现财务管理水平和绩效。

1.3.2　风险与收益均衡原则

风险与收益均衡原则体现了财务管理的风险报酬观念。在市场经济的激烈竞争中，进行财务活动不可避免地要遇到风险。财务活动中的风险是指获得预期财务成果的不确定性。企业要想获得收益，就不能回避风险。风险与收益均衡原则（The Principle of Risk-return Trade-off）要求企业在财务活动中不能只顾追求收益，不考虑发生损失的可能性，应全面分析收益性和安全性，按照风险和收益适当均衡的要求来决定采取何种行动方案，同时在实践中趋利避害，争取获得较多的收益。例如，在资产运作方面，持有较多的现金，可以提高企业偿债能力，减少偿债风险，但是银行存款的利息很低，而库存现金则完全没有收益。在筹资方面，发行债券与发行股票相比，由于利率固定且利息可在成本费用中列支，所以对企业留用利润影响很少，可以提高净资产收益率，但是企业要按期还本付息，需承担较大的财务风险。无论是对投资者还是对受资者来说，都要求收益与风险相适应，风险越大，要求的收益也越高。因此，进行财务管理，应对风险和收益作出全面的分析和权衡，以便选择最有利的方案。特别是要注意把风险大、收益高的项目同风险小、收益低的项目适当地搭配起来，分散风险，使风险与收益平衡，做到既降低风险，又能得到较高的收益。

1.3.3　投资分散化原则

投资分散化原则，是指不要把全部资本投资于一个项目，而要分散投资。投资分散化原则的理论依据是投资组合理论。马科维茨的投资组合理论认为，若干种股票组成的投资组合，其收益是这些股票收益的加权平均数，但其风险要小于这些股票的加权平均风险，所以投资组合能降低风险。

投资分散化原则不仅仅适用于证券投资，还适用于公司各项决策。例如：不应当把公司的全部投资集中于个别项目或个别产品；不应当把销售集中于少数客户；不应当使资源供应集中于个别供应商。凡是有风险的事项，都要贯彻分散化原则。

1.3.4　利益者关系协调原则

利益者关系协调原则体现了财务管理的环境观念。企业财务管理的过程及结果的利益分配，必然要同企业的外部和内部环境发生密切的财务关系，而财务关系主要体现为企业与国家、投资者、债权人以及内部员工等主体之间的利益关系。正确处理企业与内外部利益相关者之间的关系是现代财务管理的必然要求，也是企业长期协调稳定发展的基础。要恰当地处理好财务关系，企业应该坚持权力与责任均衡的原则；在企业内部经营管理职能的划分以及财产权与经营权的划分上体现权力与责任一致的原则；建立起以责任为中心、以权力为保证、以利益为手段的企业内部财务管理责任制，使各方的权益得到保障。

1.3.5 成本效益原则

成本效益原则体现了财务管理的成本效益观念。成本效益原则通常是指在经济活动中应对其投入与产出进行分析比较，从而以尽可能少的投入，取得尽可能多的产出。这是从事任何经济活动都应遵循的一般原则，财务管理也不例外。企业财务管理中的成本效益原则，就是指在企业财务管理中，应将财务成本与财务收益相比较，权衡各种财务活动或方式的利弊得失，以尽可能低的财务管理成本，取得尽可能高的财务管理收益。

企业财务管理中遵循成本效益原则，涉及财务管理的各个环节与各个领域。例如，企业在筹资活动中，有资本成本率和总资产报酬率的对比分析问题；在投资决策中，有投资额与各期投资收益额的对比分析问题；在日常经营活动中，有营业成本与营业收入的对比分析问题；在财务管理方式选择中，有取得同样产出或收益选择最低成本的财务管理方式问题，也有以一定的资本投入选择使产出或收益最大的财务管理方式等。

1.3.6 收支时间均衡原则

收支时间均衡原则体现了财务管理的时间价值观念。收支时间均衡原则是指资本收支不仅在数量上保持平衡，而且在每一个时点上达到动态的协调平衡。企业只有保持资本的收支时间均衡，才能实现资本的保值增值。企业的资本支出是资本运动的起点，经过购、产、销阶段，取得资本收入，完成资本的一次循环，因而收支时间均衡，就是要保证企业的购、产、销活动的均衡。企业要对材料采购、生产经营活动以及产品销售活动都给予充分的重视，使之互相衔接，保持均衡。

企业要采取积极措施解决资本运动中存在的矛盾，实现资本的收支均衡。既要做好营销工作，扩大收入，又要注意节约，降低成本，减少支出。对于那些能够确实带来收入增加的各项支出，在财力许可及收支效益比较的基础上，应该保证资本的及时供应。同时，要做好现金预算控制，保持筹资计划、投资计划和分配计划的综合平衡，有效地控制现金的流转。要做到资本的收支时间均衡，还要依靠发达的金融市场，通过短期投资和筹资来实现某时点资本的均衡。

1.3.7　现金流量原则

在计量财富或者价值的时候，将以现金流量作为计量工具。企业实际收到的并可以拿去再投资的是现金流量，而不是会计盈余。会计盈余是当赚取时就应计的但并不代表钱已经到手，所以，企业的现金流量和会计盈余可能不一样。举个例子，购买新设备或楼房等固定资产的支出会逐年发生折旧，而每年的折旧费会在利润中扣除。现金的流入和流出伴随着的是实际收到和付出的现金，就是钱的到手或离手。因此，现金流量能够正确反映收益和成本的时间性。

增加的现金流量——只有变量才有意义。在2000年，可可麦圈（Cocoa Pebbles）和果味麦圈（Fruity Pebbles）的生产商Post公司推出了肉桂脆麦圈（Cinna-crunch Pebbles）——“带有肉桂甜味的脆麦圈”。毫无疑问，肉桂脆麦圈会直接与Post的其他谷物类产品竞争，特别是麦圈的系列产品，所以Post引入肉桂脆麦圈后的收入与没有引入之前的收入之差就是增加的现金流量。这个差异反映了该决策带来的实际影响。在做商业决策时，人们就是在考虑这些决策带来的结果是什么：如果赞成会怎样？否决又会怎样？在用现金流量来衡量投资新项目所带来的收益的基础上，对使用现金流量进行决策的过程稍加调整，即只考虑增加的现金流量。增量现金就是进行和不进行某项目所带来的现金流量的差额。

这里的重点是要从增量的角度去思考问题。指导人们决定现金流量是否增加的准则是判断接受和不接受新项目时结果分别会怎样。其实，对于增量概念的运用并不局限于现金流量，还会扩展到所有决策中。

1.3.8　资本合理配置原则

资本合理配置原则体现了财务管理的杠杆效应观念。企业资本配置情况是通过资产结构和资本配置表现出来的。在资本运用方面，企业形成各种各样的资产结构：有对外投资和对内投资的构成比例，有固定资产和流动资产的构成比例，有有形资产和无形资产的构成比例，有货币性资本和非货币性资本的构成比例，有材料、在产品、产成品的构成比例等。在资本来源方面，企业资本配置结构有：借入（负债）资本和自有（权益）资本的构成比例，长期负债和短期负债的构成比例等。

按照系统论的观点，组成系统的各个要素的构成比例是决定一个系统功能状况的最基本的条件。系统的组成要素之间存在着一定的内在联系，系统的结构一旦形成就会对环境产生整体效应，或是有效地改变环境，或是产生不利的影响。在财务管理这个系统中也是如此，资本配置合理，从而资源构成比例适当，就能保证生产经营活动顺畅运行，并由此取得最佳的经济效益；否则就会危及购、产、销活动的协调，甚至影响企业的兴衰。因此，资本合理配置是企业持续、高效经营必不可少的条件，是财务管理的基本原则。

1.3.9 有效资本市场原则

财务经理的目标之一是要使股东财富最大化。那如何计量股东的财富呢？股东财富就是其所持有股票的价值。为了理解是什么原因导致股价波动以及债券和股票等证券在资本市场中是如何定价的，必须先理解有效市场的概念。

资本市场是指证券买卖的市场。有效资本市场（Efficient Capital Market），是指在资本市场上频繁交易的金融资产的市场价格反映了所有（全部公开）可获得的信息，而且面对新信息完全能迅速地作出调整。在有效市场假说之下，证券价格反映信息的速度如此之快，以致投资者无法从公开信息中获利。逐利的投资者使得证券价格恰当地反映预期的收益及其风险，由此，反映了企业的真实价值。

有效市场意味着以下两点：首先，价格是准确的。股票的价格反映了关于公司价值的所有公开信息，所以，在其他条件不变的情况下，可以通过关注每一个决策对股价的影响来实现股东财富最大化的目标。也就是，长期向好的决策能提高股价，向坏的决策会降低股价。其次，通过会计政策变更进行的盈余操纵不会影响股价。股票分割和其他不影响现金流量的会计方法的变更是不会影响股价的。市场价格反映的是预期能带给股东的现金流量，所以之前所说的要用现金流量来计量收益的时间价值是合理的。

【课堂讨论1-2】

作为全球为数不多能够实现无借贷经营的企业之一——丰田，其前总裁丰田章一郎说过，只有拥有现金的人才是最后的胜者。对于这一点北京宽信敏功科技有限公司总裁郑长江非常认同："造成公司破产的直接原因很多时候不是盈亏数据，而是现金流的枯竭。"他在接受《首席财务官》记者采访时表示，"现金为王"是财务管理人员的"金科玉律"，但往往只有在经历外部环境的冲击后，现金流问题才会真正引起重视。

讨论：企业在财务管理中为什么遵循现金流量原则？

1.4 财务人员的职责

1.4.1 财务管理组织机构

企业必须通过组织性的分工运作才能创造利润，因此才有组织结构的存在。传统的组织分工包括生产、销售、人事、财务等四个功能性部门，而各部门还可以继续划分职权，形成更复杂的功能子系统。由于财务决策在企业战略决策中的重要地位，企业应单独设立财务管理机构，并设一名公司副总经理负责企业全面的财务工作。

企业与企业之间的组织结构并不完全相同。不同的企业因业务差异而侧重点有所不同，不同的企业机构设置的层次也有不同。图1-3展示了一种典型的公司制企业的财务管理组织机构（Organizational Structure of Financial Management）。财务总监（Chief Financial Officer，CFO）负责整个企业的财务工作，其下有财务主管（西方称为财务长，Treasurer）和会计主管（西方称为主计长，Controller）。财务主管负责资金筹集和使用以及股利分配等工作，风险管理、保险、兼并与收购活动以及制定财务制度也是财务部门的职责。财务主管负责的财务部门一般下设财务分析与预算、筹资管理、投资管理、现金管理和信用与风险管理等分部。会计主管主要负责会计和税务方面的活动。会计部门一般下设财务会计、成本会计、管理会计和税务会计等分部。

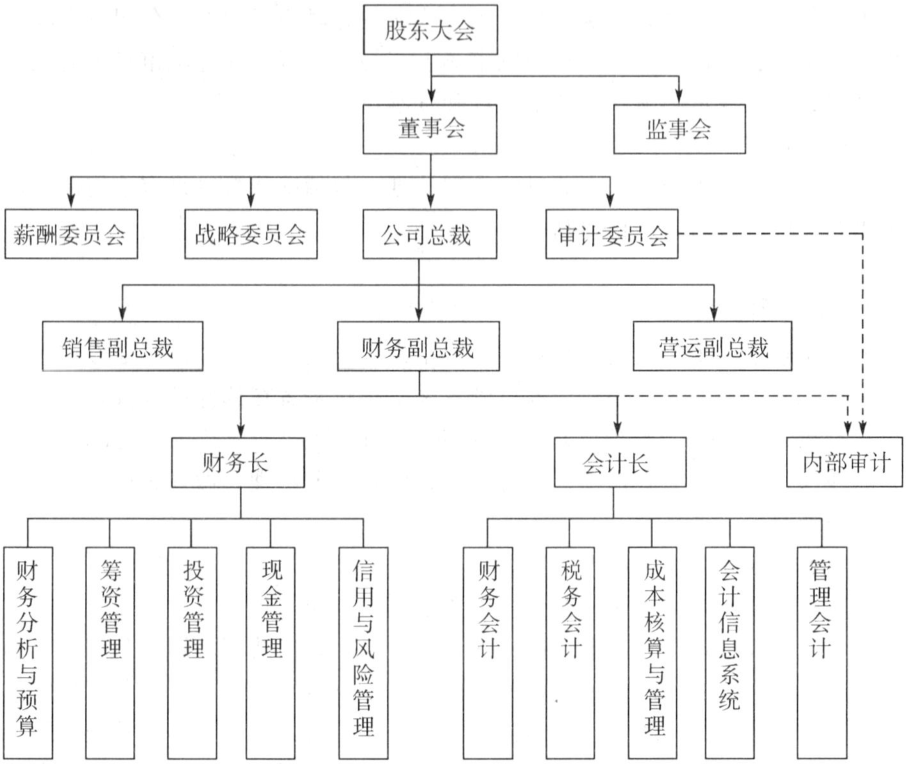

图1-3 财务管理组织机构图

1.4.2 财务人员的职责

财务人员的任务就是获取并使用资源以使公司价值最大化。财务人员的主要具体工作有：

1.预测与计划

财务人员必须协调计划过程。这就意味着当财务人员在预测并制订公司未来发展计划时，他们必须与其他部门的人员协调。

2.重要投资与筹资决策

为了保持公司可持续发展，在对厂房、设备和存货进行投资时，财务人员首先帮助公司确定最优的销售增长率，决定需要购买的具体资产，然后选择最佳筹资方式，控制好权益和负债资金比例，降低资本成本。

3.协调与控制

财务人员对日常营运中的资金进行合理调度，如各项流动资产的持有比例调整、短期周转资金方式的决定等。财务人员只有与其他部门的人员协作，才能确保公司尽可能有效运作。

4.与金融市场打交道

由于每一个公司都会影响金融市场，或者受金融市场影响。公司可以在金融市场上融资，公司的股票可以在金融市场上交易，投资者在金融市场上赚钱或亏损。因此，财务人员必须熟悉货币市场和资本市场。

5.风险管理

财务人员应负责公司全面的风险管理计划，包括确认哪些是应该控制的风险并采用有效的方式对其进行控制。

1.4.3 财务职业生涯

财务学包括三个相关的领域：（1）货币市场与资本市场，涉及证券市场和金融机构；（2）投资，主要关注个人投资者和机构投资者在选择证券投资组合时所作出的投资决策；（3）财务管理，或称为“企业财务”，涉及企业内部决策。每个领域涉及的职业机会有很多且各有不同，但是财务经理要做好企业财务管理工作，必须通晓这三个领域。

1.货币市场与资本市场

许多财务学专业的毕业生都到一些金融机构工作，包括银行、保险公司、基金管理公司以及投资银行。要获得成功，需要通晓评估技巧、影响利率变化的因素、金融机构必须遵守的规定和各种金融工具，也需要基本了解企业管理的各方面知识，因为金融机构的管理同样包括会计、销售、人事、计算机系统与财务管理各个方面。另外，口头和书面的沟通能力也非常重要，还有带动其他人做好工作的能力也是至关重要的。

2.投资

从事投资的财务学专业毕业生常常会去证券公司，做销售或证券分析师；另外一些则会为银行、基金或保险公司管理证券投资组合；也有一些为财务顾问公司工作，为个人投资者或机构提供投资建议；还有一些在投资银行工作，帮助企业筹集新的资金；或作为财务筹划者为个人和机构提供长期财务目标和投资组合方面的帮助。在投资领域主要有三种职业选择，即营销、证券分析和为特定的投资者提供最优的投资组合。

3.财务管理

财务管理是这三个领域中影响范围最广的，工作机会也最多。财务管理在各种企业都是很重要的，包括银行、其他金融机构，还有工业企业和商业企业。财务管理在非营利机构也是很重要的，如学校和医院。财务管理领域的工作机会涉及从生产扩张的决策到财务扩张时选择何种证券等决策。财务经理也有责任决定给客户的信贷条件，公司应保持多少存货，应该持有多少现金，是否要收购其他公司，以及公司盈余应多少用于再投资，多少用于股利发放。

财务学专业的学生不论进入哪个领域，都需要具备这三个领域的知识。例如，银行信贷人员必须能够判断公司运营的情况，证券分析师必须对资本市场有充分的了解。同样，企业财务经理需要明白银行考虑的问题，知道投资者对公司和股价的评判。因此，任何从事财务管理工作的人员都需要了解这三个领域的知识。

财务人员的工作是多元且两极化的，财务人员可以选择到稳定且报酬高的公司财务部或银行、保险公司行政部门工作，也可以充分发挥富有创意的与外向的个人特质，向投资银行、资金管理及商品设计等更专业的领域发展。

【课堂讨论1-3】

曾经担任中国农业发展集团总公司“钱柜”掌门人（CFO）的张沛军在很多场合将企业比喻成一栋房子，屋顶是战略，地基是内部控制，墙壁是全面预算，两扇门分别是投资和融资，在中间流通的空气就是人、财、物、信息等元素。“我们做财务的往往将目光过多地集中在中间流通的东西上，现金流确实很重要，我也一直在强调对现金流的关注，但是作为总会计师，更重要的职责是配合集团领导班子把这个房子建设好。房子设计得好，建得坚固，中间的空气就自然是通畅清新的。”

讨论：财务人员应具备什么素质？

1.5 财务管理的产生与发展

1.5.1 财务活动的产生与发展

从实践意义而言，财务是商品货币经济的伴随现象，它随着商品货币经济的产生而产生，随之发展而发展。财务活动是财务管理的实践活动，它已有了几千年的发展历程，从奴隶社会开始，财务活动就已经普遍展开。我国作为四大文明古国之一，在人类社会的各种实践活动上，都有着深长而辉煌的发展历史。同样在几千年的各朝各代、各地各族中，我国都“演绎”了林林总总的财务管理理念、方法、规则和效果，其实践内容之丰富不胜枚举，足以傲视全球。但如同其他相关学科（如管理学、统计学、会计学等）一样，我们有着很多很好的实践历史，而在学科的理论归纳与探究上却只能望西方发达国家之项背。财务学的产生与发展还得从西方谈起。

1.5.2 西方财务学的产生与发展

1.财务学诞生的标志

财务学孕育并诞生于财务管理实践，这是毋庸置疑的，也是非标志性的泛指。作为对财务管理实践之经验和方法进行理论归纳和探究的财务学，至今只有百余年的发展史，并被公认为产生于19世纪末期的西方发达资本主义国家。在20世纪初以前，财务管理（公司财务）一直被认为是微观经济理论的应用学科，是经济学的一个分支。直到1897年纽约市的审计师托马斯·格林纳（Thomas L. Greene）出版了《公司财务》一书后，公司财务学才逐渐从微观经济学中分离出来，成为一门独立的学科。此书的出版，被大多数学者认作是财务学诞生的标志。但也有学者认为，托马斯·格林纳编写的《公司财务》，是为高级管理人员、金融界人士和工程师等专业人士编写的实务手册，尽管它也代表这个阶段财务教学的特点，但第一本真正意义上的财务管理教科书是1910年出版的由米德（Meade）编写的《公司理财》，这本书是根据其在哈佛大学上课时使用的讲稿编写而成。此后，Gerstenberg和Dewing也分别于1915年和1919年出版了类似的财务教科书，并成为当时教科书的主流。

作为一门应用性学科，财务学从财务管理实务中产生，并不断充实壮大，在百余年里迅速发展成为既融合了多种学科知识又有相对独立性的科学，并指导着财务管理在经济管理中扮演着越来越重要的角色。同时，财务管理理念与方法一定是在具体的历史环境中得以应用，因此，财务学的发展就必然受到特殊的历史背景和经济环境的影响，带有明显的时代特征。

2.20世纪30年代以前：以筹资管理为重心的财务管理阶段

19世纪的欧洲一些城市，特别是地中海沿岸的不少城市，商业经济发展迅速，开始出现向社会筹集资本用于商业经营的初步筹资形式。19世纪末期，股份公司得到发展，企业规模进一步扩大，所需资本大规模增加，财务关系越来越复杂，这要求企业的财务人员对资本的筹集、使用以及分配问题有很清晰的认识。到20世纪初，西方资本主义国家新科学、新技术和新发明的出现带动了工业化浪潮的发展，企业规模急剧膨胀，这就促使企业必须尽快筹措到足够的资本，以满足生产经营不断扩大的需要。与此同时，金融市场逐步发展，各种各样的证券已经在市场上出现，然而由于资本市场还不成熟，企业与投资者之间存在严重的信息不对称。股票买卖经常为少数知情者所操纵，导致股价经常大起大落，投资者缺乏信心，社会资本很难从个人投资者手中转移到企业手中，致使资本市场根本无法解决企业的筹资问题。因此，如何等集资本便成为这一时期企业财务管理最主要的问题。在这一阶段，筹资理论和方法得到迅速发展，这方面最早的著作有1897年格林纳的《公司财务》以及1910年米德的《公司理财》，都对企业如何有效地筹集资本进行了研究，为现代财务管理理论的产生和发展奠定了基础。

3.20世纪30年代至50年代初：以资产运营管理为重心的财务管理阶段

20世纪20年代末到30年代，西方资本主义世界经历了经济的大萧条，股价暴跌，企业生产经营不景气，资本变现能力差，企业的倒闭与兼并浪潮风起云涌，资本集中且低效现象严重。人们逐渐意识到企业要在激烈的市场竞争中生存与发展，不仅要能筹集到足够的资本，还必须有科学有效地运用和管理资本、搞好内部控制、最大限度地提高资本使用效果的能力。因此，财务管理的内容也随之发生极大的变化，资本的高效运作、财务能力与效果的分析评价和企业的内部控制成了研究的重点。在这一时期财务学取得了很大的进步：位于资产负债表左侧的企业资产受到了高度重视；企业内部的财务决策被认为是财务管理最主要的问题；逐步形成了财务计划、财务控制和财务分析的基本理论和方法；在资本成本测量和金融资产定价技术的研究上也取得了一定的突破。1951年，乔尔·迪安出版的《资本预算的编制》以及F.卢茨和V.卢茨合著的《厂商投资理论》是这一时期的代表作；用于财务能力综合分析的沃尔评分法与杜邦财务体系，也在这个时期提出并推广。同时，为了维持企业的生存和发展，国家加强了对微观经济活动的干预，如美国政府为解决信息失真、财务报告数据虚假等问题，分别于1933年和1934年颁布了《证券法》和《证券交易法》，要求上市公司公布财务信息。这也对公司财务学的发展起了巨大的推动作用。

4.20世纪50年代至70年代：以投资管理为重心的财务管理阶段

20世纪50年代中期以后，随着第三次科技革命的兴起和发展，科学技术突飞猛进，劳动生产率进一步提高，消费需求日益多样化，产品更新换代速度加快，市场竞争加剧，资本市场逐渐成熟，融资工具和投资方式种类增加，西方经济发展进入了黄金时期。为了适应这种新的经济环境，使企业在投资风险不断增加的市场中站稳脚跟，财务管理的重心也转为对投资管理的研究，并且取得了一系列重要的成果，具体表现为：广泛采用考虑货币时间价值的贴现现金流量指标体系作为投资分析评价指标，分析技术也逐步完善；统计和优化理论的数学模型开始用于企业流动资产、固定资产的管理分析，同时由于电脑应用日益普及，各种复杂的处理财务问题的数学模型也应运而生，以协助对资产的投放、运用进行控制，达到创造最大利润、扩大企业财富的目的；创立了系统的投资组合理论和资本资产定价模型。

这一时期，涌现了一批在财务学说史上有重要影响的伟大人物，他们提出了一批在投资财务管理方面甚至整个财务学领域有重大贡献的研究成果。例如，20世纪50年代前后F.莫迪里安尼和M.米勒发表的《资本成本、公司理财和投资理论》，马科维茨于1959年发表的《证券组合选择：有效的分散化》，夏普于1964年发表的《资本资产定价：风险条件下的市场均衡理论》，这三人都因其研究成果获得了1990年诺贝尔经济学奖；美国哈佛大学教授默顿（R. C. Merton）和斯坦福大学教授斯科尔斯（M. S. Scholes）因创立如何为股票期权交易和其他金融衍生工具合理定价的复杂理论，开创了崭新的金融经济学研究领域，获得1997年诺贝尔经济学奖，等等。

5.20世纪80年代至今：财务管理的综合发展阶段

20世纪80年代以后，随着理财环境的新变化及企业财务范围的不断扩展，财务管理进入了综合发展阶段，朝着国际化、精确化、电算化和网络化发展。主要表现在以下几个方面：

（1）通货膨胀财务研究。

20世纪70年代末期80年代早期，伴随石油价格的上涨，西方国家出现了严重的通货膨胀，持续的通货膨胀给财务管理带来了许多问题，在通货膨胀条件下，如何有效地进行财务管理便成为主要矛盾。持续的大规模通货膨胀，使企业资本需求不断膨胀，利率上涨导致有价证券价格下跌，企业筹资日益困难，资本成本不断提高，成本虚降，利润虚增，资本周转困难。因此，西方财务管理把对付通货膨胀方法的研究作为首要目标，在企业筹资决策、投资决策、资本日常调度决策、股利分配决策等各方面，都根据通货膨胀的程度进行了相应的调整。

（2）国际财务管理。

20世纪80年代中后期，在全球经济化浪潮的推动下，由于信息技术和通信技术突飞猛进的发展、全球企业间竞争的加剧、跨国公司已突破反垄断法的约束，全球购并涉及越来越多的领域，规模也不断扩大，使企业的生产、营销、消费也突破国界，成为全球范围内的活动，资本在国家间流动、重组、转移、分配等。在这种全球化经济环境下，国际财务管理应运而生，并且面临着非常严峻的挑战。当然，一国财务管理的基本原理对国际企业也是适用的，但是，由于国际企业涉及多个国家，要在不同制度、不同环境下作出决策，就会有一些特殊问题需要解决，如外汇风险问题、多国融资问题、跨国资本预算问题、国际投资环境的评价问题、内部转移价格问题等，都和一国财务管理不同。20世纪80年代中期以来，国际财务管理的理论和方法得到迅速发展，并在财务管理实务中得到广泛应用，成为财务管理发展过程中的又一个高潮。随着21世纪的到来，国际财务管理将得到更迅速的发展。

（3）知识资本财务管理。

20世纪80年代后，随着计算机的普及，信息在生产经营中地位越来越高，人们充分意识到知识的重要性，信息、技术以及接受、利用、加工、创造这些信息和技术的员工在整个财富创造过程中的作用日益重要，知识资本和人力资源成为企业价值的主要决定因素。美国经济学家加尔布雷斯（J.K.Galbraith）在这时首先提出知识资本概念。知识经济改变了企业配置结构，使传统的以厂房、机器、资本为主要内容的资源配置结构，改变为以知识为基础的知识资本为主的资源配置结构，对于知识资本如何进行确认、计量和管理又成为财务管理的一个重要课题。

（4）网络财务管理。

20世纪60年代以来，随着数学方法、应用统计、优化理论和电子计算机等先进方法和手段在财务管理方面的应用，财务管理理论发生了一场场的“革命”，财务分析向精确方向飞速发展。80年代诞生了财务管理信息系统，90年代中期以来计算机技术、电子通信技术和网络技术发展迅猛，随着21世纪网络时代的到来，电脑辅助决策系统的出现，使管理者能迅速储存、传递以及取出大量资料，它代替人进行各种复杂的数量分析，管理者可以相当准确地估计各种可行方案的结果，使其进行决策有较为客观的数据资料。这时，以电子计算机为主的网络财务管理方式成为财务管理理论的另一场伟大的革命。

在近一个世纪的时间里，随着企业理财环境和管理要求的不断变化，西方财务管理理论方法的发展突飞猛进，硕果累累。研究方法从简单的描述性阶段，到引入经济数学方法，到统计、计量经济学方法的全面运用，使企业的财务决策具有严格的数据依据；研究内容从单一的筹资管理发展为筹资管理、投资管理、资本日常管理等多方面的管理；从单纯满足于外部发展到注重企业的内部财务条件与外部环境的综合性研究。可见，财务管理已成为企业管理的重要方面，随着21世纪知识经济的到来，企业财务管理理念与方法会更加科学，必将在全球经济发展中扮演着越来越重要的角色。

1.5.3 我国财务管理的产生和发展

在我国，财务管理理论的发展受到西方财务管理思想的重要影响。在中华人民共和国成立后，随着我国经济体制的两次转变，即由计划经济体制向有计划的商品经济体制转变，由有计划的商品经济体制向社会主义市场经济体制转变，我国财务管理目标、方式、内容等也经历了几个阶段的重要变化：

1.计划经济体制下的财务管理

从中华人民共和国成立到党的十一届三中全会前，我国实行的是计划经济体制。国家对企业实行统一计划、统购包销的经济管理体制，企业的人、财、物等各生产经营要素的配置权和供、产、销等经营活动的决策权都集中在国家有关行政管理部门手中，企业属于单纯生产型的经营方式。此时，企业管理的基本目标是完成生产任务，追求产量目标。企业管理中也主要重视实物管理，讲求实物生产率或技术效率，而不重视财务管理。企业的资本由国家供应，资本运用由国家安排，成本费用开支报国家有关部门审核，收入按国家计划分配。企业财务管理的职责是如何按国家财务会计制度规定搞好成本核算，向国家报账；如何按国家财经制度，监督企业领导与内部单位合理使用资本、合法开支费用、及时上缴税金与利润，保证完成各项财政上缴任务。企业没有筹资权、投资权、分配权等权力，这些权力都集中在国家政府部门的手中。企业财务活动被纳入国家财政计划，所以企业财务视作国家财政体系的基础环节而包括在财政体系之中。因此，这一时期企业财务管理的重点是成本的核算与控制，以保证资本的安全，降低资本消耗。

2.有计划的商品经济体制下的财务管理

从党的十一届三中全会以后，我国确立了以经济建设为中心的社会主义建设道路，开始了对经济体制的改革。在确立社会主义市场经济之前，我国对经济体制改革的目标进行了长期的探索。在这一阶段中，针对改革目标先后提出过“计划经济为主、市场调节为辅”和“有计划的商品经济”两种模式，对企业的管理体制也经历了“放权让利”和“政企分开”两个发展阶段，逐步将全民所有制企业转变为相对独立的商品小产者与经营者。在经济管理上，国家对企业实行指令性计划、指导性计划与市场调节计划相结合的计划管理体制，企业在人、财、物、供、产、销六个方面逐步获得了一些自主权。企业不再只属于单纯的生产经营方式，而是向生产经营型企业转变，它们开始重视按经济规律，特别是按价值规律办事。企业的目标也不再只是完成生产任务，它们开始追求企业利润、追求资产使用效益。

特别是20世纪80年代末90年代初，证券市场在我国建立，中国政府开始发行国库券，筹集资本用于经济建设。此后，股票市场开始慢慢发展，1990年底上海证券交易所成立，1991年初深圳证券交易所成立，标志着我国股票市场开始正式运作。与这种经济管理体制相适应，在财务管理体制上是以分配为突破口，对筹资、投资、成本、收入等方面进行局部性改革：企业的财务管理由纯计划经济体制下的国家统收统支、统负盈亏制逐步改为企业自收自支、利润包干上缴制，它的重点是分配管理；企业的财务管理目标发展为追求利润最大化，从而使财务管理工作从原先的成本管理发展到对资产运营和收入分配的管理；随着财务管理的目标进一步发展为不仅要注重企业利润还要注重资本利润率，财务管理的内容也扩展到投资管理和一定程度的筹资管理。这一时期虽然企业的自主经营得到了很大的发展，但由于我国经济体制的改革模式仍然是有计划的商品经济，所以企业的财务管理仍然受到国家宏观政策较大的影响。

3.市场经济体制下的财务管理

党的十四大确定了我国经济体制改革的目标模式是建立社会主义市场经济体制。我国全民所有制企业已经按照“产权明晰、权责明确、政企分开、管理科学”的基本要求进行深入的改革，建立了现代企业制度。企业对出资者投入的资本金、企业内部积累和债权人借入资本拥有法人财产权，并以法人财产权承担民事责任。在市场经济条件下，企业成为自主经营、自负盈亏的经济实体，其经营方式在由生产经营型向资产经营型转变的基础上，进一步向资本经营型转变。企业经营目标由追求企业利润最大化转化为资本增值。

在这一时期，对企业财务管理影响最显著的是资本市场的发展。由于我国企业长期处于计划经济体制下，国家财政拨款不足，企业自有资本比重较低，进入市场经济体制后，企业要自己面向市场去筹集资本，资本长期紧缺等问题非常严重，筹资管理就成为企业财务管理中最突出的问题。随着股票、债券市场深入发展，迅速扩大的资本市场建设逐步完善，二级市场逐步成熟，宏观监管机制初步形成，比较规范的中国资本市场框架已基本建立。证券市场成了越来越多的企业筹措资本的重要途径。与此同时，企业财务管理，包括投资决策、利润分配决策，以及日常财务管理等，都越来越多地受到证券市场的影响，也越来越多地体现证券市场投资者的利益要求。

同时，为了从不同渠道筹措资本，企业财务管理的重要任务是向各类社会出资者和债权人提供企业目前财务状况以及今后一定时间内的企业盈利能力、偿债能力的财务预测分析报告，提供所筹措资本用以进行投资的可行性分析与决策报告，为社会出资者与债权人向本企业的投资提供真实可信的决策资料。所以，在这一阶段，财务管理的方式是以财务预测与决策为主，企业财务管理已成为企业管理的中心。

本章小结

企业财务是指企业财务活动及其所体现的经济关系的总称。财务学是研究资本运筹规律与效率的应用性科学；财务活动是指在再生产过程中协调利益相关者关系、筹划并实施运作资本的管理活动。它们之间实质上是理论与实践的关系。财务包含政府财务、市场财务和企业财务；而企业财务就是企业财务管理，也叫公司理财，是指对企业的资本进行规划和调度的一项管理活动。

企业财务活动是指企业筹集资本、运用资本、回收资本和分配资本而产生的资本管理活动。财务活动必须处理好企业与利益相关者的关系，包括与所有者、债权人、管理者、员工、政府等的关系，而诚信履约是处理好企业财务关系的根本。

财务是商品货币经济的伴随现象，它随着商品货币经济的产生而产生，随之发展而发展。财务学的发展受到特殊的历史背景和经济环境的影响，带有明显的时代特征。国际上财务发展的各个时期都有明显的发展重心和主题。我国财务管理发展也随着经济体制的变革而形成不同的发展阶段和不同的财务管理特点。

财务管理的基本原则包括资本保值增值原则、风险与收益均衡原则、利益者关系协调原则、成本效益原则、收支时间均衡原则、现金流量原则、资本合理配置原则、有效资本市场原则。

财务决策在企业战略决策中具有重要地位，企业应单独设立财务管理机构，并设一名公司副总经理负责企业全面的财务工作。财务人员的任务就是获取并使用资源以使公司价值最大化。财务人员主要的具体工作有：预测与计划，重要投资与筹资决策，协调与控制。财务经理要做好企业财务管理工作，必须通晓货币市场与资本市场、投资、财务管理这三个领域。

关键概念

财务（Finance）；财务管理（Financial Management）；权益资本（Equity Capital）；债务资本（Debt Capital）；风险与收益均衡原则（The Principle of Risk-return Trade-off）；有效资本市场（Efficient Capital Market）；财务管理组织机构（Organizational Structure of Financial Management）

思考题

1. 试述财务、财务活动与财务学的内涵与关系。
2. 如何理解企业财务管理的概念？
3. 如何理解财务学发展的历史特征？
4. 如何处理企业与利益相关者的关系？
5. 企业资本运动具有哪些规律？最基本的规律是什么？
6. 财务管理应遵循哪些原则？

第2章 财务管理基本内容

投资是企业发展、成长的源泉，是企业生产经营活动的基本驱动力量，而企业从事生产经营活动又必须要筹集一定数量的资本。企业筹资的时效性直接关系到企业的存亡及经营规模的扩充与发展，并直接影响到企业的投资及收益分配活动。企业对分配政策的选择合理与否，会对企业的价值产生影响，同时还会影响企业的筹资和投资。

学习目标

1.理解筹资、投资和分配的原则

2.了解筹资的主要渠道、方式及优缺点

3.掌握权益资本和债务资本筹资的特点

4.了解债券投资和股票投资

5.了解分配的内容及基本程序

6.了解股利分配理论与政策

引　例

美团的投融资战略

美团是2010年3月4日成立的一个本地生活团购网站，隶属于北京三快在线科技有限公司。事实上，美团经过了多年的发展已经成为一家提供电影票务、送餐、酒店预订、旅游预订以及叫车服务等多项服务的互联网上市公司。

回顾美团的发展历程，无不是投资与融资的有效结合。

2010年10月—2014年5月，美团先后进行了A轮、B轮、C轮和D轮共4轮融资，分别筹集了相当于1 000万美元、5 000万美元、3亿美元和7亿美元的资金，经营规模不断扩大，成为中国最大的互联网+生活服务平台。2014年，美团全年交易额突破460亿元，较2013年增长180%以上，市场份额占比超过60%。2015年7月，美团全资收购酷讯，之后，美团网布局酒店旅游、完善产业链的脚步不断加快。2015年10月8日，美团与大众点评联合发布声明，宣布达成战略合作，双方共同成立一家新公司——美团点评。新公司保留各自的品牌和业务独立运营，包括以团购和闪惠为主体的高频到店业务，同时加强优势互补，推动行业升级。2016年9月，美团点评完成对第三方支付公司——钱袋宝——的全资收购。收购完成后，美团点评获得了第三方支付牌照。

2017年10月，美团点评完成了新一轮即F轮40亿美元的融资，此次融资由腾讯领投，引入新的战略投资方The Priceline Group，其他主要投资方包括红杉资本、新加坡政府投资公司、加拿大养老投资公司、挚信资本、老虎基金和中国-阿联酋投资合作基金等国外知名机构。融资后美团估值达到300亿元，美团将在人工智能、无人配送等前沿技术研发上加大投入，让高科技接地气，进一步推动现代服务业升级，而这轮融资也为美团点评上市打下了基础。

2018年4月3日，美团以37亿美元的作价（35%的美团股权、65%的现金）全资收购摩拜单车，其中3.2亿美元作为未来流动性补充。这场收购案其实给美团带来近50亿美元的亏损，美团看重的是摩拜的活跃用户数。

2018年9月，美团成功在我国香港上市，筹资额高达约44亿美元。9月20日，美团-W（03690）首日挂牌，开盘涨5.65%，报72.9港元，最新市值达4 003亿港元，成为中国第四大互联网公司。

资料来源 根据相关新闻报道资料整理。

阅读本章不妨思考下面几个问题：财务管理主要包括哪些内容？投资和筹资有互生关系吗？筹资渠道与筹资方式有哪些？

2.1 筹资管理

筹资，是指企业根据生产经营活动对资本的需要，从其内部、外部等各方面筹集所需资本的过程。筹集资本是企业财务管理中一项经常性的重要工作，它需要根据具体的目的，选择合适的渠道和方式，遵循一定的原则进行。

2.1.1 筹资的原则

筹资是一项重要而复杂的工作。企业为了有效地筹集所需的资本，处理好筹资过程中的财务关系，应当遵循下列基本原则：

1.合理性原则

筹资的合理性原则就是要求企业在筹资时，考虑自身的生产经营状况和生产规模，采用科学的方法，通过预测和规划，确定一个合理的需要量，使资本的筹集量与需要量达到平衡。

筹集资本的目的就是要确保企业生产经营所必需的资本。如果资本不足，就会影响企业的正常生产经营活动，造成生产停工，资本周转困难，影响企业的生存和发展；如果资本过剩，就可能会影响企业资本的利用效果，造成资本占用过多，不能充分发挥每笔资本的使用效益。因此，企业筹集资本应该确定合理的筹资规模。

2. 效益性原则

筹资的效益性原则就是要求企业在筹集资本时，认真分析资本的投放项目，综合考察各种筹资渠道及筹资方式的资本成本和筹资风险，以尽可能少的代价实现最大的效益。

不同来源的资本，对企业的收益和成本有不同影响，不同筹资方式条件下的资本成本有高有低。因此，企业应认真研究资本来源渠道和资本市场，合理选择资本来源；要对各种筹资方式进行分析、对比，选择经济、可行的筹资方式；并要从多种筹资渠道和方式的结合中找到最佳的筹资结构，这样才能降低资本成本，提高筹资效益。

3. 及时性原则

筹资的及时性原则就是要求企业在筹资时，根据企业投资的投放时间安排来进行筹划，及时地取得资本来源，使筹资与投资在时间上相协调。

企业筹资不仅要在数量上保证合理需要量，还要充分考虑筹资与用资在时间上相衔接。企业一般都有投放时间上的要求，筹资必须要与此相配合，这样才能避免筹资过早而造成投资前的资本闲置或筹资滞后而贻误投资的有利时机。

2.1.2 筹资的分类

企业筹集的资本可以按照多种标准进行不同的分类。

1. 按照资本的使用时间分类

按照资本使用时间的长短分类，筹资可分为短期筹资和长期筹资。

短期筹资是指企业筹集生产经营中短期内（一般指一年以内）所需要的资本。短期筹资主要用于满足企业流动资产周转的需要，常常利用短期银行借款和商业信用等方式筹集。

长期筹资是指企业筹集生产经营中长期（一般指一年以上）所需要的资本。长期筹资是一种较稳定的资本来源，主要用于厂房设备的更新、新产品的开发、生产规模的扩大等，通常利用吸收直接投资、发行股票、发行债券、长期银行借款、融资租赁和内部留存利润积累等方式筹集。

2. 按照资本的性质分类

按照资本的性质不同，筹资可分为权益性资本筹资和债务性资本筹资。

权益性资本筹资，也称为自有资本筹集，是企业依法筹集并长期拥有、自主调配运用的资本来源。权益性资本筹集主要是依靠投资者投入和企业利润的留存积累。

债务性资本筹资，也称借入资本筹集，是企业依法筹集、按期偿还本金和利息的资本来源。债务性资本筹资主要包括企业发行债券、各种长短期借款和日常经营活动中自动形成的商业信用等临时债务。

3.按照筹资范围分类

按照筹资的范围不同，筹资可分为内部筹资和外部筹资。

内部筹资是指在企业内部通过生产经营获得的利润留在企业（留存收益）而积累形成的资本来源。内部筹资与红利分配是利润分配问题的两个方面，当企业有一定利润时，如果不分配红利，就形成了企业的内部资本来源。

外部筹资是指从企业以外的单位或个人筹集资本。它主要有从投资者取得的直接或间接投入的资本，从债权人取得的借入资本。

2.1.3 筹资的渠道和方式

企业筹资需要通过一定的筹资渠道并运用一定的筹资方式来进行，不同的筹资渠道和筹资方式各有特点和适用性。

1.筹资渠道

筹资渠道是指客观存在的企业获得资本的来源方向。企业的资本来源直接受到社会经济结构和国家管理资本的政策及体制影响，认识和了解各种筹资渠道，有助于企业充分拓宽和正确利用筹资渠道。目前我国企业筹资主要有下列渠道：

（1）国家财政资金。

国家财政资金历来是我国国有企业筹集资本最主要的来源和渠道。特别是国有独资企业，其资本全部由国家投资形成。现有国有企业的资本来源大部分是过去由国家财政以直接拨款方式形成的，还有些是国家对企业实行“税前还贷”或减免各种税款而形成的。在国家财政资金的投入方式改革后，目前国家财政资金除了上述的原有方式外，还包括有权代表国家投资的政府部门向企业新投资的资本，以及经有权代表国家投资的投资企业、资产经营企业、经济实体性企业等机构向企业新投资的资本等。

（2）银行信贷资本。

银行信贷资本是指银行对企业的各种贷款。它是我国目前各类企业最为重要的资本来源之一，因为银行贷款方便灵活，适应企业各种需要。目前，我国的银行分为政策性银行和商业银行。政策性银行是不以营利为目的，为了贯彻国家产业政策、区域发展政策而给特定企业提供政策性贷款的金融机构。商业银行是以营利为目的，从事信贷资本投放、为企业提供各种商业贷款的金融机构。可见，与企业筹资最为密切的是商业银行。

（3）非银行金融机构资本。

非银行金融机构资本是指各级政府及其他经济组织主办的其他金融机构向企业提供的各种资本。非银行金融机构主要有信托投资公司、证券公司、保险公司、租赁公司和企业集团所属的财务公司等。虽然这些机构资本力量不及银行，融通资本的范围也有一定的限制，但是这些机构所提供的各种金融服务，既包括信贷资本投放，也包括物资的融通，还包括为企业承销证券等，资本供应方式灵活、方便。

（4）其他企业资本。

其他企业资本是指企业在生产经营过程中暂时闲置的，可在企业之间以各种融资的方式加以调剂使用的资本。这些资本可能是为一定的目的而进行相互投资，也可能是在企业间的购销业务中形成商业信用。随着横向联合和企业集团的发展，企业之间资本联合和资本融通得到了广泛而深入的发展，使其他企业资本成为一个重要的资本来源。

（5）民间资本。

企业职工和居民个人的结余货币，作为“游离”于银行及非银行金融机构等之外的资本，形成民间资本渠道为企业所用。企业可以通过如发行债券、股票等方式取得本企业内部职工或社会个人闲置资本。随着证券市场的进一步发展，民间资本必将成为企业极具潜力的又一重要资本来源。

（6）企业自留资本。

企业自留资本是指企业通过提取盈余公积和保留未分配利润而形成的资本。这些资本直接由企业内部形成，故也称企业内部资本。随着企业财权的扩大和经济效益的提高，企业内部资本将不断增加。

（7）境外资本。

境外资本是指外国投资者和我国香港、澳门、台湾地区的投资者投入的资本。它以往是我国外商投资企业的重要资本来源，随着经济的全球化以及我国与外部经济联系的日益紧密，相信境外资本也会成为其他类型企业的资本来源。

2.筹资方式

筹资方式是指企业在筹集资本时所采用的具体形式。企业要从资本来源渠道取得资本，必须通过一定的筹资方式才能取得，筹资方式体现着资本的经济性质。筹资渠道与筹资方式有区别：筹资渠道反映取得资本的客观可能性，而筹资方式解决用什么方式将客观可能性转化为现实的问题。但筹资渠道与筹资方式又有联系：同一渠道的资本往往可以采用不同的方式取得，而同一筹资方式又往往可适用于不同的资本渠道。

认识筹资方式的种类，了解各种筹资方式的特点及适用性，有利于选择最优的筹资结构。目前我国企业筹资主要有下列方式：

（1）吸收直接投资。

吸收直接投资是指企业以协议等形式吸收国家、法人、自然人等直接投入的资本，形成企业权益资本的一种筹资方式。吸收直接投资不以股票为媒介，适用于非股份制企业，是非股份制企业取得权益资本的基本方式。

（2）发行股票。

股票（Stock）是股份有限公司为筹集自有资本而发行的有价证券，是持股人拥有公司股份的凭证，它代表持股人在公司中拥有的所有权。通过发行股票筹集的资本，企业可以永久性占用。发行股票筹资要以股票为媒介，仅适用于股份有限公司，是股份有限公司取得权益资本的基本方式。

（3）留存收益。

留存收益主要包括从利润中提取的盈余公积和保留的未分配利润两部分。《中华人民共和国公司法》（以下简称《公司法》）规定企业要按净利润的一定比例提取法定盈余公积，公司可以根据公司章程或股东大会决议提取任意盈余公积，以红利方式分配利润。未做分配的利润就是未分配利润。盈余公积和未分配利润成为企业内部筹资的主要方式。

（4）发行债券。

债券是债务人为筹集借入资本而发行的，约定在一定期限内向债权人还本付息的有价证券。发行债券是企业负债筹资的重要方式。

（5）金融机构借款。

金融机构借款是指企业根据借款合同向银行或其他金融机构借入的款项。其中银行借款是企业负债筹资的主要来源。企业可向银行取得中长期的投资借款、短期的生产周转借款、贴现借款和抵押借款等。

（6）融资租赁。

租赁是承租人在约定期间内向出租人支付租金，以取得某项资产使用权的一种契约性行为。融资租赁也称财务租赁，是一种以融通资本为目的的租赁方式，是企业筹集长期资本的一种有效方式。

（7）商业信用。

商业信用是指商品交易中以延期付款或预收货款进行购销活动而形成的借贷关系。商业信用是企业间的直接信用行为，必须以商品交易为基础。作为企业筹资方式的商业信用的主要形式有：应付账款、应付票据和预收账款。

上述筹资方式中，吸收直接投资、发行股票、留存收益等方式筹集的资本都属于企业的权益性资本；而发行债券、金融机构借款、融资租赁和商业信用等方式筹集的资本属于企业的债务性资本。

2.1.4 权益资本筹资

根据《公司法》等法律法规的规定，企业必须要有所有者投入的自有资本，也就是权益资本，这是对债权人的必要保障。权益资本一般是通过国家财政资金、其他企业资本、民间资本、企业自留资本和境外资本等渠道筹集。

1. 权益资本的概念及特点

（1）权益资本的概念。

权益资本（Equity Capital）是指企业依法筹集并长期拥有、自主调配运用的资本。国际上，权益资本通常包括实收资本（或股本）、超面额缴入股本和保留盈余。根据我国有关法规制度，企业的权益资本由实收资本（或股本）、资本公积、盈余公积和未分配利润组成。

（2）权益资本的特点。

权益资本是企业最基本的资本来源，其特点包括：

①权益资本的所有权归属于企业的所有者。企业所有者依法凭其所有权参与企业的经营管理和利润分配，并对企业的债务承担有限或无限责任。因此，它是企业组织生产经营活动和向外举债的基础。

②企业对权益资本依法享有经营权。在企业存续期间，企业有权调配使用权益资本，企业所有者除了依法转让其所有权外，不得以任何方式抽回其投入的资本，因而权益资本被视为企业的“永久性资本”。

③权益资本能降低企业财务风险。从企业筹资来看，权益资本为企业“永久性”使用，没有到期归还的压力，而对于所有者分配的利润也没有“强制性”。因此，权益资本能降低企业财务风险。

权益资本筹资的方式包括吸收直接投资、发行股票、留存收益等。以下主要介绍吸收直接投资和发行股票（包括普通股和优先股）方式。

2.吸收直接投资筹资

（1）吸收直接投资的含义。

如前所述，吸收直接投资是指企业以协议等形式吸收国家、法人、自然人等直接投入的资本，形成企业权益资本的一种筹资方式。吸收直接投资不以股票为媒介，无须公开发行股票，企业所有者按出资比例分享利润和承担风险。

（2）吸收直接投资的形式与适用范围。

吸收直接投资既可以是吸收现金投资，也可以是吸收非现金投资。吸收直接投资主要适用于非股份制企业，如国有企业、合营企业、合伙企业等，而且一般在企业新组建时采用，当然，如果企业在经营过程中出现自有资本不足的情况下也可以采用。

3.发行股票筹资

如前所述，股票是股份有限公司为筹集自有资本而发行的有价证券，是公司签发的证明股东所持股份并借以取得股利的凭证，它代表了股东对股份制公司的所有权。

股票可以为其发行者筹集资本，而给其持有者带来一定的收益，当然也具有一定的投资风险，持有者可以通过证券市场自由转让、自由买卖。可见，股票具有流动性、盈利性和风险性等特征。

股票按股东的权利和义务分为普通股股票和优先股股票。

（1）普通股股票。

普通股股票（Common Stock）是股份有限公司依法发行的代表股东享有平等的权利、义务，不加特别限制的股票。普通股股票是最基本的股票，具备股票的最一般特征，是股份有限公司筹集资本最基本也是最主要的筹资方式。

普通股股票的持有人称为普通股股东，普通股股东一般具有以下的权利：

①经营管理权。普通股股东对公司具有经营管理权，但是，由于公司的股东众多且分散，每个股东不可能直接参与公司的经营管理，特别是大规模的公司，股东只能运用间接的途径参与公司的经营管理。普通股股东的经营管理权体现在董事会选举中，普通股股东有选举权和被选举权，由选出的董事会代表所有股东对企业进行控制和管理。普通股股东的经营管理权具体表现为：投票表决权，即对公司重大经营和财务决策问题进行投票表决；查账权，即可以委托会计师事务所代表去查账而不是每个股东查账；阻止越权的权利，即当公司管理当局越权进行经营时，有权阻止。

②收益分享权。收益分享权是普通股股东的一项基本权利。投资人购买普通股的目的是希望能获得投资收益。公司获得的税后利润按国家规定提取盈余公积后，经董事会决定并经股东大会批准发放股利时，普通股股东有权按其所持股份的比例获得股利。股利（Dividend）指股份公司按发行的股份分配给股东的利润。

③优先认股权。普通股股东是公司的所有者，也是风险的主要承担者，因此，当公司需要增发新股时，持有同类股票的现有股东享有按其股权比例优先认购新股票的权利，以保证他们对企业的控制权。

④剩余资产分配权。在公司终止营业清算解散时，对公司在清偿全部负债后（如果有优先股则还要在偿兑优先股之后）的剩余资产，普通股股东享有按其所持股份的比例参与分配的权利。当然，如果资产的清算收入不足以偿还公司的债务及优先股投资，则普通股股东的投入资本也将损失殆尽。

（2）优先股股票。

①优先股股票的概念及性质。

优先股股票（Preferred Stock）是公司发行的与普通股股票不同的特种股票。优先股股票持有者在股利分配和财产分配上比普通股股票持有者具有优先获得的权利。但法律上，优先股股票持有者同样是企业的股东，优先股筹集的资本也是权益资本，或称自有资本。

优先股股票的主要特征是其股利率固定，并在普通股股利之前从税后利润中支付，所以优先股虽属自有资本，却兼有债券性质，是介于普通股与债券之间的一种有价证券。

企业的不同利益方，对优先股有不同的认识。普通股的股东一般把优先股看成一种特殊债券，因为它必须在普通股之前取得收益，分享资产。但是，从企业债权人角度来看，优先股则属于股票，因为它对债权起保护作用，可以减少债权人投资的风险，属于权益资本。从公司管理当局和财务人员的角度来看，优先股则具有双重性质，因为优先股虽没有固定的到期日，不用偿还本金，但往往需要支付固定的股利，成为财务上的一项负担。

优先股是西方企业比较常见的筹资方式之一，在我国，目前虽然法律上没有明确的规定或限制，但企业很少有发行优先股的。

②优先股股东的权利。

优先股的“优先”是相对普通股而言的，这种“优先”主要表现为某些权利上的优先。

A.优先分配股利权。优先分配股利的权利是优先股的最主要特征。优先股通常有固定股利，一般按面值的一定百分比来计算。企业在支付普通股股利之前，必须先保证优先股应获得的股利，但是，无论企业盈利多大，优先股一般无权享受最后剩余盈利的分配（参与优先股除外）。

B.优先分配剩余财产权。在企业破产清算时，优先股股东在分配剩余财产方面，位于债权人的求偿之后，但优先于普通股股东。其金额只限于优先股的票面价值和累积未支付的股利。

C.部分管理权。优先股股东的管理权限是有严格限制的。通常，在公司的股东大会上，优先股股东没有表决权，但是，当公司研究与优先股有关的问题时有权参加表决。例如，讨论把一般优先股改为可转换优先股时，或推迟优先股股利的支付时，优先股股东都有权参加股东大会并有权表决。

可见，优先股在某些权利方面优于普通股，但在基本权利方面则次于普通股。

4.权益资本筹集方式的优缺点比较

吸收直接投资、发行普通股和发行优先股筹资的优缺点有共同的地方，也有各自的特点。它们优缺点的比较见表2-1。

表2-1 **权益资本筹集方式的优缺点比较**

筹资方式	吸收直接投资	发行普通股	发行优先股
优点	①提高企业的信誉 ②尽快地形成生产能力 ③降低财务风险	①增强企业的信誉 ②没有固定的利息负担 ③没有固定的到期日 ④筹资风险较小 ⑤筹资的限制较少	①增强企业的信誉 ②没有固定的到期日 ③股利支付既固定又有一定弹性 ④保持普通股股东控制权
缺点	①容易分散股东控制权 ②资本成本较高 ③不利于吸引投资者	①资本成本较高 ②容易分散股东控制权 ③容易引起每股收益稀释	①资本成本较高 ②筹资的限制条款较多 ③财务负担较重

2.1.5 债务资本筹资

一家企业的建立、运营除了必须要有所有者投入的自有资本外，常常还会依靠借入的资本（也称债务资本），即希望“借别人的钱为自己赚钱”。债务资本一般通过金融机构资本、其他企业资本、民间资本和境外资本等渠道筹集。

1.债务资本的概念及特点

（1）债务资本的概念。

债务资本（Debt Capital）亦称借入资本，是企业依法取得并依约运用，按期偿还的资本。企业的债务资本一般由银行借款、应付债券、应付账款等组成。债务资本的使用期有长有短。

（2）债务资本的特点。

债务资本是借入的资本，与权益资本这种自有资本有着根本的区别，其特点包括：

①债务资本体现企业与债权人的债务与债权关系。债务资本是企业的债务，是企业债权人的债权。企业的债权人有权按期索取债权本息，但无权参与企业的经营管理和利润分配，对企业的其他债务不承担责任。

②企业对持有的债务资本在约定的期限内享有经营权，并承担按期付息还本的义务。一般债务资本不是企业的“永久性”资本，企业可以使用的时间长短要视与债权人约定的期限而定。

③债务资本会加大企业的财务风险。从企业筹资的角度看，债务资本不为企业“永久性”使用，有到期归还的压力，而债权人有权按期索取利息，利息带有一定的“强制性”，因此债务资本会加大企业的财务风险，当然也会带来财务杠杆效应。

债务资本的筹资方式包括银行借款、发行债券、融资租赁和商业信用等。下面主要介绍长期借款、发行债券、融资租赁等长期负债筹资方式，以及短期借款和商业信用等短期负债筹资方式。

2.长期负债筹资

（1）长期借款筹资。

①长期借款的概念。长期借款是指企业向银行或非银行金融机构借入的使用期限超过一年的各种借款。它主要用于购建固定资产和满足长期流动资产的需要。大部分的企业，尤其是国有企业的长期借款都是依赖银行的借款。

企业向银行借入资本，必须向银行提出申请，填写包括借款金额、借款用途、偿还能力以及还款方式等主要内容的“借款申请书”。为了维护借贷双方的合法权益，保证资本的合理使用，企业向银行借入资本时，双方需要签订借款合同。借款合同主要包括基本条款、保证条款、违约条款和其他附属条款四方面内容。

②长期借款的种类。长期借款按照不同的标准有不同的分类。

A.长期借款按提供贷款的机构分类，可分为政策性银行贷款、商业性银行贷款和非银行金融机构贷款。

政策性银行贷款是指执行国家政策性贷款业务的银行（通称政策性银行）向企业发放的贷款，通常为长期贷款。目前，我国的政策性银行有国家开发银行（2015年3月，国务院明确国家开发银行的定位为开发性金融机构）、中国进出口银行和中国农业发展银行三家。

商业性银行贷款是指各商业银行向企业提供的贷款，包括短期贷款和长期贷款。其中长期贷款一般具有以下特征：期限长于1年；企业与银行之间要签订借款合同，含有对借款企业的具体限制条款；有规定的借款利率，可固定，也可随基准利率的变动而变动；主要实行分期偿还方式，一般每期偿还金额相等，当然也有采用到期一次偿还方式的。

非银行金融机构贷款是指银行以外的金融机构，如保险公司、信托投资公司等向企业提供的贷款。这些金融机构对企业的贷款一般较商业银行贷款的期限更长，要求的利率较高，对借款企业的信用要求和担保的选择也比较严格。

B.长期借款按有无抵押品作担保分类，分为抵押贷款和信用贷款。

抵押贷款是指以特定的抵押品为担保的贷款。作为长期贷款担保的抵押品一般要求是不动产、机器设备等实物资产。如果贷款到期借款企业不能或不愿偿还贷款，银行可取消企业对抵押品的赎回权，并有权处理抵押品。抵押贷款有利于降低银行贷款的风险，提高贷款的安全性。

信用贷款是指不以抵押品作担保的贷款，即仅凭借款企业的信用或保证人的信用而发放的贷款。信用贷款通常仅由借款企业出具签字的文书，对于这种贷款，银行面临的风险较高，通常要收取较高的利息，并往往附加一定的限制。银行一般很少提供长期信用贷款，除非是那些信誉极好的大企业。

（2）发行企业债券筹资。

企业利用长期负债筹集所需资本，除了有向金融机构借款这种间接的融资方式外，还有发行债券这种直接的融资方式。

①企业债券的概念。企业债券是指企业依照法定程序发行的、承诺按期向债券持有者支付利息和偿还本金的有价证券。债券是一种反映债券持有者与企业之间债权债务关系的书面凭证，债券持有者可以将债券转让、抵押和继承。发行债券是企业筹集资本的重要方式之一。

②企业债券的基本要素。债券作为一种有价证券，尽管种类繁多，但在内容上都应包含一些基本的要素。

A.债券的面值。债券的面值是指债券的票面价值，是企业对债券持有者在债券到期后应偿还的本金数额，也是企业向债券持有者按期支付利息的计算依据。债券的面值包括债券的币种和票面金额。债券面值的币种可为本国货币，也可为外币，这取决于发行者的需要和债券的种类。债券的票面金额印在债券上固定不变，债券到期必须足额偿还。

B.债券的期限。债券的期限是指从发行债券日起到偿还债券本息日止的时间。企业债券的期限如太短，对企业来说偿还债券本金的压力就较大；企业债券的期限如太长，则资本成本高，而且有利率风险，投资人一般不愿意购买期限太长的债券。企业应根据自身资本需求的情况以及外部资本市场的各种影响，确定企业债券的期限。

C.债券的利率。债券的利率是指债券利息与债券面值的比率，也是债券发行企业向债券持有者按期支付资本使用报酬的计算标准。债券的票面利率水平，一般是由发行债券的企业根据自身的资信情况、债券的偿还期限和计息方式以及发行时资本市场上的供求状况和银行利率等分析确定的。一般来说，债券期限越长，票面利率越高；反之，债券期限越短，票面利率越低。采用分期支付利息，则利率低；采用到期一次支付利息，则利率高。债券的信用级别高，可相应降低利率；反之，债券的信用级别低，就需要相应提高利率。债券上注明的利率一般是年利率，而且一经确定，在发行期内通常是不变的。

作为筹资的一方，发行债券还要确定其发行价格。债券的发行价格是债券投资者认购发行债券时实际支付的价格。债券的发行价格一般有三种：一是平价，即发行价格等于票面金额；二是溢价，即发行价格高于票面金额；三是折价，即发行价格低于票面金额。企业在发行债券时究竟采用哪一种价格，取决于企业的经营情况、市场利率水平和债券票面利率等条件。

在我国发行企业债券或公司债券要按照《中华人民共和国证券法》、《企业债券管理条例》及《公司债券发行与交易管理办法》要求的条件、发行主体及资金用途等发行，门槛比较高。

（3）融资租赁筹资。

①融资租赁的含义。租赁是指出租人在承租人给予一定报酬的条件下，授予承租人在约定的期限内占有和使用财产权利的一种契约性行为。租赁分为经营租赁和融资租赁。

融资租赁又叫作财务租赁或资本租赁，它是以融通资本为目的，为缓解资本短缺的矛盾，通过租赁设备来满足企业生产经营的需要。租赁业务在近些年来发展很快，它已成为企业融资的一个重要来源。

②融资租赁的特点。融资租赁通常在企业资本来源不足但生产经营又必须添置新设备时采用，企业通过租赁方式能解决这一矛盾，取得新设备的使用权。作为企业长期资本的来源之一，融资租赁有其独有的特点。

A.融资租赁的租赁期限长。融资租赁的租赁期限通常大于租赁资产的使用寿命期的70%。融资租赁期满后，大部分承租人会要求按较低的价格购买该项租赁资产。

B.融资租赁合同不可撤销。在融资租赁的租约期间，任何一方不得单方面撤销合同，只有在租赁资产毁坏或被证明已经失去使用效力的情况下，才能经双方协商后中止租约。

C.承租人需承担资产维修保养费。融资租赁的出租人不负担租赁资产的维修及保养费，该费用是由承租人来负担的。

D.融资租赁的租赁费较高。融资租赁的租赁费包括该项租赁资产的全部价值、利息及应获得的利润，因而租赁费用较高。

由此可见，融资租赁对承租人来说，虽然没有租赁资产的所有权，但实质上是控制了所租赁资产。因此，融资租赁租入的资产一般要在承租人的资产负债表上反映，一方面反映长期资产（“固定资产”），另一方面反映长期负债（“长期应付款”）。

（4）长期负债筹资方式优缺点的比较。

长期借款、发行企业债券、融资租赁的优缺点有共同的地方，也有各自的特点。它们优缺点的比较见表2-2。

表2-2　**长期负债筹资方式的优缺点比较**

筹资方式	长期借款	发行企业债券	融资租赁
优点	①筹资速度快 ②筹资成本较低 ③筹资弹性较大 ④可以发挥财务杠杆作用 ⑤不影响股东的控制权	①筹资成本较低 ②可以发挥财务杠杆作用 ③可以保证股东的控制权	①筹资速度快 ②筹资的限制性条款较少 ③筹资风险相对较低 ④可以发挥财务杠杆作用
缺点	①筹资风险较高 ②筹资的限制性条款较多 ③筹资数额有限	①筹资风险高 ②筹资的限制性条款较多 ③筹资数额有限	①资本成本较高 ②筹资数额有限

3.短期负债筹资

企业除了筹集长期资本以外，也需要筹集在生产经营过程中短期周转的资本，如购买原材料、支付职工工资等。这些短期资本虽然在企业资本总额中的比重可能不大，但在企业资本循环中是不可缺少的一部分。

（1）短期负债筹资的特点。

短期资本筹集主要是为了满足企业生产经营过程中短期周转的流动资本需要，它主要是通过短期负债的方式筹集。短期负债所筹集的资本可使用时间较短，一般不超过1年。与长期负债筹资比较，短期负债筹资有其自身特点。

①短期负债筹资速度快，容易取得。长期负债的债权人为了保护自身的利益，往往要对债务人进行全面的财务调查，因而筹资所需时间一般较长，且审批手续比较严格，不易取得。短期负债在较短的时间内即可归还，对债权人来说风

险较小，因此债权人顾虑较少，筹资企业容易取得资本。

②短期负债筹资富有弹性。长期负债的债权人或有关方面经常会向债务人提出很多限制性条款或管理规定，而短期负债的限制性条款少，相对比较宽松，因此筹资企业的资本使用较为灵活、富有弹性。

③短期负债筹资成本较低。对于债权人来说，短期放款比长期放款的风险要小，债权人要求的报酬率也相对要低，所以，一般短期负债的利率低于长期负债的利率。对于债务人来说，也就是短期负债的筹资成本比长期负债的筹资成本相对要低。

④短期负债筹资风险较高。短期负债需要在短期内偿还，这就要求筹资企业在短期内有足够的资本偿还债务，一旦企业资本安排不当，就会陷入财务危机。此外，财务管理人员要花大量的时间和精力应付即将到期的短期负债的偿还和续借问题。再者，短期负债利率的波动幅度也可能比较大。因此，对于债务人来说，短期负债筹资的风险较高。

短期负债筹资的主要方式有短期借款、商业信用等。

（2）短期借款筹资。

①短期借款的概念。短期借款是指企业向银行或其他非银行金融机构借入的期限在1年以内的借款。在我国，短期借款是企业筹集短期资本的主要来源之一。

我国目前的短期借款按照目的和用途划分，主要分为生产周转借款、临时借款和结算借款。按照国际通行的做法，短期借款还可以按有无抵押担保，分为信用借款、抵押借款和担保借款。

②短期借款筹资的优缺点。

A.短期借款筹资的优点：

第一，短期借款筹资效率较高。短期借款在较短的时间内即要归还，对银行来说风险相对较小，因此银行审批、放款的速度一般都较快，企业能比较及时地借到款项。

第二，短期借款筹资比较灵活。短期借款的限制性条款比长期借款少，企业资本使用较灵活；另外，企业如果资本暂时周转困难，无法偿还到期的短期借款，可以与银行商量延期，这比商业信用等筹资方式稍为灵活一些。

第三，短期借款筹资成本较低。这主要是相对于长期借款而言的，对银行来说，短期放款比长期放款风险小，所以利率低一些，因此短期借款的筹资成本也低一些。

B.短期借款筹资的缺点：

第一，短期借款筹资手续较麻烦。向银行借款需要办理一些相关手续，这与商业信用由商品交易自动而形成的筹资相比，手续相对麻烦。

第二，短期借款筹资风险较大。短期借款要在短期内归还，这要求企业在短期内要有足够的资本，否则就容易陷入危机，特别是在带有一些附加条件的情况下会使风险加剧。

（3）商业信用筹资。

①商业信用的含义及其筹资形式。商业信用是指在商品交易中以延期付款或延期交货的方式进行购销活动而形成的借贷关系，它是企业间直接的信用行为。其具体形式主要包括应付账款、应付票据、预收账款等。

商业信用产生于日常的商品交换之中，属于一种“自动性筹资”。一般来说，企业以赊购的方式向其他单位购入原材料或其他货物，而以应付账款或应付票据的形式在企业账面上反映，这实质上使企业获得了临时性的资本来源。同样，企业以预收货款的方式从购买本企业产品的单位收取预收款，并以预收账款的形式在企业账面上反映，企业也同样获得了临时性的资本来源。商业信用运用广泛，已成为企业短期筹资的主要来源之一。

②商业信用筹资的优缺点。

A.商业信用筹资的优点：

第一，商业信用筹资便利、及时。商业信用筹资与商品交易或经营中的其他业务同时进行，属于“自动性筹资”，不需要做正规的安排、办理正式的筹资手续，筹资便利、及时。

第二，商业信用筹资有时没有成本或成本很低。预收账款、应付账款等筹资方式没有筹资成本，采用应付票据筹资的成本也比较低。

第三，商业信用筹资的限制条件少。企业采用银行借款的筹资方式，常常会有一些限制条件，而商业信用筹资则限制少。

B.商业信用筹资的缺点：

第一，商业信用筹资有时机会成本很高。如果企业采用应付账款筹资，有时会放弃现金折扣，其机会成本是相当高的。

第二，商业信用筹资的期限较短。商业信用的信用期、折扣期一般都是比较短的，最长的票据期也就6个月，比银行借款等筹资方式的期限短。

【课堂讨论2-1】

随着我国铁路尤其是高铁大规模的建设，资金需求越来越大，当时的铁道部通过发行中国铁路建设债券筹集投资所需的资金。但是，由于铁道部原来的负债率已经很高而且连连发生事故，金融市场并不买账，2011年首期的中国铁道建设债券发行一再推迟，从9月26日一直延到10月10日，最后由发改委发函明确“中国铁路建设债券是经国务院批准的政府支持债券”，才在10月12日成功发行。

讨论：

（1）发行债券筹资需符合什么条件？

（2）发行债券筹资有什么风险？

（3）铁道部2011年首期中国建设债券发行的波折给其他企业带来什么启示？

2.2 投资管理

投资是指企业为了在未来获取收益而向一定对象投放资本的经济行为。这种行为具有目的性、时间性、收益性和风险性。投资有狭义和广义之分，狭义的投资仅指对外部投出资本；而广义的投资包括企业内部的资本投放和使用以及对外部投出资本。这里的投资是指广义的投资。

2.2.1 投资的特征与基本原则

1.投资的特征

从财务上说，投资具有下列特征：

（1）财力上的预付性。

投资是在实际的经营活动进行之前发生的，具有预付的性质，这种投资的预付款只有在投资形成生产经营能力或投资实际运转后才能收回。

（2）时间上的选择性。

投资并非随时进行的，只有客观上存在投资的条件即投资的可能和必要时，投资时机才真正到来。

（3）空间上的流动性。

在投资的过程中，不仅投出的资本会在空间上流动，而且投出资本转化成的实物和证券等也会产生形态上的流动。

（4）目标上的收益性。

尽管各项具体的投资在目的上不尽相同，但是这些投资的最终和长远目标都是取得投资收益。

（5）收益的不确定性。

投资是为了获取收益，但这些收益是在未来才能获得的，最终收益是多少事先难以知晓，它具有不确定性，也就是风险性。

（6）回收上的时限性。

任何投资都必须收回，否则没有人进行投资。由于资本时间价值的存在，投资不仅要收回，而且应及时收回。

（7）效果上的综合性。

在市场经济下，企业能否把财务资源投放到收益高、回收快、风险小的项目上去，对企业的生存和发展都是十分重要的。企业进行投资是取得利润的基本前提，是发展生产和经营的必要手段，也是降低风险的重要途径，因此投资是最具综合性的财务决策。

2.投资的基本原则

企业为实现获利、增加企业价值的投资目标，应确立投资的基本原则。

（1）安全性原则。

安全性原则是指投资活动应做到保全资本、保证收益、避免过高的风险。安全性高低往往与投资风险成反比，企业要追求安全性较高的投资，就得以放弃一定的风险收益为代价。

（2）流动性原则。

流动性原则是指投资应在资产不发生损失的情况下，争取可以随时变换成现金。流动性往往与收益成反比，企业追求投资的流动性，可能要以降低收益为代价。

（3）收益性原则。

收益性原则是指投资应以获得股息、利息和经营收益等为目标。投资收益的大小往往与投资风险的高低有着密切的联系，一般情况是风险越高，要求取得的报酬也越高。

从根本上看，这三个原则之间有一致的地方：安全性高，就保障了一定的收益性；收益性、安全性高的，易于随时变现，也就有很高的流动性。但是，不同的资产投资，其收益性、安全性和流动性也不一样，同一种资产，又常常不会同时兼备高收益性、高安全性和高流动性。这样，在选择投资对象、安排资产组合时，就会遇到三个原则要求相互矛盾的情形。这就要在收益性、安全性和流动性之间寻求一种动态平衡，即在保证资产安全和流动的前提下，追求最大限度的收益。

2.2.2 投资的分类

不同的投资项目，其决策的标准及评价方法也会有所差异，因此应该对投资进行科学的分类。根据不同的分类标准，投资可分为不同的种类。

1.按照投资行为介入的程度分类

按照投资行为介入的程度，投资可以分为直接投资和间接投资。

直接投资（Direct Investment）是指由投资人直接介入的投资行为，即投资者把资本直接投入投资项目，形成生产经营性实物资产或购买企业现有资产，以获取收益。通过直接投资，投资者可以拥有企业全部或部分资产的所有权和经营权，资本的所有者与资本的使用者统一，直接进行或参与进行企业的经营管理，对被投资企业具有较大的控制力。

间接投资（Indirect Investment）是指投资者不直接介入的投资行为，即投资者以其资本购买政府债券、公司债券、金融债券或公司股票等，来获取收益。间接投资也称证券投资，资本的所有者与资本的使用者是分离的，一般不直接参与企业的经营管理决策。间接投资的资本运用比较灵活，可以随时调用或更换为其他资产。

2.按照投资的对象分类

按照投资对象的不同，投资可以分为生产性资产投资和金融性资产投资。

生产性资产投资是指将资本投向企业生产经营活动所需资产的投资，例如投资厂房、机器设备、存货等。这种投资属于直接投资，在企业内部进行，投资后不改变资本的控制权归属，只是指定了企业资本的用途。

金融性资产投资是指将资本投向金融资产（金融产品）的投资，例如投资债券、股票等。这种投资属于间接投资，投资人把资本交给别人支配并换取某种所有权凭证，但失去了对资产的实际控制权。

3.按照投资的方向分类

按照投资方向的不同，投资可分为对内投资和对外投资。

对内投资是指把资本投放在企业内部，取得供本企业生产经营用的各种资产的投资。对内投资都是直接投资。

对外投资是指以现金、实物、无形资产等方式或者以购买股票、债券等有价证券方式向其他单位的投资。对外投资主要是间接投资，也可以是直接投资。

4.按照投资回收时间分类

按照投资回收时间的长短划分，投资可分为短期投资和长期投资。

短期投资（Short-term Investment）又称流动资产投资，是指在一年内可收回的投资，主要包括对现金、应收账款、存货、短期有价证券等的投资，长期有价证券如能随时变现也可认为属于短期投资。

长期投资（Long-term Investment）是指一年以上才能收回的投资，主要包括对厂房、机器设备等固定资产的投资，也包括对无形资产和长期有价证券的投资。

5.按照投资在再生产过程中的作用分类

按照投资在再生产过程中的作用划分，投资可分为初始投资和后续投资。

初始投资是在建立新企业时所进行的各种投资。它的特点是投入的资本通过建设形成企业的原始投资，为企业的生产、经营创造必要的条件。

后续投资则是指为巩固和发展企业再生产所进行的各种投资，主要包括为维持企业简单再生产所进行的更新性投资，为实现扩大再生产所进行的追加性投资，为调整生产经营方向所进行的转移性投资等。

2.2.3 生产性资产投资

生产性资产是指企业生产经营活动所需要的资产，例如厂房车间、机器设备等。这些资产是企业进行生产经营活动的基础条件。将资本投放在生产性资产上，也就是生产性资产投资（或称项目投资）。生产性资产投资又可进一步分为长期资产投资和流动资产投资。

1. 长期资产投资

长期资产投资是指将资本投向企业生产经营活动所需的长期资产的投资，包括固定资产投资、无形资产投资和开办费投资等。

（1）长期资产投资的特点：

长期资产投资相对于其他投资，具有下列特点：

①长期资产投资数额大。长期资产投资，尤其是战略性扩大生产能力的投资，一般都需要比较多的资本，在资产总额中占有非常大的比重。因此，长期资产投资对企业未来的现金流量和财务状况都会产生重大的影响。

②长期资产投资影响时间长。长期资产投资一般投资期及发挥作用的时间都比较长，对企业未来的生产经营活动，甚至长期的经营活动都将产生深远的影响。

③长期资产投资变现能力较差。长期资产投资一般不准备在一年或一个营业周期内变现，而且投资一旦完成，要想改变就比较困难，要么是无法实现，要么就是代价很大。可见，长期资产投资的变现能力较差。

④长期资产投资风险比较大。长期资产投资数额大、时间长和变现能力差，未来影响收益的因素也多，这必然造成其风险较大，一旦决策失败，会给企业带来难以弥补的损失。

（2）长期资产投资的管理程序。

长期资产投资的管理程序应包括下列几个基本步骤：

①提出各种投资方案。新产品方案通常来自营销部门，设备更新的建议通常来自生产部门等。

②估计方案的相关现金流量。

③计算投资方案的价值指标，如净现值、内部收益率等。

④价值指标与可接受标准比较。通过比较作出接受或拒绝的决策。

⑤对已接受的方案进行再评价。这项工作很重要，通过事后评价可以知道预测的偏差，改善财务控制的线索，有助于指导未来决策。

（3）长期资产投资项目评价的基本原理。

长期资产投资项目评价的基本原理是：投资项目的收益率超过资本成本时，企业的价值将增加；投资项目的收益率小于资本成本时，企业的价值将减少。这一原理涉及资本成本、项目收益与股价（股东财富）的关系。

2. 流动资产投资

流动资产投资是指将资本投向企业生产经营活动所需的流动资产的投资，主要包括货币资金、应收款项、存货等。

流动资产是企业生产经营过程中短期置存的资产，是企业资产的重要组成部分。流动资产是相对于固定资产或长期资产而言的，是指可以在一年或超过一年的一个营业周期内变现或耗用的资产，主要包括货币资金、短期有价证券、应收款项、存货等。流动资产投资对企业的影响时间短，又称为短期投资。

（1）流动资产投资的特点。

流动资产投资与长期资产投资相比，有其特别之处。

①流动资产投资回收期短。流动资产投资一般在一年或超过一年的一个营业周期内收回，对企业影响的时间比较短。

②流动资产投资流动性强。流动资产在循环周转过程中，要经过供产销三个阶段，其占用形态不断地由一种形态转变为另一种形态，即按“现金→原材料→在产品→产成品→应收账款→现金”的顺序转化。这种转化在企业再生产过程中循环往复，其占用形态也不断变动。这种变动性也就是流动资产的流动性。流动性与变现能力相关，企业如遇意外情况，可迅速变卖流动资产，以获取现金，用于偿还债务。

③流动资产投资具有并存性。在流动资产循环周转过程中，不断有资本的流入，也不断有资本的流出，流入和流出总要占用一定的时间。从供产销的某一时点看，各种不同形态（储备资本形态、生产资本形态、成品资本形态）的流动资产是同时并存的；否则，全部资本都处在其中的任何一个阶段上，企业的生产经营过程就会中断。因此，保证各种资本形态的合理配置和资本周转的畅通无阻，是生产经营活动顺利进行的必要条件。

④流动资产投资具有波动性。流动资产在企业再生产过程中的投资并不是一个常数，随着供产销的变化，资本占用的数量有高有低，起伏不定，具有波动性。季节性生产企业如此，非季节性生产企业也是如此。

（2）流动资产投资管理的基本要求。

①既要保证满足生产经营需要，又要合理节约使用资本。流动资产投资管理应服务于生产经营，做好资本供应，保证满足企业生产经营的合理需要量；同时，也要注意控制和节约资本，因为将过多的资本投放在流动资产上，要付出较多资本成本代价，从而影响投资的收益性。

②保证资本使用与物资运动相结合。资本是物资的货币表现，资本使用同物资运动有密切的联系。在流动资产投资管理中，必须把资本使用同物资运动结合起来，尽量做到钱出去、货进来，货出去、钱进来。由于市场的竞争，企业不可避免地会给客户提供商业信用，那就需要控制好应收账款投资，尽快收回货款，降低坏账损失比率。

（3）流动资产投资评价的基本原理。

由于流动资产投资有一个不断投入和收回的循环过程，而且这一过程没有终止的日期，这就难以直接评价其投资的报酬率。因此，流动资产投资评价的基本原理是：以最低的管理成本满足生产经营周转的需要。

2.2.4 金融性资产投资

金融性资产投资是指将资本投向金融性资产（金融产品）的一种投资。金融性资产通常包括股票、债券、银行存款、外汇等，但其典型的表现形式是股票和债券这些代表一定权利的法律凭证，因此金融性资产投资也被称为“证券投资”。

1.金融性资产投资的特点

尽管生产性资产投资和金融性资产投资都是以盈利为目的，都是以投资的收益性、流动性和风险性相比较为基础进行决策的，但是，由于两种投资的对象不同，所以两种投资具有不同的特点。与生产性资产投资相比，金融性资产投资具有下列特点：

（1）具有可分割性和独立性。

生产性资产投资具有整体性的特点，投资者不可能建造2/4的厂房或购买1/4的设备，否则，企业的生产经营活动就不能正常进行。而金融性资产投资则不同，它具有可分割性的特点，投资者可以根据自己的意愿购买某个企业若干份的股权或债券，而没有必要将该企业的股权或债券全部购买下来。金融性资产投资的可分割性特点决定了金融性资产投资的独立性，也就是说，投资者可以根据需要同时购买若干种证券，而进行生产性资产投资时投资者不可能同时投资于多个往往具有互斥性的项目。这样，在对金融性资产投资效应进行分析时，投资者可以不必考虑规模经济问题。

（2）流动性强。

金融性资产投资的流动性明显高于生产性资产投资。尤其是在发达的金融市场环境下，证券有着活跃的二级市场，转让简便、快捷，对于绝大多数证券来说，无论其到期日如何，投资者都可以通过金融市场进行买卖，因而其具有较高的流动性。但是，如果投资者将其资本投资于生产性资产，由于这些实物性的资产较难找到一个连续的二级市场，变现受到限制，则资本将在一定的时期内受到束缚而不能流动。因此，投资者进行金融性资产投资可以不考虑时间因素。

（3）投资风险大。

金融性资产投资只涉及人与人之间的财务交易，不涉及人与自然界的关系，形成的是无形的资产；而生产性资产投资涉及人与物、人与自然界的关系，形成的是看得见、摸得着的资产。因此，相对于生产性资产投资，金融性资产投资受人为因素的影响较大，其价值受政治、经济等各种环境因素的影响也较大，具有价值不稳定、投资风险大的特征。

（4）交易成本较低。

金融性资产买卖快速、简捷、成本较低，而生产性资产交易过程复杂、手续繁多、成本较高。

由此可见，在金融性资产投资中，现金流量的规模和时间因素并不是最重要的，最重要的是各种金融性资产的相关性以及相应的风险与收益关系。

2.债券投资

债券投资是指企业以现金或其他形式购买别的企业的债券的一种投资，其投资对象是各种债券。债券投资可以分为短期债券投资和长期债券投资。

（1）债券投资的目的。

企业进行短期债券投资的目的主要是配合企业对资本的需求，调节现金余额，使现金余额达到合理水平。当企业现金余额太多时，便投资于债券，使现金余额降低；反之，当现金余额太少时，则出售原来投资的债券，收回现金，使现金余额提高。

企业进行长期债券投资的目的主要是获得稳定的收益。

（2）债券投资的收益和风险评价。

企业决定是否购买某一种债券，主要是评价其收益和风险，企业的目标是高收益、低风险。

①债券投资的收益评价。评价债券收益水平的指标是债券价值和到期收益率。票面利率通常不能作为评价收益的唯一标准，因为票面利率相同的两种债券，如一种每年付利息，而另一种则到期一次还本付息，其实际的经济价值有很大的差别，但从票面利率上是无法区分的。

债券作为一种投资，现金流出是对应于购买价格的，现金流入是利息和本金的偿还，或者出售时得到的现金。债券未来现金流入量的现值就称为债券价值。如果不考虑风险，那么，只有债券价值大于其购买价格才值得购买。债券价值是债券投资决策时应该考虑的重要因素。

债券的到期收益率（Yield to Maturity，YTM）是指购买债券后，一直持有该债券至到期日可以获得的收益的比率。该收益率是指按复利计算的收益率，它是能使未来现金流入量现值等于债券购买时的现金流出量的折现率。一般情况下，不考虑货币时间价值的各种计算收益的方法，都不能作为投资决策的依据。

②债券投资的风险评价。尽管债券的利率一般固定，但是债券投资仍然与其他投资一样存在风险。债券投资的风险主要包括利率风险、购买力风险、再投资风险、违约风险和流动性风险。

A.利率风险。利率风险是指由于利率变动而使投资者遭受损失的风险。由于债券价格会随着利率变动，即使没有违约风险也会存在利率风险。债券的到期时间越长，利率风险越大，但是长期债券的利率一般比短期债券高。减少利率风险的方法是分散债券的到期日。

B.购买力风险。购买力风险是指由于通货膨胀而使证券到期或出售时所获得的货币资本的购买力下降的风险。一般而言，在通货膨胀时，变动性收益的证券（如普通股股票）比固定性收益的证券（如债券）能更好地避免购买力风险。

C.再投资风险。再投资风险是指购买短期债券而没有购买长期债券，无法通过再投资而实现预期收益的风险。例如，长期债券的利率为12%，短期债券的利率为10%，为了减少利率风险，投资者购买了短期债券。在短期债券到期收回现金之后，如果利率降低到8%，投资者只能找到收益率为8%的投资机会，就不如当初购买长期债券，现在仍然可以得到12%的收益率。

D.违约风险。违约风险是指借款人无法按期支付债券利息和偿还本金的风险。避免违约风险的方法是不购买质量差的债券。

E.流动性风险。流动性风险是指证券无法在短期内以合理价格出售的风险。减少流动性风险的方法是购买上市的国库券或大公司的债券。

上述的利息风险、购买力风险和再投资风险属于系统风险，即不可分散风险，是由于外部经济环境因素变化引起整个金融市场的不确定性增强，从而对市场上所有证券都产生影响的风险。违约风险和流动性风险属于非系统性风险，即可分散风险，是由于特定经营环境或特定事件变化引起的不确定性，从而对个别证券产生影响的风险，可以通过证券投资组合将风险分散。

3.股票投资

股票投资是企业以现金或其他形式购买别的企业的股票的一种投资。对股票投资者来说，股票只是一张有价证券，凭着这张证券，他可以分享一定的权利，或者可以将其出售并期望售价高于买价来获取收益。

（1）股票投资的目的。

企业进行股票投资的目的主要有两种：一是获利，即作为一般的证券投资，获取股利收入及股票买卖差价。在这种情况下，企业仅将某种股票作为证券组合的一个组成部分，不会冒险将大量资本投资于某一企业的股票上。二是控股，即通过购买某一企业的大量股票达到控制该企业的目的。在这种情况下，企业集中资本投资于被控企业的股票上，这时考虑更多的不是目前利益，即股票投资收益的高低，而是长远利益，即占有多少股权才能达到控制的目的。

（2）股票投资的收益和风险评价。

企业决定是否购买某一种股票，主要是评价其收益和风险，企业的目标是高收益、低风险。

①股票投资收益的评价。评价股票收益水平的指标是股票价值和预期收益率，而股票的面值和过去的实际收益率都不能作为评价收益的标准。

股票价值是指其预期的未来现金流入量的现值，它是股票的真实价值或内在价值。股票的未来现金流入包括每期预期的股利和出售时的价格收入两部分。而股票价格是指股票在市场上买卖的价格。股票的价格主要由预期的股利和当时的金融市场利率所决定，同时还受整个经济环境变化和投资者心理等复杂因素的影响。评价股票的主要方法是计算其价值，然后与股票市价进行比较，视其低于、高于或者等于市价，决定买入、卖出或者继续持有。

股票的预期收益率是评价股票价值时使用的，是预期未来的收益率而不是过去的实际收益率。它包括两部分：预期股利收益率和预期资本利得收益率。只有股票的预期收益率高于投资者要求的最低收益率，他才愿意投资。这里最低的收益率是该投资的机会成本，即将资本用于其他投资机会可获得的收益率，通常也可以用市场利率来衡量。

②股票投资的风险评价。一般来说，普通股投资的收益与风险都会高于优先股投资和债券投资。在企业经济效益较好时，债券和优先股投资者只能分得规定的、固定的利息和股息，更多的企业净收益都被普通股投资者所获得；当企业经济效益恶化时，债券投资者最先获得报酬，其次是优先股投资者，普通股投资者可能没有任何可分的利润了，而且股票投资所支付的本金是不能收回的。如果企业清算，其财产分配也是按债券投资者、优先股投资者、普通股投资者的顺序进行的。因此，股票投资特别是普通股股票投资的收益和风险都是较大的。应对风险的最普遍方法就是投资的分散化，即选择若干种证券加以搭配，建立证券投资组合。通过多种收益相关、风险相互抵消的证券的组合，在保持特定收益水平的条件下把总风险降到最低限度，或者在将风险控制在愿意承担的特定水平条件下尽可能使收益最大化。

4.债券投资与股票投资的优缺点比较

债券投资和股票投资既有优点也有缺点，两者的比较见表2-3。

表2-3　**债券投资与股票投资的优缺点比较**

投资方式	债券	股票
优点	①投资风险较小 ②收入比较稳定	①投资收益高 ②购买力风险低 ③拥有对被投资企业的经营控制权
缺点	①购买力风险较大 ②没有对被投资企业的控制权 ③收益率一般较低	①求偿权居后 ②价格不稳定 ③收入不稳定，投资风险较大

【课堂讨论2-2】

小张、小黄和小李是大学同学，在一次同学聚会上他们聊起了最近的股票市场和投资的话题。

小黄：最近的股市太差了，一直在跌，我的钱都不敢放进去了，现在都把它放银行了。

小张：存在银行利率也太低了，几乎连通货膨胀都补不回，等于贬值，我把钱用来买国库券和政府债券了。

小李：债券一样有风险，我懒得想，大部分闲钱都买基金了，让基金经理打理，收益也可能超过自己买股票和债券的收益呢。

讨论：

（1）上述投资属于哪类投资？基金投资有风险吗？

（2）他们在投资时都考虑了哪些因素？

2.3 分配管理

分配是企业将投资经营所获得的收益分给相关的利益者。分配有广义和狭义之分：广义的分配是指对企业收入和利润的分配；而狭义的分配则只是指对企业净利润（税后利润）的分配。本章所讨论的是狭义的分配，因此也可称之为利润分配。

2.3.1 分配的原则

企业的分配不仅会影响企业的筹资和投资，而且涉及企业、投资者、职工等多方面的利益关系，涉及企业长远利益与近期利益、整体利益与局部利益等的关系，从而影响企业的价值。因此，企业在进行利润分配时应遵循下列原则：

1.依法分配原则

依法分配原则是指企业在分配利润时应遵守国家的法律法规。为规范企业利润分配行为，国家制定和颁布了一系列法律法规，如《公司法》等，对企业利润分配的基本要求、一般程序和重大比例等都做了规定。企业应依法进行利润分配，这是处理好各方面利益关系的关键。

2.兼顾各方面利益原则

兼顾各方面利益原则是指企业在利润分配时要坚持全局观念，兼顾各方利益。利润分配是利用价值形式对社会产品的分配，直接关系到有关各方的切身利益。投资者作为资本投入者、企业所有者，依法享有利润分配权。企业的净利润归投资者所有，是企业的基本制度，也是企业所有者投资于企业的根本动力所在，同时企业的利润离不开全体职工的辛勤工作，职工是利润的直接创造者，所以企业进行利润分配时，应统筹兼顾，合理安排，维护投资者、企业与职工的合法权益。

3.投资与收益对等原则

投资与收益对等原则是指企业在分配利润时应当体现“谁投资谁受益”、受益大小与投资比例相适应。投资与受益对等原则是正确处理投资者利益关系的关键。投资者因其投资行为而享有收益权，并且其收益权应同投资的比例相适应。这就要求企业在向投资者分配利润时，应本着平等一致的原则，按照各方投入资本的多少来进行，而绝不允许发生任何一方随意多分多占的现象。这样，才能从根本上保护投资者的利益，鼓励投资者投资。

4.分配与积累并重原则

分配与积累并重原则是指企业在进行利润分配时，应正确处理长远利益和近期利益的辩证关系，将两者有机结合起来。坚持分配与积累并重原则，就是要考虑未来发展需要，企业除按规定提取法定盈余公积金以外，还可适当留存一部分利润作为积累。这部分留存收益虽暂时没有分配，但仍归企业所有者所有。而且，这部分积累不仅为企业扩大再生产筹措了资本，同时也增强了企业抵抗风险的能力，提高了企业经营的安全系数和稳定性，这也有利于增加所有者的回报。此外，通过留存一部分利润以供未来分配之需，还可以以丰补歉，平抑利润分配数额波动幅度，以达到稳定投资报酬率的效果。因此，企业在进行利润分配时应当正确处理分配与积累的关系。

2.3.2 分配的基本内容及基本程序

1.分配的基本内容

企业利润的形式既可是利润总额也可是净利润，但由于税法具有强制性和严肃性，缴纳税款是企业必须履行的义务，从这个角度理解，狭义的分配是指企业净利润的分配。按照我国《公司法》的规定，利润分配项目主要包括两项内容：一是盈余公积金。盈余公积金是从净利润中提取形成的，主要用于弥补公司亏损、扩大公司生产经营或者转为增加公司资本。盈余公积金分为法定盈余公积金和任意盈余公积金。二是股利（利润）。股利（利润）的分配应以各股东（投资者）持有股份（投资额）的数额为依据，一般每一股东（投资者）取得的股利（分得的利润）与其持有的股份数（投资额）成正比。

2.分配的基本程序

按照《公司法》等法律、法规的规定，分配利润应按下列顺序进行：

（1）弥补以前年度亏损。

企业是自负盈亏的经济组织，如果以前年度发生了亏损就需要由以后年度的盈利来弥补。这实际上也是计算可供分配的利润，即将本年净利润（或亏损）与年初未分配利润（或亏损，即以前年度亏损）合并，计算出可供分配的利润。如果可供分配的利润为正数，则可进行后续分配；如果可供分配的利润为负数（即亏损），则不能进行后续分配。

（2）提取法定盈余公积金。

法定盈余公积金按照本年净利润扣除年初累计亏损（即弥补以前年度亏损）后的10%提取。提取法定公积金的基数，不是可供分配的利润，也不一定是本年的净利润，只有不存在年初累计亏损时，才能按本年净利润计算应提取数。其关键在于不能用资本向股东（投资者）分派股利（利润），也不能在没有累计盈余的情况下提取盈余公积金。当法定盈余公积金达到注册资本的50%时，可不再提取。

（3）提取任意盈余公积金。

任意盈余公积金按照公司章程或股东大会决议提取和使用，其目的是控制向股东（投资者）分派股利（利润）的水平以及调整各年利润分配。

（4）向股东（投资者）支付股利（分配利润）。

可供分配的利润扣除上述三个项目后，就是可向股东（投资者）支付股利（分配利润）的利润（如果有优先股，优先股股利分配在提取任意盈余公积金前），公司应按同股同权、同股同利的原则，向股东（投资者）支付股利（分配利润）。

股份有限公司原则上应从累计盈利中分派股利，无盈利则不得支付股利，但公司用盈余公积金抵补亏损以后，为维护其股票信誉，经股东大会特别决议，也可按照不超过股票面值6%的比率用盈余公积金支付股利，这样支付股利后留存的法定盈余公积金不得低于注册资本的25%。

公司股东会或董事会违反上述利润分配顺序，即在弥补亏损、提取法定盈余公积金之前向股东（投资者）支付股利（分配利润）的，必须将违反规定发放的股利（利润）退还公司。

2.3.3 股利分配政策

从分配的内容和程序可以知道，有些分配项目是法定的。就股份制企业而言，最值得研究的应该是向股东支付股利，即股利分配。股利分配涉及的方面很多，其中最主要的是确定是否发放股利、发放多少股利，即用多少盈余发放股利，多少盈余为公司所留用成为内部筹资。

1.影响股利分配的因素

企业的股利分配是在种种制约因素下进行的，企业不可能摆脱这些因素的影响。因此，企业应该考虑这些影响因素，根据实际情况选择合适的股利分配政策。

（1）法律因素。

法律因素对股利分配的影响主要体现为法律对企业股利发放的限制。这些限制主要包括：

①资本保全。企业不能用资本（包括股本和资本公积）发放股利。这一限制性规定的基本目的在于防止企业任意减少资本结构中股东权益的比例，维护资本的完整性，以保护投资者的利益。

②资本积累。企业股利的发放必须以保留必要的积累为前提，即必须按一定比例和基数提足各种公积金后方可向股东发放股利。另外，在分配时还要贯彻“无利不分”原则，即当企业出现年度亏损时，一般不分配利润，除非经股东大会特别决议，可动用以前年度盈余公积金，在一定限度内向股东发放股利。最后，值得注意的是，资本积累在许多西方国家的法律上有“不允许超额”的限制，以此防止企业通过积累利润帮助股东避税，但我国目前还没有此限制。

③偿债能力。企业股利的支付必须以保持偿债能力为前提，也就是说，企业如果要发放股利，就必须要有充分的偿债能力。当企业将现金用于支付股利后将影响或妨碍企业偿还债务和正常经营时，企业发放现金股利的数额就要受到限制。这是法律为保护债权人权益所做的限制性规定。

（2）企业自身因素。

企业自身因素主要是指企业在分配股利时受自身投资需要与筹资能力等方面限制的具体情况，主要包括：

①盈利的稳定性。企业的股利分配在很大程度上会受其盈利的稳定性的影响。一般来说，一个企业的盈利越稳定，则其股利支付率也就越高，而盈利不稳定的公司一般采取低股利政策。对于盈利不稳定的公司来说，低股利政策可以减少因盈余下降而造成的股利无法支付、股票市价急剧下降的风险，还可以把更多的盈利转作再投资，以便提高企业权益资本比重，减少财务风险。

②支付能力。企业确定是否分配股利、采用哪种股利分配形式以及分配多少股利时，必须考虑的问题是：第一，企业现有支付能力。企业必须在有支付能力的前提下才能向股东支付现金股利。第二，分配股利后企业的支付能力。在支付股利后这种支付能力应仍然得以维持，使企业保持一定的流动性，以保证日常开支和偿债的需要，否则，企业发放现金股利的数额就要受到限制。当然，在评价企业的支付能力时，还应考虑企业的举债能力。不同的企业在金融市场上的举债能力各不一样，如果企业负债融资的能力较强，可以迅速地筹借到所需资本，那么即使现有资产的支付能力不是很强，同样也可以考虑发放股利。

③投资机会。股利分配与企业的资本需要量密切相关。如果企业的投资机会较多，那么企业筹资需求增大，往往少发放股利；反之，如果企业的投资机会较少，保留大量现金会造成资本浪费，则一般倾向支付较高的股利。

④筹资能力与资本成本。企业要保持一个合理的资本结构，即债务性资本、权益性资本要保持一个适当的比例，使企业的资本成本尽可能低，而且又能保持一个合适的财务风险水平。这就要求企业在为投资确定筹资方案时，要考虑自己的筹资能力，合理安排负债筹资和权益筹资之间的比例，使资本成本尽可能降低。例如，具有较强举债能力的企业，因能够及时筹集到所需要的资本，则有可能采取较为宽松的股利分配方案；又如，如果企业要筹集权益资本，从资本成本角度考虑，会将利润留在企业用于再投资，因为留存收益不需花费筹集费用，比发行新股经济。

（3）股东因素。

由于企业的理财目标是股东财富最大化，所以股东在控制权、税负、收益等方面的意愿在一定程度上影响着企业的股利分配。

①控制权的稀释。企业支付大量现金股利，就会导致留存收益减少，这又意味着将来再发行新股的可能性增大，而发行新股有可能使现有股东的控制权被稀

释。控制企业的大股东们往往不愿意看到自己的持股比例降低，当他们拿不出更多的资本购买新股以满足企业的需要时，宁肯不分配股利也反对募集新股，以防止控制权旁落他人。

②稳定的收入。依靠企业发放股利维持生活的股东，通常要求企业支付稳定的股利，如果企业留用较多的利润，将遭到这部分股东的反对。

③税负的考虑。企业的利润在上缴企业所得税后，如分配给股东个人，则股东还要缴纳个人所得税。在许多国家，对股利征收的个人所得税一般要高于资本利得税，并且个人所得税采用累进税制，收入越高，税负越重，因此高收入的股东为减轻税负而宁愿将利润留在企业里。

（4）其他因素。

①债务契约约束。企业以长期借款协议、债券契约、优先股协议以及租赁合约等形式向企业外部筹资时，往往应对方的要求，接受有关现金支付股利程度的限制条款。这些限制条款主要包括：未来股利只能用协议签订以后的新的收益支付；营运资本低于一定标准时不得支付股利；利息保障倍数低于一定标准时不得支付股利等。限制企业支付现金股利，目的在于促使企业把利润的一部分按有关条款的要求形式进行再投资，以增强企业的经济实力，从而保障债务的如期偿还，维护债权人的利益。

②通货膨胀。通货膨胀会导致货币购买力水平下降，企业资产重置资本来源不足，此时，企业往往不得不考虑留用一定的利润以应对物价的持续上涨。所以，在通货膨胀时期，企业股利分配政策往往偏紧。

此外，股利分配还会受国家经济环境、企业股票价格的走势、社会上股份公司股利分配的平均水平等因素影响。

2.股利分配政策

股利分配政策是指在法律允许的范围内，可供企业管理当局选择的、有关净利润分配事项的方针及对策。

股利分配政策受多种因素的影响，而且不同的股利分配政策在一定程度上对企业的价值或股票价格会产生不同的影响。同时，支付给股东的股利与企业的留利存在此消彼长的关系。所以，企业在确定股利分配政策时，应综合考虑各方面的影响，权衡利弊，并结合企业的实际情况，从优选择。

在股利分配的实务中，企业经常采用的股利分配政策有下列几种类型：

（1）剩余股利政策。

剩余股利政策（Residual Dividend Policy）是指企业的留存收益首先用于满足按投资额和目标资本结构确定的对权益资本的需求，若有剩余才用于分配股利的股利分配政策。

这是一种投资优先的股利分配政策，其依据是：当企业将留存收益再投资后所得的报酬率超过投资者要求的必要报酬率时，多数投资者愿意将留存收益保留下来并进行再投资，而不愿意企业分配现金股利。

剩余股利政策的优点是能够将股利分配政策与企业的投资机会和资本结构决策很好配合，降低企业的资本成本，实现企业价值最大化目标。剩余股利政策的缺点是股利波动不定，容易造成股票价格的大幅度变化，给普通股股东带来较大风险。

这种股利分配政策一般适用于企业初创阶段或衰退阶段。

(2) 固定股利或稳定增长股利政策。

固定股利或稳定增长股利政策 (Constant Payout/Stable Dividends with Growth Policy) 是指企业在较长的时期内将每年发放的股利额固定在某一特定水平上不变，只有当企业对未来利润的增长确有把握，且认为增长是显著的、不可逆转时，才增加股利的发放额，即制定一个合理的股利增长率提高股利的股利分配政策。

这是一种稳定的股利分配政策。不论企业各期盈利状况如何 (除非显著、不可逆转增长)，向股东支付的每期股利都是相同的，保持稳定水平；股利如增长也是稳定地增长。其依据是：企业的股利分配政策会对企业价值产生影响，股利发放向股东传递着企业的信息，而稳定的股利分配政策传递的是比较正面有利的信息。

固定股利或稳定增长股利政策的优点是向市场传递企业经营状况良好的积极信号，有利于企业树立良好形象，增强投资者信心，稳定股票价格；同时有利于投资者安排收入与支出，尤其是对股利有较强的依赖性的股东。固定股利或稳定增长股利政策的缺点是股利的支付与盈余相脱节，当盈余较低时仍要支付固定的股利，这可能导致资本短缺、财务状况恶化。

这种股利分配政策一般适用于经营比较稳定或处在成长期、信誉一般的企业。在长期通货膨胀的情况下，企业也应提高股利以抵消通货膨胀的不利影响。

(3) 固定股利支付率政策。

固定股利支付率政策 (Constant Dividend Payout Ratio Policy) 是指企业确定一个股利占净利润的比例，并长期从净利润中按此固定比例向股东支付股利的股利分配政策。

这是一种变动的股利分配政策，每年股利的多少会随着经营好坏、净利润的变化而变化。其依据是：企业的股利分配应与企业的盈利状况紧密配合，随经营业绩“水涨船高”，这样才算真正公平对待每一位股东。

固定股利支付率政策的优点是股利与企业的盈余结合，体现多盈多分、少盈少分、不盈不分的原则，不会给企业造成较大的财务负担，同时也体现了投资风险与收益的对称性。固定股利支付率政策的缺点是各年股利额随企业盈利水平上下波动，容易传递企业经营不稳定的信息，从而会对股价产生不利的影响。

这种股利分配政策只适用于稳定发展、财务状况比较稳定的企业。

（4）低正常股利加额外股利政策。

低正常股利加额外股利政策（Small Regular Dividend plus Year-end Extra Dividend Payout Policy）是指企业一般每年都支付固定的、数额较低的正常股利，只有企业盈利较多时，再根据实际情况发放额外股利的股利分配政策。

这是一种介于稳定股利分配政策和变动股利分配政策之间的折中股利分配政策。低正常股利加额外股利政策最突出的优点是稳定性与灵活性较好地结合，具有较大的弹性。每年给股东发放较低的固定股利，可吸引依赖股利的股东，避免股价下跌；当企业盈余有较大增长时，通过发放额外股利给股东，可以增强股东对企业的信心，从而利于稳定或提高股价。这种股利分配政策的缺点是额外股利并不固定，可能会时有时无，如果企业较长时期发放额外股利，容易被股东视为正常股利，一旦取消，会产生负面影响。

这种股利分配政策适用于利润和现金流量波动较大或处于高速发展阶段的企业。

上述的各种股利政策各有所长，企业在分配股利时应根据其基本决策思想，制定适合自己实际情况的股利政策。

3.股利支付形式

股利支付的基本形式主要有现金股利和股票股利。

（1）现金股利。

现金股利（Cash Dividend）是指企业以现金的形式发放给股东的股利。它是企业最常见的股利支付方式。

企业采用现金股利形式，必须具备两个基本条件：第一，企业有足够的可分配给股东的利润（未指明特定用途的）；第二，企业必须有足够的现金。

（2）股票股利。

股票股利（Stock Dividend）是指企业以股票的形式发放给股东的股利，即企业分给股东的不是现金而是增发的股票。发放股票股利也称为送股或送红股。

企业采用股票股利形式，不会引起企业资产的流出或负债的增加，只涉及股东权益内部结构的调整。发放股票股利不仅可以将现金留在企业用于追加投资，而且可以传递企业未来经营业绩的信息，增强投资者对企业未来的信心，便于刺激股价上涨。但是，发放股票股利也会因普通股股数的增加而引起每股收益的下降，每股市价有可能因此而下跌。

除上述两种基本股利支付形式外，还有财产股利，即以现金以外的财产形式发放给股东的股利，如企业持有的证券；另外还有负债股利，即通过建立债务关系来承诺给股东发放股利，如企业的应付票据。财产股利和负债股利目前在我国很少使用，但并非法律所禁止的形式。

本章小结

筹资、投资和分配是企业财务管理紧密联系的三大基本内容。投资是企业生产经营活动的基本驱动力量，而企业从事生产经营活动又必须要筹集一定数量的资本。企业对收益分配政策的选择又会影响企业的筹资和投资。

筹资是企业根据生产经营活动对资本的需要，从其内部、外部等各方面筹集所需资本的过程。筹资应遵循合理性、效益性和及时性原则。筹资需要通过一定的筹资渠道并运用一定的筹资方式来进行，不同的筹资渠道和筹资方式各有特点和适用性。

投资是企业为了在未来获取收益而向一定对象投放资本的经济行为，这种行为具有目的性、时间性、收益性和风险性。投资应遵循安全性、流动性和收益性的基本原则。投资可以分为生产性资产投资和金融性资产投资。

分配是企业将投资经营所获得的收益分给相关的利益者。分配应遵循依法分配、兼顾各方利益、投资与收益对等、分配与积累并重的基本原则，并按照《公司法》等法律、法规规定的程序和内容分配利润。

关键概念

股票（Stock）；权益资本（Equity Capital）；普通股股票（Common Stock）；股利（Dividend）；优先股股票（Preferred Stock）；债务资本（Debt Capital）；直接投资（Direct Investment）；间接投资（Indirect Investment）；短期投资（Short-term Investment）；长期投资（Long-term Investment）；到期收益率（Yield to Maturity，YTM）；剩余股利政策（Residual Dividend Policy）；固定股利或稳定增长股利政策（Constant Payout/Stable Dividends with Growth Policy）；固定股利支付率政策（Constant Dividend Payout Ratio Policy）；低正常股利加额外股利政策（Small Regular Dividend plus Year-end Extra Dividend Payout Policy）；现金股利（Cash Dividend）；股票股利（Stock Dividend）

思考题

1.筹资应遵循哪些原则？

2.试述筹资的渠道和方式。

3.比较权益资本筹资与债务资本筹资的特点。

4.普通股股东与优先股股东的权利有何不同？

5.投资应遵循什么原则？如何理解各原则之间的相互关系？

6.生产性资产投资与金融性资产投资有何区别？

7.长期资产投资与短期资产投资有何区别？

8.试述债券投资的风险。

9. 比较债券投资与债券筹资的优缺点。
10. 比较股票投资与股票筹资的优缺点。
11. 分配应遵循哪些原则?
12. 分配包括什么内容? 应按什么顺序进行?
13. 试述影响股利分配的因素。
14. 分配与筹资有什么关系?
15. 试比较各种股利分配政策。
16. 股利支付形式有哪些?

第3章 财务管理的环境和目标

企业的理财活动不可避免地受到多重环境因素的影响，包括外部环境和内部环境、宏观环境和微观环境等，理财者只有对企业所处的财务管理环境进行充分的了解与分析，才能制定出符合企业自身发展特点的理财目标和财务战略。本章主要从内外两个方面对企业财务管理环境进行分类概述和分析，其中外部环境包括经济环境、金融市场环境、法律环境、税收环境、社会文化环境等，而内部环境包括企业组织形式、公司治理、企业文化与员工素质、企业竞争能力等，并进一步提出企业在市场环境观念下的财务管理总目标和具体目标。

学习目标

1. 研究企业财务管理环境的意义
2. 了解内外部环境对企业理财的影响
3. 理解企业的各种组织形式、特征及优缺点
4. 认识主要的金融市场、金融机构和金融工具
5. 掌握利率的概念、决定因素和期限结构
6. 认识理财环境对财务目标选择的影响
7. 分析各种财务目标的利弊

引　例

万科的白银时代

2014年是万科企业股份有限公司（以下简称万科）成立30周年。万科在2014年年度报告《致股东》一文中提道："我们身边的世界正发生巨变。房地产行业正由黄金时代转入白银时代，而移动互联网正在颠覆整个商业社会的运行规则。容纳我们生长的大地已沧海桑田，我们以往成功所依赖的天空也或已斗转星移。确实是深思的时候了。"

2014年，万科对选择新业务发展方向确定了两条基本原则：一是新业务必须能够体现万科的优势或潜力，必须与万科的文化基因、体制特征、客户基础和能力优势相符合；二是新业务必须代表着未来发展的方向，必须顺应移动互联网

时代的大趋势，而不是与之背道而驰。

2019年是万科成立35周年。万科在2019年年度报告《致股东》一文中提道："没有成功的企业，只有时代的企业。企业始终处于不断变化的场景之中。适应变化者生存、变革创新者常青、持续奋斗者长盛，这是古今不变的规律……今天，白银时代已进入深水区，它的特征逐渐清晰起来。从增量到存量、从平衡到极化、从简单到复杂、从单一到全面，这四个方面的变化是从黄金时代到白银时代的主要特征。"

面对经济结构性转型、城市化进程加快、人口结构变迁等中长期趋势，万科主动开启了"战略-机制-文化-组织-人"五位一体的全面转型升级。在战略上，万科追求与城乡和客户同步发展，从房地产开发商向"城乡建设与生活服务商"转型；在机制上，以混合所有制为体制基础，推进职业经理人制度向事业合伙人机制的再升级，打造同心同路、合伙奋斗的事业合伙人队伍，共同拥抱新时代的机遇与挑战；在文化上，继承"大道当然"的文化品格，发展"合伙奋斗"的事业合伙人文化，以共识、共创、共担、共享的理念原则，牵引思维、行为与机制的持续创新；在组织上全面重构，以战略方向、文化导向和事业合伙人机制为主线，打造矢量组织、冠军组织和韧性组织；在人才上，打造奋斗为本、勇于担当、持续创造真实价值的事业合伙人队伍，通过凝聚和激发广大奋斗者来推动事业的不断发展，通过事业的发展来实现全面价值和共同成就。

资料来源　万科企业股份有限公司2014年年度报告、2019年年度报告。

阅读本章不妨思考下面几个问题：国内外经济形势是否会影响公司的财务活动？财务管理人员应该关注哪些环境因素？财务管理的环境如何影响企业的财务决策？

3.1 财务管理环境概述

3.1.1 财务管理环境的概念

财务管理环境又称理财环境，是指对企业财务管理活动产生影响作用的各种条件和因素的总称。

从系统论的观点来看，环境就是指存在于被研究系统之外的，对被研究系统有影响作用的一切系统的总和。如果把财务管理看作一个系统，那么财务管理以外的对财务管理系统有影响的一切系统的总和便构成了财务管理环境。例如，国家的经济法律法规的完善程度、国家的经济状况、市场的发育程度、企业的组织形式和生产条件等，都会对财务管理产生重大影响，所以均属于财务管理环境的组成内容。

财务管理环境对企业财务活动的影响既有正面作用也有负面作用。财务管理环境一方面可以为企业财务管理活动的顺利进行提供便利和机遇，另一方面也可能对企业财务运作产生制约和限制作用。因此，企业财务人员应充分分析企业财务管理所处环境的现实状况和发展趋势，掌握企业财务活动的优势和劣势，为企业进行财务决策提供充分可靠的依据。这有利于提高企业财务工作对环境的适应能力和应变能力，从而更好地实现企业的财务管理目标。

3.1.2 财务管理环境的分类

财务管理环境是一个十分复杂、纵横交错的系统，为了对财务管理环境有进一步的了解和认识，可以从不同的角度和标准对其进行分类。

1.外部财务管理环境和内部财务管理环境

财务管理环境按照其影响范围，可分为外部财务管理环境和内部财务管理环境。

外部财务管理环境是指独立存在于企业外部、直接或间接影响企业理财活动的各种因素，如国家在一定时期的政策法律、社会文化、经济形势、发展水平、财政税收等。外部环境的形成及对企业理财的影响比较复杂，而且往往是广泛影响到各个企业，需要理财者认真地调查、搜集相关资料，准确地分析、认识企业在大环境中所处的地位以及环境的变化对企业财务管理的影响程度。

内部财务管理环境是指企业内部对企业财务活动与理财行为产生影响的因素，包括企业的管理体制、经营规模、资产结构、技术条件、竞争能力、员工素质、产品组合等。相对于外部财务管理环境而言，内部财务管理环境对企业理财的影响更加直接，也比较容易把握和利用。无论是外部财务管理环境，还是内部财务管理环境，都对企业财务管理目标、方法、内容与决策有着重要影响，因此，理财者必须牢固树立企业理财的内外部环境意识，加强对财务管理环境的认识和研究。

2.可控制财务管理环境和不可控制财务管理环境

财务管理环境按照企业对环境的控制性，可分为可控制财务管理环境和不可控制财务管理环境。

可控制财务管理环境是指企业能够通过自身努力进行调整、改变的环境因素，企业的内部环境基本上都是企业可以控制的。

不可控制财务管理环境是指企业即使通过努力也无法进行改变的环境。企业的外部环境大部分都是企业无法控制的，例如企业所处的政治环境、社会环境等。

3.静态财务管理环境和动态财务管理环境

财务管理环境按其稳定程度，可分为静态财务管理环境和动态财务管理环境。

静态财务管理环境是指那些处于相对稳定状态的影响财务管理的各种条件和因素。它通常指那些相对容易预见、变化不大、对财务管理的影响程度相对稳定的环境，如法律制度、经济体制等。对于静态财务管理环境，理财者通过调查了解之后，一般无须经常予以调整、研究，在财务管理中可以作为已知条件或不变因素来对待。

动态财务管理环境是指那些处于不断变动状态的影响财务管理的各种条件和因素。它通常指那些变动性强、预见性差的环境，如在市场经济体制下，商品市场上的销售数量及销售价格、资金市场的资金供求状况及利率的高低等。动态的环境是影响财务管理变动的根本原因，所以理财者在财务管理中应着重研究、分析动态财务管理环境，并及时采取相应对策，提高对财务管理环境的适应能力和应变能力。

除上述分类外，财务管理环境还可以按作用对象不同，分为筹资环境、投资环境、成本环境和收入分配环境。

3.1.3 财务管理环境的作用

1.财务管理环境是企业生存与发展的基本条件

企业的任何财务活动都是在一定的环境下进行的，任何理财工作都要受到特定环境的制约。若企业忽视对财务管理环境的分析，缺乏对所处环境的把握，必将使自身处于劣势，给企业的财务工作造成困境。例如，企业如果不了解客户对产品的需求偏好，生产出来的产品就没有市场；企业如果不能掌握先进、高效率的生产技术，就会在同行业竞争中处于下风；企业如果不了解法律法规的明文规定，则不能运用法律武器维护自身合法权益。可见，研究企业所处的财务管理环境，实际上就是把握各种内外部环境所提供的相关信息，并根据这些信息调整企业的理财活动，为企业生存与发展提供正确的财务管理支持和服务。

2.财务管理环境是企业参与市场竞争的大阵地

改革开放给中国的企业带来了机遇，同时也把企业由国内竞争推向国际竞争，给企业理财提出了一系列新问题。在市场经济体制下，筹资渠道和投资主体多样化，全球经济发展一体化，企业必须战胜严峻的挑战才能在市场上赢得一席之地。企业要在竞争中取胜就必须通过环境分析，充分发挥自身优势，尽量回避各种不利因素，明确企业的竞争定位，适时根据环境变化来制定和调整企业财务战略和生产决策，提高企业对环境的适应能力和应变能力。

3.财务管理环境是正确开展企业财务管理活动的保障

现代企业的财务管理决策与行为，必须从环境分析入手，准确预测各种客观环境因素，并据此对实际工作作出具有指导意义的决策和规划，开展科学的财务管理。可以说，财务管理环境是企业财务决策的出发点，现代企业在进行日常财务管理活动时，必须适当、及时地对理财环境进行科学的分析和评价。

3.1.4 财务管理环境的特点

财务管理环境对企业理财的影响往往是联动的，而且对同时期的不同企业和同企业的不同时期都会有不同的影响，并有以下特点：

1. 系统性

企业财务管理环境中的任何组成部分都是相互联系、相互制约的，它们常常系统地影响企业的理财行为。例如，企业的外部社会经济环境会影响到税收环境，而税收环境的变化又需要有相关政策法律环境的支持，它们的联动作用又会引起企业管理理念与策略的变动，进而对企业的财务管理活动产生影响。

2. 动态性

各种环境因素都是不断变化的，因而影响理财的环境因素及其影响力的大小也会不断变化。财务人员在对企业财务管理环境进行分析利用时，必须坚持用动态的观点看问题，做到与时俱进，才能适者生存。例如，在我国改革开放初期，国家为了引进外资和技术，鼓励外商来华投资，对外商投资企业在税收方面给予了很多优惠，而现在国家为了让各种企业有一个公平竞争的市场环境，实行了两税合一、同享较低税率，这样无论外资企业还是内资企业，都会因此而调整财务筹资、投资与分配政策。

3. 差异性

即便是在同样的外部或内部理财环境下，对处于不同行业的企业或不同发展周期的企业，环境因素的影响也会有明显的不同，需要区别认识和利用。例如，随着国家整体经济的发展和经济实力的增强，国家本币在国际货币市场的地位也就随之提高，其本币币值及汇率也往往提高。此时，有出口业务特别是以出口业务为主的企业，就会受到制约，而那些有进口业务特别是以进口业务为主的企业，就会受到激励。无论哪类企业都要因此改变或修正各自的资本运作策略和理财行为，且修改的方向与程度都会有所不同。

3.2 财务管理的外部环境

财务管理的外部环境主要包括经济环境、金融市场环境、法律环境和税收环境等几个方面。它们分别从不同的角度影响企业的财务管理决策。对于外部的环境，企业无法改变，但如果企业要生存要发展就必须了解、适应这些外部环境，并且随着环境的变化及时调整企业的财务管理策略。因此，我们在分析外部环境时，主要分析这些环境对企业财务管理的影响，以及企业如何采取相应的策略。

3.2.1 经济环境

1.市场经济环境

企业的财务管理与其所处的市场经济环境密切相关，而市场经济环境主要受下面几个因素的影响。

（1）经济周期。

经济发展大体上呈周期性波动的趋势，经历包括衰退、萧条、复苏和繁荣几个阶段的循环，这一特点在一定程度上影响着企业的财务管理。例如，在经济萧条阶段，整个宏观环境不景气，需求减少，投资锐减，生产萎缩，购销停滞，而且极难筹到资金，针对这种情况，企业在财务上应注重削减管理费用和存货量，并适当裁员以降低人工费用，减少对外资金投放量；在经济繁荣阶段，由于市场需求旺盛，销量大幅度上升，企业为了扩大生产应该增加投资以添置设备、存货和劳动力，要求财务人员迅速从多方面筹集到所需资金，提高融资规模。所以，企业财务管理人员和决策者对国家经济发展的周期性规律必须有全面的了解，科学预测未来几年国家经济发展的总趋势，预先依据各发展阶段的特点，采取对应的财务政策和措施，以免在经济转入衰退、萧条阶段时措手不及。

（2）通货膨胀。

通货膨胀是指流通中的纸币量超过了商品流通的实际需要量，从而引起纸币贬值、物价上涨的一种货币现象，对企业财务管理活动有着重要影响。由于通货膨胀，一方面原材料价格上涨，资金占用大量增加，固定资产缺口加大，进一步增加了企业的资金需求；另一方面，企业生产的产品也要提价，引起利润虚增，税收增加，企业资金流失较多。为弥补通货膨胀引起的货币购买力损失，政府会提高利率水平，利率的上升加大了企业筹资的资本成本，通货膨胀加剧，有价证券价格持续下跌，给企业直接筹资带来困难。为了避免通货膨胀给企业造成损失，企业财务人员应对通货膨胀有所预期，采取相应的防范措施。

（3）经济管理体制。

经济管理体制包括宏观经济管理体制和微观经济管理体制。企业必须服从并服务于宏观经济管理体制，保证企业的财务管理目标及方法与宏观经济管理体制相协调。微观经济管理体制对企业财务行为的影响主要体现在如何正确处理企业与政府、所有者及其他利益相关者之间的财务关系。

（4）利率波动。

利率波动是指银行存、贷款利率的调整，以及相关的股票和债券价格的波动。从资金流通角度看，利率为资金的交易价格。利率变化引起有价证券价格反方向的变化，从而影响投资者资金的流入。利率的波动是经济环境中经常发生的现象，给企业财务管理带来机会，也带来挑战。企业财务管理应充分利用利率波动的机会，变不利为有利，获取额外收益。

（5）技术发展。

当今社会科技发展迅速，新技术、新产品的更新周期越来越短，企业为了适应这种趋势就必须筹集足够的资金，增加对新技术、新产品的研发投入，及时更新设备，只有这样，才能不断满足用户日新月异的需求，应对激烈的市场竞争。

2.知识经济环境

在知识经济中，随着经济的一体化和全球化成为不可阻挡的趋势，企业的活动范围不断扩张，财务管理环境也不再局限于企业所在的一个地区、一个国家，而是扩展到全世界。企业与环境融为一体，使得企业财务管理活动受环境影响更深，其范围也更难以确定。企业与企业之间的关系也不断发生变化，传统的企业与供应商以及与客户的关系也不再固定，对财务管理需要不断进行相应的调整。这种调整主要体现在以下几个方面：

（1）投资管理方面。

随着科学技术的不断更新与发展，人们逐渐认识到有形资产价值的有限性，只有引进和开发以知识为基础的无形资产以及加大以人力资源为主的资产的比例，企业才会不断发展壮大。因此，在投资结构中不仅要有实物投资，而且要有货币投资，更要有无形资产投资。据调查，在20世纪80年代初期公司的兼并付款中，80%是由有形资产构成的，剩下的20%为商誉；到了80年代末期，前述比重几乎发生了完全的逆转——大约有70%是用无形资产来支付，其余30%是用有形资产来支付。重视无形资产投资成为主流，并且无形资产投资中又以智力资本的投资为重中之重。投资管理也要从有形资产分析转向无形资产分析，合理估算人力资本投入的价值和收益，使企业智力资本达到最佳的效益。

（2）筹资管理方面。

受智力资本等无形资产对企业投资管理的影响，企业要筹集的资本既包括有形资本，也包括无形资本；既包括财务资本，也包括知识资本；既包括实物资本，也包括智力资本。智力资本在企业中起着主导作用，掌握着企业发展的主动权，可以优化产品结构、最大限度规避市场风险，为企业创造巨大的物质财富。为此，信息时代的财务管理除了要筹集企业经营发展所必需的资本外，还应根据企业的实际情况，对智力资本的筹集进行合理的规划，运用时间价值理论、风险价值理论等，对智力资本进行价值评估、可行性论证、收益预测，提高对人力资源的管理驾驭能力。

（3）资产管理方面。

随着高新技术产业的发展，知识资本越来越受到关注。首先，资产的概念扩展到知识资产，财务资产的作用相对减弱，知识资产的作用越来越明显；其次，资产的范围从有形资产拓展到知识这一无形的资本，并且资产的计量属性也得到不断改进，由历史成本法改为历史成本法与公允价值并用。

（4）利润分配方面。

企业的收益分配取决于资源的占有关系。在信息时代，劳动者由于掌握了具有经济价值的知识和技能，向企业投入了知识资本，成为社会财富的主要创造者。为此，企业在分配利润时，要在向社会投入物质资本和知识资本的各所有者之间进行分配，即按贡献大小并结合各相关利益主体所承担的风险大小进行分配。这时企业应充分考虑到人力资本的重要贡献，建立相应的分配机制，除了支付给劳动者的正常薪金外，还要按知识资本进行分配，如在提取盈余公积后，可以对表现出色的劳动者发放额外的奖金等补贴。

3.2.2　金融市场环境

在市场经济条件下，企业的财务管理活动与其所面对的金融市场环境犹如鱼和水的关系，金融市场的发育程度、银行各种存贷款项目的设置、利率高低等都会影响企业资金的筹集和投放。因此，熟悉和利用金融市场环境，是做好财务管理工作的重要条件。

1.金融市场及其分类

金融市场（Financial Market）就是资金融通的场所，是经营货币资金、有价证券和买卖黄金、外汇等金融商品的场所。金融市场的基本特征有两个：一是以“特殊商品”——资金进行交易的市场；二是可以是有形市场，也可以是无形市场。

金融市场是由不同层次的子市场构成的市场体系，可以从不同角度、按不同标准分类，如按交易对象、交易期限、交易层次、交易性质分类。金融市场的分类如图3-1所示。

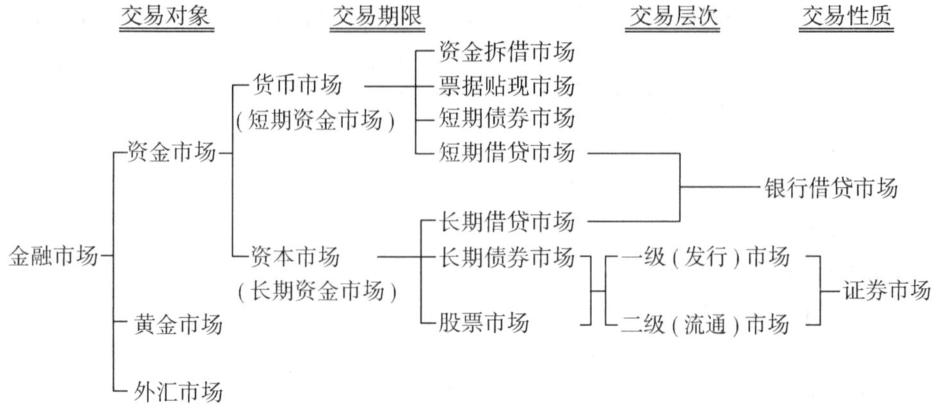

图3-1　金融市场分类图

在各类金融市场中，与财务管理关系最密切的是资金市场。

（1）货币市场与资本市场。

按照交易对象的期限，金融市场可以划分为货币市场与资本市场。货币市场（Money Market）是交易期限不超过1年的短期金融工具的资金市场，其金融工具期限多为3～6个月，长的可达9个月或1年。该市场提供短期资金融通，主要包括短期借贷市场、资金拆借市场、票据贴现市场、短期债券市场等。资本市场（Capital Market）是交易期限在1年以上的长期金融工具的资金市场，其金融工具的期限多为3～5年，有的在10年以上，甚至无确定期限。该市场主要是为企业和政府提供中长期的资金融通。资本市场包括长期借贷市场和证券市场，其中证券市场又包括股票市场和长期债券市场。

（2）现货市场与期货市场。

按照交易的交割时间，金融市场可以分为现货市场与期货市场。现货市场（Spot Market）是指买卖双方成交后，当场或在几天之内，一方支付款项，另一方支付金融工具的交易市场。期货市场（Future Market）是指买卖双方成交后，在双方约定的未来某一特定的时日才交割的交易市场。

（3）一级市场与二级市场。

按照交易的性质，金融市场可以分为一级市场与二级市场。一级市场（Primary Market）是指发行新证券和票据等金融工具的市场，是证券发行者筹集资金的场所，也称为发行市场或初级市场。二级市场（Secondary Market）是买卖已上市的证券和票据等金融工具的市场，是投资者之间转让证券的场所，也称为次级市场或流动市场。

（4）国内金融市场与国际金融市场。

按照交易的地理区域，金融市场可以分为国内金融市场和国际金融市场。国内金融市场的活动范围限于本国领土之内，交易者为本国的自然人和法人。国际金融市场指国际性的资金借贷、结算，证券、黄金和外汇买卖等所形成的市场。国际金融市场可以分为传统的国际金融市场和离岸国际金融市场。离岸国际金融市场是一种新型的国际金融市场，它有两个基本特征：一是以非居民交易为业务主体；二是基本不受市场所在国金融法规和税制的限制。欧洲货币市场就是离岸国际金融市场的典型代表。

此外，按照交易的直接对象，金融市场还可以分为票据贴现市场、证券市场、黄金市场、外汇市场、保险市场等。

2.金融市场的基本要素

（1）金融市场主体。

金融市场主体是资金供应者和资金需求者，包括政府、银行与非银行金融机构、企事业单位和居民个人等。这些金融市场的参与者可能是金融市场的资金供应者，也可能是金融市场的资金需求者。需要说明的是，政府作为金融市场主体，不单纯体现为金融商品供需者的身份，更重要的是金融市场交易规则、交易范围的制定者及金融市场供求关系的调控者。

（2）金融市场中介机构。

金融市场中介机构简称金融机构（Financial Institution），是金融市场上资金供应者和资金需求者之间进行资金融通与投资的桥梁。金融市场主体中的商业银行和非银行金融机构，如保险公司、信托投资公司、证券公司，以及证券交易市场、资本运营公司、信用评级机构、经纪人等通常充当着金融市场中介的角色。在发达的金融市场上，资金融通与投资的过程大多是经由金融市场中介机构进行的。

（3）金融市场工具。

金融市场工具，又称金融工具（Financial Instrument），是指以书面形式发行和流通、借以保证债权人或投资人权利的凭证，是资金供应者和需求者之间进行资金融通时，用来证明债权债务关系的各种合法凭证。金融工具是金融市场的客体，包括政府债券、公司债券、股票、商业票据、可转让存单、保险单等。随着金融市场的日益发达，金融市场又产生了许多衍生金融工具，如期货合约、期权合约、远期合约等。金融工具一般具有流动性、风险性和盈利性的特征。金融工具的特征决定了企业无论是进行筹资还是投资，都必须根据自己的具体情况与承受能力，审慎地选择最为恰当的金融工具。

（4）金融市场的利率。

利率（Interest Rate）是利息率的简称，它是一定时期利息额与本金的比率。利率是金融市场上的特殊商品——资金——交易价格。与一般商品价格一样，利率的高低主要受供给和需求影响，除此之外，平均利润率、经济周期、通货膨胀、货币和财政政策、国家利率管制程度等，对利率变动都有不同程度的影响。

通常，资金的利率由三个部分构成，即实际无风险利率（Real Risk-free Interest Rate）、通货膨胀溢酬（Inflation Premium）和风险溢酬（Risk Premium）。其中，风险溢酬又包含三种风险的溢酬，即违约风险、流动性风险和期限风险的溢酬。因此，证券的名义利率（也称票面利率）的一般表达式为：

名义利率 = 实际无风险利率 + 通货膨胀溢酬 + 违约风险溢酬 + 流动性风险溢酬 + 期限风险溢酬

实际无风险利率又称纯利率，是指没有通货膨胀和没有风险情况下的平均利率。在没有通货膨胀时，国库券的利率可以视为纯利率。

通货膨胀溢酬是指由于通货膨胀使货币贬值、实际购买力下降，为弥补购买力损失而要求提高的利率。

违约风险溢酬是指为弥补因债务人未能按时支付利息或未能如期偿还本金带来的风险而要求提高的利率。债券评级，实际上就是评定违约风险的大小，信用等级越低，违约风险越大，投资人要求的利率越高。

流动性风险溢酬是指为弥补有价证券不易出售变现的风险而要求提高的利率。如一些小公司的债券鲜为人知，不容易变现，投资人会要求流动性风险溢酬（提高利率1%～2%）作为补偿。

期限风险溢酬是指因到期时间长短不同而形成的利率差别。到期时间越长，在此期间不肯定因素越多，风险越大，投资人要求的利率越高。

3.金融市场与财务管理

金融市场环境对企业财务管理活动的影响作用主要表现在以下几个方面：

（1）对企业筹资决策的影响。

金融市场是企业筹资的场所，企业可以根据自己的需要按规定在金融市场提供的多种筹资渠道中选择恰当的筹资方式和筹资途径。另外，在筹资活动中，利率、证券价格和证券指数等金融市场参数变动，会影响企业的筹资成本和风险，因此企业财务部门应做好分析预测，采取措施避免筹资成本上升和风险增长。

（2）对企业投资决策的影响。

金融市场是企业投资的场所，它提供了多种投资工具和方式，使企业有可能通过不同的投资组合达到承担风险适中和获利高的目的。此外，在企业投资活动中，利率、证券价格和证券指数等金融市场参数的变动，会对企业的投资方向有一定的导向作用。

（3）对企业分配决策的影响。

金融市场筹资的难易程度，金融市场投资机会的多少，将会影响企业的分配政策。当市场利率上升、证券市场价格和证券指数低迷时，企业筹资困难，如果在未来又有良好的投资计划，就要采取较低的股利支付比率，保留大量的留存收益以满足资金的需要；反之亦然。

4.金融中介机构与财务管理

金融中介机构是一个间接的金融市场，资金的供给者不是直接把资金交到资金使用者手中，而是以金融中介机构作为媒介来实现资金的流动。金融中介机构包括银行和非银行中介机构。市场经济下的银行体系，除商业银行外，还包括中央银行、政策性银行以及投资银行等各种专业化银行。考虑到商业银行是企业在日常经营活动中接触最广泛的金融中介机构，下面重点探讨商业银行与企业理财活动之间的关系。

（1）商业银行概述。

商业银行是一个特殊的金融企业，《中华人民共和国商业银行法》明确将商业银行定义为“吸收公众存款、发放贷款、办理结算等业务的企业法人”。虽然当前的商业银行同其他金融机构在业务上的差别已逐渐缩小，但在许多方面仍是其他金融机构所不能替代的。

商业银行是资本市场上很重要的一部分。企业的资金构成分为权益资金和债务资金，而债务资金又包括发行债券和银行借款，可见在企业生存的外部环境中，商业银行发挥着非常重要的作用。从企业理财的角度看，商业银行的职能和作用主要体现在以下方面：

①信用中介。信用中介是商业银行最基本的职能，其他职能由这一职能派生

而成。商业银行克服了直接借贷中供需双方在数量、期限和价格等方面不一致的局限。商业银行通过吸收存款将社会上各种闲置资金集中起来，同时又通过授信业务将这些货币资金贷放给各个企业使用。这样一来，商业银行就给企业筹集资金提供了非常有效的资金来源，并且相对于其他融资方式来说，银行借款的资金成本是比较低的，企业也比较偏好这种融资方式。

②资本创造。商业银行的资本创造职能是把社会各阶层的货币收入和积蓄转变为营运资金。个人的货币收入不是营运资金，但是当银行将这些零星的货币汇集起来再贷给企业时，这些非资本的货币就转化为资本，企业利用这些资本进行运营和投资，使原本不能增值的资金变成具有增值能力的资本，既为企业提供了运营的资本，又给资金的拥有者提供了回报。

③支付中介。商业银行作为货币经营机构，充当支付中介为客户保管、出纳和代理支付货币。商业银行通过账户为企业或个人办理货币结算业务，成为现代社会经济的现金出纳和转账结算中心，从而产生各种债权债务关系。企业的日常经营活动必然伴随着资金不断的流动，如货款的收回与支付、票据的结算、费用的支出等都离不开商业银行这个支付中介。试想一下，如果没有商业银行作为支付中介，企业的一切收支都使用现金，则企业将无法正常运作，资金的控制也将成为企业的一大问题。因此，商业银行支付中介职能的正常发挥既为企业日常经营活动提供了有效的保障，也为企业的高效运行、资金的高速运转提供了条件。

④信用创造。商业银行用吸收来的存款向中央银行上缴一定比例的存款准备金之后，可以利用剩余的存款发放贷款，而在支票流通和转账结算中，这些贷款又转化为派生存款。如此反复循环，派生存款的数量在理论上可达到原始存款的1/K倍（K是法定准备金率）。也就是说，因为商业银行的存在，有限的资金可以经过它的信用机制为企业提供达到原始存款1/K倍的资金。

（2）商业银行与企业筹资。

在市场经济中，企业和银行都是具有独立经济利益并自主经营的经济主体，银行的融资活动随着企业的发展而日趋活跃，领域不断扩大并对企业发展起着积极的促进作用。企业有资金需求，银行有融资动力，并且双方在市场约束和博弈下形成都能接受的市场条件，从而完成融资交易，这是一个双向选择的过程。

通过银行进行筹资具有灵活、便捷、资金量充足、成本相对较低的优点，这是其他筹资方式所无法比拟的，尤其是在克服道德风险问题上相对于证券市场具有比较优势，因此，在众多筹资方式当中，银行贷款筹资方式是企业融资的主要方式之一。

在发达国家中，企业通过银行贷款筹集到的资金占企业外部筹资额的60%以上，而在我国这个比例更高。近年来，我国国有商业银行纷纷进行股份制改造，这一举措同样对企业财务管理工作提出了更高的要求。为了适应这一改变，企业的财务管理人员需要更新观念、拓展新的理财思路，充分利用银行信贷为企业的财务管理活动服务。

①开拓筹资渠道，积极筹措生产经营资金。为了解决企业资金长期短缺的矛盾，企业应该结合自身对资金需求的时间和数量，在国家法规、制度允许的范围内多渠道、多方式地筹集资金。除了发行股票、债券等直接面向社会公众的筹资方式之外，企业也要充分利用商业银行这样的中介机构进行融资，还可以开展融资租赁、企业联营、内部集资和运用商业信用等，保证企业生产经营对资金的需求。

②提高偿债能力，树立良好的商业信誉。因为银行借款有硬性的还款要求，有些企业比较偏向通过发行股票来筹措高成本的资本，而排斥银行信贷的融资方式。显然，这样不仅会限制企业的资金来源，加大企业的筹资难度，而且提高了企业的筹资成本。因此，在企业的理财活动中，财务管理人员应该注意分析企业资金占用结构比例，经常保持一定比例的营运资金，确保到期债务能够及时、足额支付，使企业保持良好的信誉，从而保证企业既可以从商业银行也可以从其他渠道及时筹集到经营所需资金。

③改善资金来源结构，降低企业财务风险。过度的债务资本容易引发企业的财务危机，完全依靠权益资本又会带来高额的资金成本。因此，在新形势下，企业必须努力改善资金来源结构，保持合理的资产负债率，增加资本金的筹措金额，通过吸引投资、增加积累变债务资金为资本金，化解企业的债务风险，促使企业的资金来源结构逐步走上良性循环的轨道。

④降低资金成本，提高企业经营效益。在理财活动中，企业都希望能选择最优的筹资组合，使资金成本或综合资金成本最低。而在已有的筹资方式中，银行信贷的筹资成本是最低的，企业应该充分利用这一比较优势来优化企业资金结构。与此同时，企业也必须强化内部资金管理，加速资金周转，减少不合理的资金占用，提高资金运营能力，增强企业在资本市场上的融资能力。

3.2.3 法律环境

法律环境是指企业所处社会的法治建设及其完善程度。完善的法制体系有利于维护市场主体的平等地位和正当权益，规范市场主体的行为，并且保证国家政策的贯彻执行。目前，我国的经济法律形式包括宪法、法律、行政法规、地方性法规、部门规章、司法解释以及国际条约或协定。

1.我国的法律体系

我国的法律体系主要包括以下几方面：

①市场主体法：公司法、破产法等。

②市场主体行为规则法：物权法、票据法、证券法、商标法等。

③市场管理规则法：产品质量法、反不正当竞争法等。

④生产要素市场规范法：专利法、土地管理法、就业服务和就业管理规定等。

⑤市场宏观调控法：商业银行法、物价法、税法等。

以上这些经济法规组成了我国的经济法规制度体系。企业在进行理财活动时必须严格遵守相关法规制度，否则就会受到行政机关、司法机关的处罚以及市场的淘汰。

2.相关法规制度对企业理财活动的影响

在市场经济条件下，企业在一系列法律、法规的保护和约束下从事各项经营活动。从企业理财的角度讲，这个法律体系涉及企业设立、企业运作、企业合并和分立以及破产清算等内容，具体表现在以下几个方面：

（1）对企业筹资活动的影响。

我国《公司法》对企业首次发行股票、申请上市、增发新股的条件都进行了明确的规范。如企业首次公开发行股票并申请上市时，其发行前一年度末经审计净资产不得少于企业总资产的30%，无形资产不得超过企业净资产的20%，企业发行股票筹资额不得超过上一年度企业净资产值的两倍等。法规制度中的相关规定是企业筹集资金必须具备的基本条件，企业只有在财务上达到相关指标要求才能进行相应的筹资活动。但是，根据自2006年1月1日起开始实施的《公司法》，无形资产不得超过企业净资产20%的规定被取消。可见，相关的法律法规会对企业的筹资活动产生很大的影响。

（2）对企业投资活动的影响。

国家对不同的产业、不同性质企业的投资活动都进行了规范。例如，成立中外合资经营企业可以分期缴纳其出资额，而内资企业则实行法定资本制，必须要一次缴清。另外，《企业会计准则》对投资收益的确认也进行了规范。投资企业对被投资企业无控制、无共同控制或无重大影响的，长期股权投资应采用成本法核算；具有控制、共同控制或重大影响的，采用权益法核算。企业在理财投资中只有充分研究相关投资政策，才能有效地利用这些政策提高理财效益。

（3）对企业收益分配的影响。

企业的收益分配必须遵循有关法律的规定。例如，税法按照征收对象的不同来调节国家、企业和个人利益的分配，而企业法和《企业会计准则》也对企业收益分配进行了相关规定，从整体上构成收益分配的法律体系。税法、企业法和《企业会计准则》从不同角度对企业成本费用的开支范围、企业应缴纳的税种及计算方法、企业税后利润的分配顺序都进行了规范。

从以上分析不难看出，国家有关法规制度的变动，不仅会引起企业现金流量的变动，而且对企业的财务状况、财务管理部门应该履行的手续提出了要求，它对企业财务的影响和制约是直接的和强制的。

3.2.4 税收环境

企业理财的税收环境是宏观理财环境的一个方面，属于外部理财环境的范畴。税收环境是指企业与外部发生经济关系和企业内部经济活动所应遵守的各种税收法律、法规和条例及其对企业产生影响的总和。

企业的财务管理就是关于资金的筹集、投放和分配的管理工作，其主要内容包括融资决策、投资决策和收益分配决策。随着市场经济体系的深入发展，企业被推向了全面税收约束的市场竞争环境中，因此，企业在进行以上一系列决策时都受到税收因素的影响。税收是企业进行财务管理和各项财务决策必须考虑的一项重要内容，越来越多的企业已经开始寻求通过合理避税的途径来最大限度地增加自身收益。于是，合理且能动地利用税收杠杆、谋取最大的经济利益，已经成为企业经营理财的一个重要方面。

1.税收环境的特性

（1）税收环境具有普遍性。

理财的税收环境作为企业理财的外部环境之一，相对独立于企业之外并影响着企业的理财活动。对于大多数一般性企业而言，税收具有普遍的适用性和公平性。市场经济体制下的各个主体都要受到税收制度的约束，这为企业之间的市场竞争创造了一个公平、合理的良好环境。税收由国家凭借其政治权力强制实施，借此调整国家与各个纳税主体之间的利益分配关系。随着世界经济的发展，税收环境已明显地超越了国界，许多国际税务处理方法和国际惯例逐渐成为国际经济领域的公认准则，这种国际税收环境有利于国与国之间的经济贸易往来，并且具有普遍适用性。

（2）税收环境具有一定的特殊性。

任何事物都不可能脱离其特殊性而存在，同样，企业理财的税收环境也有其区别于其他环境的特殊性。税收制度作为税收环境的核心要素，会因地点、行业、纳税主体等因素的差异而有所不同，正是因为经济领域中众多地域、行业、经济主体存在着不一致性，才形成了税收环境的特殊性，而这些特殊性的存在也同时给企业提供了众多的选择机会，进而体现出税收环境对企业理财的重要性。

（3）税收环境具有动态发展与相对稳定的特征。

随着经济的不断发展，要想实现统一、公平、合理的税收制度，就必须对其进行相应的改革以满足经济发展的需要。我国1994年的税制改革以及为加入WTO在税制上所进行的改善都充分证实了税收环境需要不断发展，而我国也正朝这一方向努力。当然，税收制度的改革并不是毫无依据的变动，税制改革必须相对稳定，否则税收政策的波动必将影响经济的发展。我国1994年的税制改革就是在相对平稳的环境下进行的过渡。在此后的20多年间，我国又推行了以“费改税”、内外资企业所得税合并、增值税转型、“营改增”为主要内容的税制改革。

2.税收对企业理财的影响

税收作为企业的一项支出，其数额大小直接影响税后利润的多少。由于财务管理中的筹资决策、投资决策、利润分配决策都与税收问题密切相关，所以企业在理财过程中都会进行税收筹划、税收控制以增加企业收入，提高企业的资金利润率，实现企业的财务管理目标。税收筹划是纳税人在税收法律许可范围内，通过生产经营和财务活动的安排，为达到纳税最优化即税后收益最大化的目标而制订的税收计划或采取的税收决策行为。税收因素影响财务决策，税收筹划成为企业进行财务决策不可缺少的一环。

（1）税收对企业筹资决策的影响。

任何一项决策的作出，均是其成本和效益均衡的结果。对于筹资决策来说，不仅要求筹集到足够的资金，还应当考虑筹资成本。企业在资金不足时，可以通过两种方式筹集资金：一种是负债融资；另一种是权益融资。这两种方式均能达到筹集资金的目的，但付出的筹资代价不尽相同。

①负债筹资到期要还本付息，且利息在税前列支，在税率较高时，利息抵税的作用表现尤为明显，实际资金的使用成本更低；以发行股票方式筹集的资金使用起来比较安全，在使用上具有长期性、无固定利息负担的特点，但是要支付股息。股息在缴纳所得税以后的利润中支付，不能像利息支出一样可在税前列支。而出资者获得股息后还要缴纳较高的个人所得税，这意味着对股利存在双重征税的问题。提高利息支付可以减少企业利润，进而减少所得税税额，是一种减轻税负的方法。

一般而言，如果企业息税前的投资收益率高于负债成本率，负债比重的增加可提高权益资本的收益水平。然而，负债利息必须固定交付的特点又导致负债筹资可能产生负效应。因此，对两种筹资方式必须综合考虑。只有在息税前利润率大于年利率的情况下，增加负债才可以增加权益资本收益率，而且，此时利用债务融资，既可以减轻企业的税负，又符合股东价值最大化的财务管理目标。

②利息扣除标准问题。在有些情况下利息并不能作为费用全额扣除。例如，《中华人民共和国企业所得税法实施条例》第三十八条规定："企业在生产经营活动中发生的下列利息支出，准予扣除：（一）非金融企业向金融企业借款的利息支出、金融企业的各项存款利息支出和同业拆借利息支出、企业经批准发行债券的利息支出；（二）非金融企业向非金融企业借款的利息支出，不超过按照金融企业同期同类贷款利率计算的数额的部分。"因此，利用利息费用化减轻税负，其功效要受到一定的限制。

可以看出，资金成本的减税功效是企业筹资时需要考虑的一个重要因素，企业在筹资时必须充分考虑投资收益率、负债成本率、财务风险、融资风险及相应的税收筹划带来的收益，以此决定筹资方案，确定最佳资本结构。

（2）税收对企业投资决策的影响。

在企业的投资活动中，税收必然会影响企业的投资收益。在进行投资决策时，由于收益的变化，企业应当作出既定资金成本下的投资决策。

①税收影响投资的地域分布。税收环境的特殊性，决定了其投资不同地域会面临不同的税收政策。企业在我国境内投资，按照税法规定一般适用正常的税率纳税，但投资于西部地区、民族自治地区、“老、少、边、穷”地区等的企业可以享受一定程度的减税或免税优惠。如果是外商投资企业或者是外国企业，受税收政策的地域性影响的空间更大。如果进行境外投资，往往还会得到税收抵免从而减轻税负。

②税收影响企业的投资规模。在我国，企业的规模直接影响到企业所适用的所得税税率。我国现行税法所规定的企业所得税税率为25%。税法还规定，符合条件的小型微利企业，减按20%的税率征收企业所得税。国家需要重点扶持的高新技术企业，减按15%的税率征收企业所得税。如果企业投资于这些小规模企业、国家重点扶持和鼓励发展的产业和项目，其投资收益额会相对高一些。

③税收影响企业的投资方向。税收优惠政策的目的之一便是调整产业结构。在我国，企业从事农、林、牧、渔业项目的所得，从事国家重点扶持的公共基础设施项目投资经营的所得，从事符合条件的环境保护、节能节水项目的所得，符合条件的技术转让所得等可以免征、减征企业所得税。由此可见，如果企业投资于这些产业，将减轻其税负，取得较高的投资利润。

④税收影响企业的投资方式。企业在确立投资方向后，仍需要对投资方式进行选择，以达到减轻税收负担的目的。如企业准备投资一套生产线，则要考虑是全新购建还是收购一家近几年账面亏损的企业。税法规定，盈利企业收购亏损企业可以合并财务报表，在5年内可以用亏损企业的累积亏损来抵消盈利，减少税负，节约现金支出。假定被购并企业账面有亏损额500万元，被并购之后每年可实现利润200万元，则并购企业在第一年、第二年可免征所得税，第三年仅就超出部分纳税，3年共少缴纳所得税125万元（500×25%）。这种做法也存在着风险，如果企业在限定的时间内没有充足的获利能力，一切风险损失便将完全由自己承担。

（3）税收对经营决策的影响。

企业筹集到的资金，经过合理的对内对外投资之后，其经济活动进入到经营阶段，企业在这一阶段将开展主要的生产经营活动，而这一层面也受到税收因素的影响。

①企业在经营方式上存在较大的选择余地。例如，我国税法将增值税纳税人分为一般纳税人与小规模纳税人，其中一般纳税人可以开具增值税专用发票，而小规模纳税人却不可以，因而从小规模纳税人购进货物的进项税额不得抵扣。所以，企业向一般纳税人和小规模纳税人购进原材料和产品所负担的流转税是不相同的。

②我国税法对不同的出口产品分别采取又免又退、只免不退或不免不退的政策，因而在销售商品时，内销与出口产品所负担的税收也不同。

③存货计价方法不同，应纳税额也会有所不同。企业存货计价方法有先进先出法、加权平均法等数种选择，存货计价方法不同，计算出来的存货价值和成本不同，利润也不相同，进而影响相应的应纳税额。

④资产摊销方法的不同也会影响到应纳税额。对于固定资产折旧、无形资产与递延资产摊销，税法通常只规定了最短的摊销年限或一段可选择的摊销年限区间，如税法规定递延资产的开办费可按照不短于1年的期限分期摊销，对低值易耗品等资产的摊销规定了几种可供选择的摊销方法，如五五摊销法、一次摊销法，这些不同的摊销方法与摊销年限的选择可有效地调节企业的利润数额，从而调节应纳税额。

（4）税收对企业的利润及利润分配的影响。

税收的无偿性是其特征之一。它以一定比率直接从企业的利润中分出一部分上缴国家财政，体现的是国家无偿参与对企业所创收入的分配关系。因此，税额与企业的可分配利润额成反向变动关系。在一定的利润水平下，如果企业税负重，则可分配利润减少；如果企业税负轻，则可分配利润增加。因此，企业的财务人员必须考虑在理财过程中如何合法节税，也就是进行税务筹划。这要求企业的财务决策者在既定的税法和税制框架内，从多种纳税方案中进行科学、合理的事前选择和规划，使自身税负得以减轻，以合法的方式保护企业的正当权益，从而增加企业经济效益。

（5）税收影响财务杠杆和经营杠杆。

税收通过其对筹资的影响间接影响企业的财务杠杆。财务杠杆的决定性因素是息税前盈余和债务利息，其中，息税前盈余在决策时可以估计出来，债务利息由其资本结构和个别资金成本决定。一般情况下，只要风险不是很大并能确保盈利，企业应尽量使用负债筹资，充分利用税收杠杆的作用，提高负债率，降低边际资金成本。这样做虽然会增加企业的债务利息，提高企业的财务杠杆系数，但通过降低经营杠杆系数，仍可保持总杠杆的平衡，使企业的风险程度保持在原来的水平。

（6）税收影响企业的现金流量。

在现代企业理财中，合理的现金流量是企业日常运营得以正常、安全运转的重要保证。我国税法要求各纳税主体及时上缴货币资金，通常情况下，这种强制性的定时货币支出会增加企业的现金流出量，并影响企业的现金净流量。因此，企业的财务人员应对税金有一个准确的预测，编制合理、正确、及时的现金预算，及时准备好纳税所需现金。另外，适当采用递延税款的合理会计方法，可以从整体上解决或调整依法纳税和保证现金净流量之间的矛盾。

（7）递延所得税有利于保全企业资本。

所谓递延所得税是指企业采用国家允许的会计方法，使应在本会计期间缴纳的所得税推迟到以后的会计期间缴纳。企业的财务部门应当尽量采用符合稳健原则的会计方法，如改变计价方法、计提坏账准备金等，使得本期所销商品的成本或期间费用增加，尽可能地补偿本期的成本费用，避免虚盈利而实缴税，进而达到保全资本的目的。

（8）税收影响企业的机构设置。

企业发展到一定程度时，将会考虑通过设立分企业或子企业来扩展业务。设立分企业或子企业哪个对企业更有利值得投资者进行深思与权衡，因为这两者在税收处理上是截然不同的。设立分企业相当于设置一个办事处，不具备独立的法人资格，其财务全由总企业控制，一切法律责任由总企业承担。分企业在税收上只就增值税等流转税在当地缴纳，利润要与总企业汇总，由总企业纳税。而子企业则具备独立法人资格，与母企业不是从属关系，要完全由自己纳税。例如，一个内资企业计划在高新技术产业开发区设立分支机构，如果预计该机构在一段时间内处于亏损状态，则应选择设立分企业，参加总企业利润汇总以冲减总企业盈利，达到少缴所得税的目的；如果预计该机构将处于盈利状态，则应选择设立子企业，尽可能享受一系列的税收优惠待遇。

3. 国际税收环境与企业理财

随着市场经济的国际化发展，市场竞争国际化、企业发展集团化与跨国经营已成为必然趋势，这种国际趋势使企业面临着一个对其财务活动产生影响作用的国际外部条件，即理财的国际环境。国际税收环境是其中的一个方面，它的核心要素是国际税制。税收环境的特殊性决定了国与国之间税制上存在着差异，尽管这些差异广泛存在，但绝大多数国家的征税原则大体上还是一致的，例如，征税时大多数采用税源地原则、已纳税抵免原则、同等负担原则等。各国行使税收管辖权原则上的差异，导致了对国际企业出现重复征税的问题。为了消除双重征税，《联合国关于发达国家与发展中国家间避免双重征税的协定范本》提出了一些基本的方法，主要有以下两种：一种是免税法，即如果本国企业在国外经营或投资所获得的收益已向外国政府纳税，在本国免予征税，本国政府只对其在本国的收益征税；另一种是抵免法，即本国政府允许本国企业在本国税法规定限度内，用已缴外国政府的税额来抵免应汇总缴纳本国政府相应税额的一部分。

在税收的国际环境之下，企业财务人员必须注重国际避税问题，通过合法、合理的手段，充分利用这些差异来减少或免除其纳税义务。另外，中国加入WTO以后，关税壁垒的消除给企业理财的税收环境乃至整个企业的发展带来巨大变革，不容投资者及财务管理人员忽视。

3.2.5 社会文化环境

社会文化环境包括教育、科学、文艺、世界观、理想、信念、道德、习俗，以及在特定的社会环境中形成的同社会制度相适应的习俗观念、道德观念、组织纪律观念、价值观念和劳动态度等。作为人类的一种社会实践活动，财务管理必然受社会文化的影响，只是对理财的影响程度不尽相同。一定时期的社会文化教育水平影响到财务管理人员的水平、职业素质、职业道德和社会地位，影响到财务管理所运用的语言、文字和计量工具的先进程度，从而最终影响财务管理理论的研究和实践的发展。

1.社会环境

社会环境是企业所在地的地理位置、气候特点、人口特征、民族习俗等条件的总称。首先，社会环境具有复杂性，对企业的理财从区域经济政策、地区经济资源的供应、运输条件、基础设施、消费习惯等多方面产生影响，进而直接或间接地影响企业的资金、成本、价格和利润等。其次，社会环境具有相对稳定的特点，它对企业理财具有长期的硬约束作用，对企业理财的各因素的影响在相当长的时期内不会发生重大变化。为此，企业在进行财务决策和日常管理时，必须综合考虑各个因素及其变动对理财活动的长期综合影响，进行详细的可行性研究，慎重作出决策。

2.文化环境

伴随着交通、通信技术的进步，世界变得相对狭小，不同文化环境下人们的交流日趋频繁，特别是对于走向国际化发展进程的企业，文化意识以及由文化差异和共同性所体现的力量正日益受到关注和重视。不同文化背景下的人，由于种族优越感、不同的习惯、不同的感性认识、沟通误会、文化态度等原因所产生的文化冲突，必然会引起各财务关系行为主体之间的不协调，为此，不同文化的调和运用是企业财务管理人员特别是国际企业财务管理人员必须考虑的因素。

3.3 财务管理的内部环境

企业财务管理的内部环境，是指存在于企业内部，对企业财务管理活动有影响的各种因素的集合，包括企业组织形式、公司治理结构、企业文化与员工素质、企业竞争能力、企业生产技术能力、企业管理水平等。

3.3.1 企业组织形式

1.基本组织形式与财务管理

企业的基本组织形式主要有独资、合伙和公司制三种。不同的企业组织形式，其财务活动呈现不同的特点。

独资企业（Sole Proprietorship）是由单一的业主出资，并由其控制和经营的企业。其最大的特征表现在企业的投资人以其个人财产对企业债务承担无限责任，经营规模小，筹资较困难。

合伙企业（Partnership）是由两人以上的业主共同出资、共同拥有、共同经营的企业。其特征主要表现为出资人也要承担无限责任。

公司制企业（Company）是指以营利为目的，依法登记成立的社团法人。公司是一个法人，与其所有者相分离，拥有自然人的很多权利和义务。目前我国的公司制企业有有限责任公司和股份有限公司两种形式。公司制企业的特征及对财务活动的影响主要表现在：公司制企业复杂的委托代理关系，以及各利益主体之间的利益冲突和信息的不对称，使完善的公司治理结构成为制约和影响企业财务活动的制度背景；公司股东以其出资额为限对公司承担有限责任，同时凭此享有对公司收益和财产的分配权；公司制企业的最大优点在于其巨大的融资能力。事实上，现代财务管理的理论和方法研究就是以公司制企业，特别是股份公司制企业为主体和对象开展的。

企业组织形式的不同对企业财务管理有重要影响。一定的企业组织形式决定了企业的财务关系、财务结构及财务管理方式。在独资和合伙的企业组织形式下，企业的所有权和经营权合二为一，由于企业的所有者同时也是企业的经营者，财务关系相对简单，企业经营完全可按所有者的利益进行，但所有者对公司风险要承担无限责任，所有者因此承担的风险比较大。如果企业采取公司制的组织形式，所有权主体和经营权主体发生分离，这时，公司的财务管理权也相应分属于所有者和经营者两个方面。这就构成了比较复杂的财务关系，尤其是股份有限公司，发行股票使公司与资本市场产生直接的关系，股票交易及价格的波动又直接影响企业财务决策，而且这类公司的规模一般比较大，这就从多方面增加了企业财务管理的难度和复杂性。通常情况下，公司制企业的所有者不直接对企业的生产经营活动进行决策或参与决策。他们参与和作出的财务决策都是企业的重大决策，归结起来一般是有关所有者权益或资本权益变动的财务决策，而经营者则是对企业的日常生产经营活动作出决策，包括企业一般的财务决策。

目前，我国众多的企业中真正符合公司制企业组织模式条件的企业数量占全部企业数量的比重并不是很大。虽然有些企业的名称冠之以公司的头衔，但它实际上不符合《公司法》规定的组建公司的条件。从上面的分析中可以看出，独资企业、合伙企业这两种组织形式的企业，其组织形式、业务特点等决定了其对财务管理的需求是可有可无的。而中国现存的民营企业中，绝大多数也不具备现代公司制企业的组织结构。即使是公司制的企业，也差不多是家族式公司制，容不得家族以外的大股东的存在，更别说让“外人”参与经营管理了。在这样的组织环境下，这些公司往往采取家族式经营的方式，并不需要太多的财务管理工作，如财务预测、财务决策、财务预算、财务分析等，这些日常的、传统的理财环节都不见得齐全，更不用说财务预警机制、并购、重组等较为复杂的理财内容了。这些缺乏风险防范意识的企业，一旦遇到生产经营上的风浪，就只能依靠运气来渡过难关了。由此可见，为了中国企业财务管理工作能够全面发展，有所创新，必须摒弃那种小企业的经营组织模式，把大多数的企业转换成公司制企业。

2.其他组织形式与财务管理

我国企业组织形式除了按以上最基本的形式分类，也可以按照企业的资本组织形式划分为国有企业、民营企业和外商投资企业。

由于中国的特殊经济情况，国有企业、民营企业和外商投资企业因为其资本组织形式的不同，对企业理财活动的影响也有很大差别，主要表现在以下方面：

（1）筹资方面。

任何企业要想高速发展，壮大自己的实力，都需要融资。国有企业可以通过国家投资完成，外商投资企业对融资的要求不是很高，民营企业则只有完全靠自己，因而民营企业要有十分妥当的融资战略。正如经济学家吴敬琏所说，融资难已成为当前阻碍中小企业发展的瓶颈，中国的中小企业至今无法与资本市场结缘。在中国，大部分的银行贷款首先给了国有企业，其次是“三资”企业，最后才轮到民营企业，国有商业银行主要服务于政府项目和国有企业，对民营企业的融资要求，不论企业项目如何，大都为防范风险而较少介入。民营企业的信息不对称比国有企业、外商投资企业更加严重，其原因是民营企业大都有信息不透明问题。民营企业的信息基本是内部化的，通过一般的渠道很难获得有关民营企业的信息。民营企业在寻找贷款和外源性资本时很难向金融机构提供证明其信用水平的信息。由于民营企业对资本和债务要求的规模较小，对其审查监管的平均成本和边际成本较高，金融机构为了避免逆向选择与道德风险，往往不愿向中小企业或民营企业提供贷款。民营企业如果要克服这种筹资难的问题，就必须努力树立良好的信誉，提高企业的信息透明度。当然，要改变这种现状，政府的扶持和消除所有制歧视也是很重要的方面。

（2）社会责任方面。

企业的社会责任（Social Responsibility）可分为经济责任、文化责任、教育责任、环境责任等几方面。就经济责任来说，企业主要为社会创造财富，提供物质产品，改善人民的生活水平。就文化责任和教育责任等方面来说，企业要为员工提供尊重人权的劳动环境，教育员工在行为上符合社会公德，在生产方式上符合环保要求。随着市场经济的发展和成熟，企业的社会责任担当意识的强弱越来越成为人们衡量一个企业优劣的重要标杆。

国有企业作为一种经济组织，承担着重要的经济责任，要参与市场竞争，提高经营效益和效率。同时，国有企业特别是关系国家安全和国民经济命脉的国有重点骨干企业，是国民经济的重要支柱，是全面建成小康社会的重要力量，是承担社会责任的主力军，因此，国有企业在进行理财活动时考虑的因素往往更多。而民营企业在社会责任方面的意识相对薄弱，它们更注重于企业自身的利益追求，对社会最终目的的重视程度不够，其理财活动通常只是从企业自身的利益出发。在中国的多数外商投资企业都十分注重履行自己的社会责任，遵守法纪和社会经济秩序，承担纳税义务，热心社会公益事业，关心消费者利益，尊重员工权益，保护自然生态环境，谋求股东与雇员、企业与消费者、企业与社会和环境的协调，但也有一些外商投资企业做出违背公司社会责任理念和道德准则的事情，逃避社会责任，甚至在外国能够很好履行社会责任，到了中国则改变行为方式，实行国别歧视措施，弱化在中国的社会责任。

形成这种国有企业比民营企业重社会责任，而外商投资企业在国外比在中国更注重社会责任现象的主要原因，是我国对企业的社会责任要求及制度设计方面还很不健全和完善，企业也没有将社会责任内化为企业财务管理活动的一部分。改善这种状况，最有效的方法就是要求三种企业按相同的标准，从企业内部做起，将环境责任等引起社会成本的因素转化为企业的成本费用，纳入企业财务管理，将社会责任的履行情况直接与企业利润挂钩，从而达到从内至外加强企业社会责任的目的。

3.3.2 公司的治理

1.公司治理的概念

关于公司治理的概念，很多学者从不同的角度进行了界定，至今还没有一个统一的定义。其中，OECD（经济发展与合作组织）对公司治理的定义较为准确和全面，得到较高的认同。OECD认为：公司治理（Corporate Governance）是一种对公司进行管理和控制的体系，它明确规定了公司各参与者的责任和权力分布，诸如董事会、经理层、股东和其他利益相关者，并且清楚地说明了决策公司事务时应遵循的规则和程序。同时，它还提供了一种结构，使之用以设置公司目标，也提供了达到这些目标和监控运营的手段。公司治理本质上是公司权力的分配机制。

2.公司治理对公司理财的影响

公司治理作为公司理财的内部微观环境，对公司理财活动的影响无疑是深刻而全面的，具体可以从以下三个方面来分析：

（1）通过影响公司财务目标影响公司理财。

关于公司财务目标的表述有几种典型的观点，如企业价值最大化、股东财富最大化、企业利润最大化等。这些观点都是奉行这样一个宗旨：经营者必须为股东的利益最大化服务。然而，随着现代公司治理中对经营者、生产者及他们所拥有的人力资本的重要性的认识程度的提高，现代企业的财务目标正从单纯的股东财富最大化向权衡相关者利益的股东财富最大化偏移，企业资本所有者已不再成为企业财务目标的唯一取向，经营者、生产者及各种外部利益相关者也应该成为企业财务目标的考虑范畴。这样现代公司治理就势必会对传统的公司财务目标产生较大影响，进而又会影响到公司的理财活动。

（2）通过影响公司财务主体影响公司理财。

公司财务主体是指公司中从事财务活动的主体，它决定企业包括筹资活动、投资活动及收益分配活动等在内的一切财务活动。同时，企业财务主体又是依存于企业所有权主体而存在的，不同的企业所有权安排，即剩余索取权①和剩余控制权②的安排导致不同的财务主体。完整的企业财务主体应该体现企业剩余索取权和剩余控制权的对称分配。而公司治理作为一种企业所有权配置机制，正是通过对企业剩余索取权和剩余控制权的配置来规范企业财务主体。同时，企业经营者激励问题及经营者选择问题的解决作为公司治理的两大作用亦可使经营者获得与其剩余控制权相对应的剩余索取权，从而使财务主体的完整性得以加强。也就是说，公司治理对企业理财的影响可通过其对企业财务主体的影响来得以实现。

（3）通过资本结构对公司理财产生影响。

无论是从理论上还是从实践上看，资本结构都是企业治理结构最重要的一个方面。公司治理结构是否有效在很大程度上取决于企业的资本结构：当企业正常经营并有偿债能力时，所有者和企业经营者就可掌握企业的剩余索取权和剩余控制权，而当企业偿债能力不足时，企业的剩余控制权就会转移到债权人手中。在前一种情况下，股东既可以通过董事会“用手投票”来直接控制经营者，又可以通过股票市场“用脚投票”来间接控制经营者行为，以解决经营者的激励和约束问题，此时，企业的股东拥有对企业经营者的最终控制权。而在后一种情况下，债权人成为实际的剩余索取者，拥有对企业的实际控制权。由以上分析可知，企业控制权是否转移主要取决于企业资本结构，因此，企业在进行财务管理活动的时候，应该选择适合企业自身发展的资本结构，使其对企业理财活动产生积极影响。

3.3.3 企业文化与员工素质

企业文化是指企业这一社会组织在运营过程中，组织内成员通过一定时期的积淀、整合而形成的风俗习惯。这种风俗习惯可以表现为组织内成员共同认定且遵守的行为准则，也可以表现为一种信仰、一个信条。风俗习惯一旦形成，组织内成员从表面的言行举止、穿着打扮到危机处理的心态等都会受到它的无形影响。

企业文化是企业理财活动中的一种行为道德规范。企业理财活动涉及企业生产经营的各个方面及每一个部门和全体员工，构建企业良好的理财文化，有利于企业形成统一的理财规范，使企业各部门和每一个员工都能自觉地按统一标准来规范自己的思想和行为，从而形成企业良好的群众理财基础。优秀的企业理财文化，可以进一步增强企业的凝聚力，更好地实现企业财务管理目标。企业理财文

① 剩余索取权是一项索取剩余的权利，简单地说是对利润的索取，即经营者分享利润。在实践中，将剩余索取权分配给经营者的一种做法就是在市场经济国家盛行的让经营者持有股份或分配给经营者期权的做法。这种激励方式的主要机理在于，让经营者成为公司的股东或虚拟股东，使经营者与其他股东形成利益共同体，利益取向完全一致。

② 剩余控制权就是对纯利润的控制权，如使用、支配、处置等权利。

化强调的是企业群体动机和行为的协调和有效激发。通过企业良好的理财文化的塑造，可在企业内部营造一种融洽的人际关系和团结、协调的氛围，对减少企业理财活动中的内耗，发挥企业整体理财优势具有积极的作用。

人员素质尤其是领导者的素质往往是决定一个企业兴衰成败的关键。人员素质高，能力强，并能够得到充分发挥，企业的管理水平就越高，企业竞争能力就越强；反之，企业管理水平和竞争能力就很难得到提高和增强。企业内部人员素质可以分为管理人员的素质和一般员工的素质。企业管理人员的素质指企业管理人员自身的文化水平、知识结构、经历、经验、胆略等，包括董事、监事、经理及各级管理人员的素质。如果企业各级管理人员的综合素质较高，不仅可以充分理解财务人员所提供的决策资料，而且善于抓住机遇，敢于拍板，其财务决策的正确率必然较高，也必然会给企业带来丰厚的收益；反之，如果管理者的综合素质低下，在诸多理财活动的备选方案中，不能择取最优方案，甚至择取错误方案，将给企业带来损失甚至是巨大的灾难。企业每一项财务制度、财务决策和方案的出台，甚至每一项理财活动都必须做到公开、透明。企业在进行筹资、投资等重大决策时，要广泛征求全体员工的意见和建议，形成广泛的共识，这对增强员工的合力和凝聚力，减少摩擦，调动广大员工参与企业理财工作的积极性具有重要的意义。重要的是，高素质的员工往往对企业的日常经营活动有更深刻的了解，他们提出的意见往往更具有建设性，这对企业作出正确的理财决策有着深远的影响。

3.3.4 企业竞争能力

企业竞争能力是指企业超越竞争对手并获得较高的利润的能力。企业竞争能力是企业活力的源泉，对企业发展起着决定性的作用。企业核心竞争能力是蕴涵于企业内质中的，企业独具的，支撑企业过去、现在和未来竞争优势，并使企业在竞争环境中能够长时间取得主动的核心能力。它不仅可以表现在技术方面，而且可以表现在生产经营、营销、财务和品牌等方面。企业要培养自身的核心竞争能力，既要重视内部竞争资源的完善，又要重视外部竞争资源的整合和市场重组，着眼于在价值链某些特定的战略环节上培养竞争优势。企业核心竞争能力是市场竞争优势的基础，是企业持续竞争优势的源泉。

企业的理财能力是企业能力体系中不可或缺的组成部分，它对企业的持续发展有着极为重要的作用。企业可持续竞争优势的获得是以稳定的资金流为保障的，如果企业的资金流动不能正常运行，企业的持续竞争优势就会丧失殆尽，致使企业面临破产甚至倒闭。企业拥有的核心竞争能力是企业持续竞争优势的源泉，积累、保持和运用核心竞争能力是企业生存和发展的根本性战略，也是企业经营管理所追求的永恒的目标。企业的计划、组织、协调、控制等各类管理职能都应该围绕企业核心竞争能力而展开，财务、生产、营销等各个管理领域都应该以企业核心竞争能力为中心。

拥有较强竞争能力甚至是核心竞争能力的企业往往拥有较强的理财能力。如果企业的理财能力不能适应企业自身发展的需要，企业所获得的持续竞争优势就会失去支撑力。较强的理财能力不仅要求企业拥有良好的财务营运能力，还要有良好的财务管理能力和应变能力。

（1）财务营运能力。

财务营运能力包括筹资能力、投资能力和收益分配能力以及资本营运能力四个方面。财务营运能力是企业财务的一种基本的自然生存能力，是形成、培育企业核心竞争能力的前提。企业只有生存下来了，才能够有资源和能力去发展财务管理能力和财务应变能力。

①筹资能力。筹资是企业资金运动的起点，是投资的必要前提。企业要不断培育持续的竞争优势，就要拥有高超的筹资技能，通过对资金来源进行合理谋划和安排，保证企业以其他企业无法达到的方式增长。

②投资能力。投资是企业资金运动的中心环节，是决定企业获得可持续竞争优势的先天性条件。核心竞争力要求企业拥有出色的投资能力和保证资本效率的技能，能够使企业在一些至关重要的投资项目上取得巨大的成功。充分利用资本不仅可以增加单个项目的预计回报，而且能够将企业的一部分财力解脱出来用于其他投资项目。

③收益分配能力。收益分配是企业财务管理的重要内容之一，也是企业实现可持续发展的战略途径之一。能够保持持续竞争能力的企业将会维持适当的收益分配能力，既会使公司股东的经济利益得以维护，又会为企业未来长远的发展积累资金。

④资本营运能力。资本营运是现代企业培育核心竞争能力的一种重要途径，是企业为了有效整合外部资源所采取的复杂的管理行为，包括收购、兼并、分拆、上市等。企业的资本营运能力为企业从外部寻求持续竞争优势提供了可能。

（2）财务管理能力。

财务管理能力是企业核心竞争能力的有机组成部分，是协调、控制企业财务管理循环过程，整合完整的财务管理工作体系的能力。

（3）财务应变能力。

财务应变能力是指为培育、维护企业核心竞争能力，企业财务不断适应环境变化的能力。它能为企业核心竞争能力的形成提供有力的保障。

企业要想获得持续的竞争优势，必须不断提高自身的财务营运能力、财务管理能力和财务应变能力，从而提升自己的理财能力。同时，企业理财能力的提高将会为企业持续竞争优势的保持提供有力的保障。

总之，影响企业财务管理的内部环境不仅包括企业的组织形式、公司的治理结构、企业的文化与员工素质和企业竞争能力四个方面，还包括企业的生产技术能力、企业管理水平等一系列因素。因此，企业财务管理人员在进行财务活动时，不但要充分考虑企业所处的外部环境给企业理财活动带来的影响，更要立足于企业内部，充分掌握本企业的实际情况，作出符合企业自身发展需要的财务决策。

3.4 财务管理目标

3.4.1 企业目标与财务管理目标

企业是以营利为目的的经济组织，其经营管理的总目标及相应的财务管理目标就是要使其运作的资本增值获利。企业在市场竞争中始终处于生存与倒闭、发展与落后的矛盾之中，为了使自己立于不败之地，企业必须根据市场的需求，有效地运用有限资源开展生产经营活动，提高生产经营效率，确保投资者投入资本的保值、增值，在发展中求生存。所以，企业管理的目标就是生存、发展、获利。

财务管理目标是企业目标在财务管理上的集中概括，是评价企业财务活动是否合理的标准，并决定财务管理的基本方向，企业财务活动应围绕财务管理目标展开。从实质上看，财务管理目标体现了内部条件与外部环境、管理者与所有者、计划与实施等之间的一系列矛盾的相互作用，是对这些矛盾体的调节。

重要的是，企业财务管理必然在一定的环境中进行，站在不同环境的角度，其理财的视野以及所考虑到的相关者利益就会不同，进而其理财的目标与方式也会有所不同。长期以来，对财务管理目标的不断争论，形成了多种观点和提法(下面会有专门介绍)，其实它们都与财务管理环境有关。但无论企业财务管理目标如何确定，总体上应具备以下要求：

①普遍性。财务管理目标应适于各种类型、各种规模的企业，具有较大的兼容性，不能将某类企业排除在外。

②适应性。财务管理目标必须科学、严密，既符合企业自身的发展要求，又兼顾企业相关者利益和社会整体效益，既能适应内、外部环境与社会发展的需要，又具有可持续发展性。

③可行性。财务管理目标应明确易懂，既可用来指导企业的理财活动，又可作为评判财务管理活动是否合理、经营业绩优劣的标准。这要求理财目标含义明确、易于量化。

3.4.2 企业财务管理的总目标

财务管理就是对企业的资金进行规划运筹和控制，最终实现企业目标的一项管理活动。财务管理的基本目标取决于企业的总目标，所以企业目标往往就被表达为财务管理的目标。西方企业目标理论经历了从利润最大化、每股盈余最大化、股东财富最大化到企业价值最大化的演变过程，最新的发展又提出了可持续发展和利益相关者价值最大化的观点。

1.利润最大化

利润最大化（Maximization of Profit）的观点认为，获取最大利润是企业的基本目标，也是企业不断发展的基础和前提。利润额是企业在一定期间全部收入和全部成本费用的差额，体现了企业的经济效益、股东投资回报以及企业对国家和员工利益的贡献，也是企业扩大经营规模的源泉。

古典经济学将利润最大化看作是理论上的企业目标，经济学家以此来分析和评价企业的行为和业绩。利润最大化目标是在19世纪发展起来的，当时的企业以私人筹资和独资经营为特征。单个业主的唯一目的就是增加私人财富，所以可以简单地通过利润最大化得到满足。进入20世纪，出现了以所有权与经营权分离为特征的现代企业。现代企业由股东进行投资，职业经理取代股东经营管理现代企业。在企业组织形式发生变化之后，利润最大化目标已经不再适合。

利润最大化目标忽视了现实世界中的很多复杂性，尤其是财务管理决策中两个最主要的因素：时间性和不确定性。利润最大化目标存在以下不足：

（1）利润最大化没有考虑取得利润的时间。企业经营的效果不仅仅取决于所获得的利润，还取决于获得利润的时间。越早获得利润，就能尽早进行再投资，获得新的利润。今年获得的100万元利润比明年获得的100万元利润更有价值。利润最大化目标忽略了货币的时间价值。

（2）利润最大化没有考虑取得利润的风险。两个企业的预期收益相同，但预期收益的不确定性较大的企业将承受更大的风险。同样是100万元的利润，一个企业已经全部收到了现金，而另一个企业全部是应收账款，显然后一个企业面临着坏账的风险。利润最大化目标不考虑企业承担的风险，会使得企业在财务决策中选择高风险的项目，一旦发生不利的情况，企业将陷入困境，甚至破产。

（3）利润最大化没有考虑取得利润所投入的资本。利润只是一个绝对值指标，不能反映经营活动的效率。同样是获得100万元利润，投入1 000万元的企业显然比投入2 000万元的企业获得了更高的价值。利润最大化目标会使得企业在财务决策中选择投入高和报酬率低的项目，导致决策行为的短期化倾向，只顾实现目前的利润而忽略了企业长远的发展。

2.每股盈余最大化

每股盈余也称每股收益，是税后净利润与普通股股数的比率。所有者或股东是企业的出资者，他们投资的目的是取得投资收益。每股盈余最大化（Maximization of Earnings Per Share）将企业实现的利润与企业所有者投入的资本额或股份数进行对比，是一个相对指标，可以反映企业的盈利能力，并且能够在不同资本规模的企业之间进行比较。其优点是克服了利润最大化目标不考虑资本投入的缺点，但是它仍然无法避免利润最大化的两个缺陷，即忽略了时间性和不确定性。

3.股东财富最大化

股东财富最大化（Maximization of Shareholder Wealth）也称股东价值最大化（Maximization of Shareholder Value），或企业所有者权益价值最大化。股东财富最大化目标把未来一定时期归属于股东权益的现金流量，按考虑了风险报酬率的资本成本折算为现值，由此得到股东投资报酬现值，它是股东财富的具体体现。股东财富最大化与利润有密切的关系，在考虑了货币时间价值、风险和资本成本后可以由利润导出股东财富最大化公式。

在股份有限公司中，股东财富可以用股票市场价值总额来代表。股东的财富由其所拥有的股票数量和股票市场价格两方面来决定，当股票价格达到最高时，股东财富也达到最大。

与利润最大化目标相比，股东财富最大化目标的进步之处在于：

（1）股东财富最大化考虑了取得报酬的时间，区分了不同时期的报酬，并运用货币时间价值的原理计算股东价值。

（2）股东财富最大化考虑了风险与报酬之间的联系，有效地避免了企业不顾风险片面追求利润的错误做法。在进行财务管理决策时，正确权衡报酬与风险，实现两者之间的最佳均衡，使得股东财富达到最大。

（3）股东财富最大化考虑了资本成本，将利润与投入的资金相联系。

（4）股东财富最大化能克服企业在追求利润上的短期行为。因为在股东财富最大化目标下，不仅目前的利润会影响股东财富，未来的盈利能力对股东财富的影响更大。

但是，股东财富最大化目标也存在以下不足：

（1）仅考虑股东的利益，没有考虑债权人的利益。在股东财富最大化目标下，管理人员会使用财务杠杆来增加股东财富，从而可能过度举债，增加企业财务风险，甚至导致破产。

（2）在使用股票价格衡量股东财富时，可能使管理人员更多地关注股市而不是企业自身的经营。股价受到很多因素的影响，其中一些是企业难以控制的因素，如经济环境等。

4.企业价值最大化

企业价值最大化（Maximization of Firm Value）是指股东价值和债权人价值之和最大化，也就是企业资产的总价值最大化。与股东财富最大化目标相比，企业价值最大化目标兼顾了股东和债权人的利益。企业价值最大化目标与利润有密切的关系，同时综合利润、货币时间价值、风险、债务比例、利率、税率以及时间跨度等多种因素来衡量企业的价值，反映了企业整体和长期的发展。

企业价值最大化并不等同于股东财富最大化，但是在一定的条件下，债权人和股东之间没有利益冲突，企业价值最大化目标模式的性质和特征与股东财富最大化基本上是相同的，所以在讨论企业目标时，往往将企业价值最大化与股东财富最大化等同起来。

企业价值最大化是财务经济学理论最经常采用的，也是被实务界广泛接受的目标。

5.利益相关者价值最大化

20世纪80年代兴起的利益相关者理论对股东价值最大化的传统观点提出了挑战。利益相关者理论从“企业是一组契约的联结点”（Jensen，1976）的角度出发，认为企业是所有利益相关者之间的一系列多边契约。[①]这些利益相关者主要包括股东、债权人、员工、客户、供应商、政府及社区等。

利益相关者理论认为，企业应该以所有利益相关者的利益最大化为目标。按照利益相关者理论，企业的管理者是对企业的全部利益相关者而不只是个别成员负有责任，管理者是一个组织而不只是股东的代言人。

利益相关者价值最大化（Maximization of Stakeholder Value）目标与股东价值最大化目标之间最大的分歧有两点：一是利益相关者价值最大化弱化了股东在企业中的地位，否定了企业是由股东所有的传统理念；二是利益相关者价值最大化用多重价值最大化取代了单一价值最大化。

对利益相关者价值最大化目标的批评主要有三个方面[②]：

（1）多重价值最大化目标无法给企业管理者提供一个明确的目标函数，因此可能导致管理上的混乱和无效率。

（2）即使认可利益相关者的利益，也难以在多重利益相关者的利益甚至是相互冲突的利益之间进行选择。

（3）利益相关者价值最大化目标不能对管理者进行根本性的评价，反倒会让管理者无法尽职尽责地履行他们对企业所应承担的责任。

为了表达得更为直观，本书将以上所述五个财务管理目标用图3-2表示出来。

如图3-2所示，每一个财务管理目标均是在前一个财务管理目标的基础上考虑了更多因素总结而来的。可以说这五个财务管理目标在根本上并没有好坏之分，只是因市场环境的变迁，企业的理财方向、发展战略的不同而有所不同，因此有赖于经验丰富的理财人员和管理人员根据企业发展的需要制定合理的企业财务管理目标。

---

① FREEMAN R E，EVAN W. Corporate Governance：A Stakeholder Interpretation［J］. Journal of Behavioral Economics，1990，19（4）：337-359.

② JENSEN M C. Value Maximization，Stakeholder Theory and the Corporate Objective Function［J］. Business Ethics Quarterly，2002，22（2）：32-42.

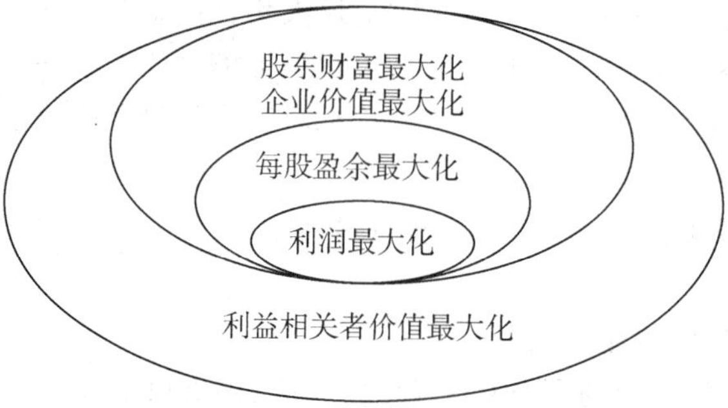

图3-2 不同企业理财目标的关系图

3.4.3 财务管理的具体目标

以上我们提到了企业财务管理的总目标，在确定了总目标之后，我们所要做的是将这些总目标贯彻到企业理财活动的各个环节中去，这需要通过企业财务管理的具体目标来实现。企业财务管理的具体目标是站在财务系统自身的立场上，根据财务管理工作自身的特点或财务管理工作对企业管理工作所做的特殊贡献而对财务管理工作提出的基本要求。企业的财务活动包括筹资活动、投资活动、营运资本管理、利润分配等，因此要根据这些具体的财务活动设定相应的财务目标。

1. 企业筹资目标

企业为了保证其生产经营活动的正常开展，必须具备一定数量的资本，这些资本可以通过多种渠道、多种方式来筹集。对于不同的资本来源，其筹资成本、资本可使用期限、资本风险以及附加条件的限制等都不尽相同，所以，企业在筹资时应充分考虑企业生产经营的实际需要，在保障该需要的前提下选择筹资成本较低、筹资风险较小的最佳筹资方案。

2. 企业投资目标

企业进行筹资是为了投资，这包括对内投资和对外投资两方面，二者的根本目的都是获取利润。由于企业可用于投资的资本受到筹资规模和资本成本的限制，企业的投资必须确保投资收益大于筹资成本。但是企业所投资项目的成功概率、收益水平都是不确定的，即投资具有风险。因此，企业在进行投资决策时，必须权衡投资收益和投资风险，以较少的投资、较低的风险获取较多的投资收益。

3. 企业营运资本管理目标

营运资本是流动资产与流动负债的差额，是企业为了保证日常生产经营活动所需垫支的资本。在一定时期内，企业营运资本的周转速度更快，意味着企业能够利用相同数量的资本获得更多收入，相当于扩大资本投入，增强企业盈利能力，所以企业在管理营运资本时应合理使用资本，提高资本使用效率，以较少的资本保证企业生产经营的正常进行。

4.企业利润分配目标

利润分配是指企业将其税后利润在企业与投资者之间进行分配，分配政策的选择会影响企业未来的发展和股东的利益。一般而言，当企业分配给投资者较高的股利时，会增强投资者对企业的信心，提升企业的市场评价，但利润的大量分配也会形成企业的财务负担，影响企业的财务安全及长远发展；当企业的分配政策向企业倾斜时，企业可获得更多的资本用于经营发展，但同时会损害到股东的利益，造成股东的不满。由此可见，企业利润分配要同时兼顾股东利益和企业长远发展两方面的需求，在这两者之间进行权衡，选择合理的利润留成比例及分配方式，确保企业近期利益和财务稳定，同时不断提高企业的总价值，真正实现股东财富最大化。

企业财务人员在理财过程中必须注重的一点是，企业财务管理的具体目标是基于企业财务管理的总目标来确定的。因此，在实施过程中，企业的具体目标必须与企业的总目标结合、贯通，切不可脱离总目标而为之。

【课堂讨论3-1】

据《金融时报》2015年2月25日报道，麦当劳改组了领导层。这家正在努力跟上消费者口味变化的快餐业巨头任命英国商业街连锁餐饮业老将史蒂夫·伊斯特布鲁克为首席执行官。

作为全球大型跨国连锁餐厅，麦当劳于1940年创立于美国，在世界上大约拥有3万间分店。麦当劳的受欢迎程度在2010年达到顶峰，2012年开始逐渐走下坡路。2012年年底，分析师们开始质疑，麦当劳的表现为什么比在金融危机最严重的时期还要糟糕。2014年，之前缓慢的滑坡趋势加快了，麦当劳2014财年全球同店销售额下滑1%，全年营业收入为274亿美元，比2013财年下滑2%，全年总运营利润为79.5亿美元，比2013财年下滑9%。

由于近年来业绩低迷，麦当劳股价在长达两年半的时间里累计涨幅不到1%，这也成了股东们心头的痛。在此期间，麦当劳在多个重点市场遭遇危机。在中国市场，麦当劳遭遇了福喜食品安全事件，不仅形象受损，还不得不更换供应商；在俄罗斯，4家麦当劳门店被检测出大肠杆菌，引起了俄罗斯政府部门的注意；在日本，麦当劳也被曝食物中有异物，而之前其日本业务已受到上海福喜事件波及。因此，麦当劳总裁兼首席执行官唐·汤普森倍感压力。迫于投资者的压力，麦当劳也采取了不少应对措施，其中就包括人事变动，汤普森将“退休”，由英国商业街连锁餐饮业老将史蒂夫·伊斯特布鲁克接替他成为首席执行官。史蒂夫·伊斯特布鲁克能否带领麦当劳走出困境、摆脱业绩下滑的困扰呢？这成为投资者关注的焦点。

资料来源 沈洪涛，樊莹，罗淑贞．初级财务管理［M］．3版．大连：东北财经大学出版社，2016.

讨论：

（1）股东们希望公司以什么为目标？

（2）公司管理人员与股东的目标是否一致？

（3）更换CEO是否有利于公司目标的实现？

本章小结

企业的财务管理环境又称为理财环境，是指企业理财过程中所面临的各种影响企业财务活动的客观条件和因素。影响企业理财环境的因素有多种，包括外部环境和内部环境、宏观环境和微观环境等。本章主要从内外两个方面对企业财务管理环境进行阐述，其中外部环境包括经济环境、资本市场环境、法律环境、税收环境、社会文化环境等，而内部环境包括企业组织形式、公司治理结构、企业文化与员工素质、企业竞争能力等，并进一步提出企业在市场环境观念下的财务管理总体目标和具体目标。

关键概念

金融市场（Financial Market）；货币市场（Money Market）；资本市场（Capital Market）；现货市场（Spot Market）；期货市场（Future Market）；一级市场（Primary Market）；二级市场（Secondary Market）；金融机构（Financial Institution）；金融工具（Financial Instrument）；利率（Interest Rate）；实际无风险利率（Real Risk-free Interest Rate）；通货膨胀溢酬（Inflation Premium）；风险溢酬（Risk Premium）；独资企业（Sole Proprietorship）；合伙企业（Partnership）；公司制企业（Company）；社会责任（Social Responsibility）；公司治理（Corporate Governance）；利润最大化（Maximization of Profit）；每股盈余最大化（Maximization of Earnings Per Share）；股东财富最大化（Maximization of Shareholder Wealth）；股东价值最大化（Maximization of Shareholder Value）；企业价值最大化（Maximization of Firm Value）；利益相关者价值最大化（Maximization of Stakeholder Value）

思考题

1.简述企业理财环境的界定与功能。

2.试分析资本市场环境和税收环境对企业理财的影响。

3.除了本章所提到的几种财务管理环境，企业理财还会受到哪些环境因素的影响？

4.评价你认为最适合中国企业发展的财务管理目标，并阐述原因。

第4章 货币时间价值

任何企业的财务管理活动都是在特定的时空进行的，货币时间价值是客观存在的经济范畴。离开了货币时间价值因素，就无法正确计算不同时期的财务收支，也无法正确评价企业报酬的高低。

学习目标

1. 了解货币时间价值的概念及作用
2. 掌握复利终值和复利现值的计算
3. 掌握年金终值和年金现值的计算

引　例

1626年的24美元

爱因斯坦曾经说过："宇宙间最大的能量是复利，复利是世界的第八大奇迹。"

到过美国纽约旅游的人都知道，该地最为昂贵的地产就是纽约市最中心区——曼哈顿。该地产是1626年白人从印第安人手里以只值24美元的玻璃珠买来的。今天的美国人谈起这事都取笑印第安人很傻，这么好的一块地就以区区24美元便宜卖掉，只会做赔本生意。

事实是这样吗？如果当时印第安人以这24美元去投资，根据麦肯锡全球研究所统计的过去100年美国股市的平均收益率6.5%计算，到2019年，这24美元将变成14 320万亿美元，虽然现在纽约这一土地的价值用税收收入衡量在千亿美元以上，但这24美元还是高于现在曼哈顿的价值近10倍。

一个不大的基数，以一个即使很微小的量增长，假以时日，都将膨胀为一个庞大的天文数字。这就是复利的"奇迹"。

资料来源 改编自牧之，赵凡禹. 经济学经典名言的智慧［M］. 北京：新世界出版社，2011.

阅读本章不妨思考下面几个问题：这24美元是赔本生意吗？今天的1元钱与将来的1元钱相等吗？如果24美元继续按6.5%计算复利，到2025年年末价值是多少？

4.1 货币时间价值概述

货币在不同的时点上，其价值是不一样的，即1年后的100元和2年后、3年后的100元是不同的，不能简单地相加或比较，需要进行换算，这就是最基本的货币时间价值观念。

4.1.1 货币时间价值的概念

货币时间价值（Time Value of Money），是指货币经历一定时间的投资和再投资所增加的价值。

在商品经济中，有这样一种现象：现在的10元钱和1年后的10元钱其经济价值不相等，现在的10元钱比1年后的10元钱经济价值要大一些，即使不存在通货膨胀也是如此。为什么会这样呢？我们可以看一个简单的例子：现在将10元钱存入银行，假如存款利率为4%（不含通货膨胀补贴和风险报酬），1年后可得到10.40元。这10元钱经过1年时间的投资增加了0.40元，这就是货币的时间价值。

企业资本循环和周转的起点是投入货币资本，企业用它来购买所需的资源，然后生产出新的产品，产品出售时得到的货币量大于最初投入的货币量，实现货币增值。每完成一次循环，货币就增加一定数额，周转的次数越多，增值额也越大。可见，货币之所以具有时间价值，根源在于其在再生产过程中的运动和转化。所以，货币时间价值的实质是资本投入周转使用而形成的增值。

货币时间价值从量的规定性来看，是没有风险和没有通货膨胀条件下的社会平均资本利润率。由于竞争，市场经济中各部门投资的利润率趋于平均化，致使每个企业的投资项目至少要取得社会平均利润率；否则，企业就会投资于其他项目或其他行业。因此，货币时间价值也就成为评价投资项目的基本标准。

货币时间价值可以有两种表现形式：一是绝对数表现形式，即货币时间价值额，是指资本在周转使用中产生的真实增值额；二是相对数表现形式，即货币时间价值率，是指扣除风险报酬和通货膨胀补贴后的社会平均资本利润率。它与一般的利率是有差别的，只有在没有风险和没有通货膨胀的情况下，货币时间价值率与利率才相等。为了便于介绍，本章以此假设为前提，以利率代表货币时间价值率。

4.1.2 货币时间价值的作用

不同时间单位货币的价值是不相等的，所以不同时间的货币收入不宜直接进行比较，需要把它们换算到相同的时间基础上，然后才能进行大小的比较和比率的计算。在企业财务管理中，对于筹资决策、投资决策、经济效益的评价等，货币时间价值都起着重要的作用。

1.货币时间价值是正确进行财务决策的基本依据

货币时间价值是扣除风险报酬和通货膨胀补贴等因素后的社会平均资本利润率，企业的投资方案至少应取得社会平均资本利润率水平，否则，该项目就是不成功的。在投资决策中，可以根据货币时间价值原理，把不同时点的投资额和不同时点的投资收益额换算成同一时点上的现值，作出科学的可行性分析。在筹资决策中，也可以根据货币时间价值原理，计算比较各种筹资方案的成本，选择最优的资本结构。

2.货币时间价值是衡量企业经济效益的基本依据

货币时间价值问题实际上是资本使用的经济效益问题。企业作为营利性的组织，其主要财务目标是实现企业价值最大化，不断增进股东财富。因此，企业经营者必须充分调动和利用各种经济资源去实现预期的收益，而评判这些资源是否充分有效使用的一个重要标准就是货币时间价值。货币时间价值即社会平均资本利润率应是企业资本利润率的最低限度。

目前，我国仍然有不少企业在财务管理中不注重货币时间价值，决策比较盲目，从而造成很大的经济损失。我们必须明确认识货币时间价值存在的客观必然性，认识利用货币时间价值的重要意义，树立货币时间价值观念，并运用到财务管理当中。

4.2 单利和复利的终值和现值的计算

货币的收付有一次性收付和系列收付两种形式。一次性收付是指在某一特定时点上一次性收取或支付，经过一段时间后再相应地一次性支付或收取的款项。复利终值和复利现值的计算也就是指一次性收付的货币时间价值的计算。

由于货币随时间的增值过程与利息的增值过程在数学上相似，因此，在计算货币时间价值时广泛使用了计算利息的方法，包括单利和复利两种方法。

在计算货币时间价值时，通常使用以下符号：

P，本金，又称期初金额或现值；

i，利率，通常指每年利息与本金之比；

I，利息，本金和利率之积；

F，本金和利息之和，又称本利或终值；

n，计息期数，通常以年为单位；

A，年金。

4.2.1 单利终值和现值的计算

单利是计算利息的一种方法，即只就本金计算利息，在规定期限内获得的利息均不加入本金中计算利息。

1.单利终值的计算

（1）单利利息的计算。

单利利息的计算公式为：

$I=P\cdot i\cdot n$

【例 4-1】 某人存入银行 20 000 元，存期 2 年，假设存款年利率为 3%，则到期时利息为：

$I=20\ 000\times3\%\times2=1\ 200$（元）

除非特别说明，在计算利息时，给出的利率一般为年利率，对于不足一年的利息，按一年 360 天来折算。

（2）单利终值的计算。

单利终值（Future Value）就是一定数量的本金在一定的利率下，按照单利的方法计算出的若干时期以后的本利和。

单利终值的计算公式为：

$F=P+P\cdot i\cdot n=P\cdot(1+i\cdot n)$

【例 4-2】 沿用例 4-1 中的数据，2 年后，该张存单的终值为：

$F=20\ 000\times(1+3\%\times2)=21\ 200$（元）

2.单利现值的计算

单利现值（Present Value）的计算就是确定未来终值的现在价值，是单利终值的逆运算。由终值计算现值称为折现，利率也可称为折现率。

单利现值的计算公式为：

$P=F/(1+n\cdot i)$

【例 4-3】 某人预计 2 年后需要 21 200 元支付学费，假设存款年利率为 3%，单利计息，则现在此人需存入银行的本金为：

$P=21\ 200/(1+3\%\times2)=20\ 000$（元）

4.2.2 复利终值和现值的计算

复利也是计算利息的一种方法，即除了本金计算利息外，还将每一期利息分别加入下期本金中一起计算利息，逐期滚算，俗称“利滚利”。

货币时间价值通常是按复利计算的。

1.复利终值的计算

复利终值就是一定数量的本金在一定的利率下，按照复利的方法计算出的若干时期以后的本利和。其形式如图4-1所示。

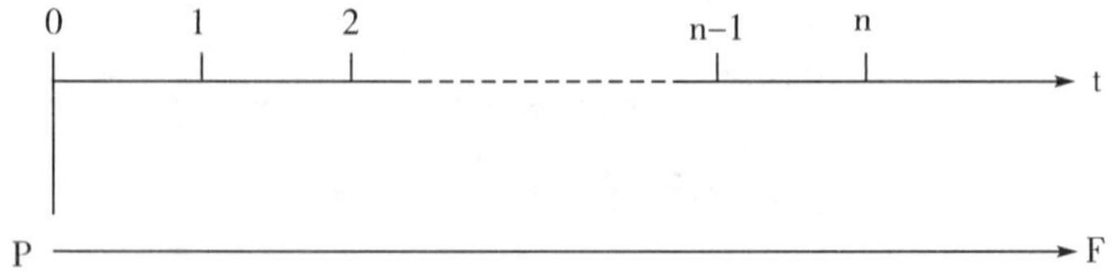

图4-1　复利终值示意图

复利终值的计算公式为：

$F=P(1+i)^n$

这是计算复利终值的一般公式，其中的$(1+i)^n$通常被称为复利终值系数或一元复利终值，用符号（F/P，i，n）表示。例如：（F/P，3%，2）表示利率为3%、计息期数为2的复利终值系数。为了便于计算，可参考“复利终值系数表”（见附录的附表一）。该表的第一行是利率i，第一列是计息期数n，相应的$(1+i)^n$值在其纵横相交处。通过该表可查出（F/P，3%，2）=1.0609。在货币时间价值为3%的情况下，现在的1元和2年后的1.0609元在经济上是等效的，根据这个系数可以把现值换算成终值。

复利终值系数还有另外两种计算方法：一是使用常规计算器，计算（1+i）的n次幂；二是利用Microsoft Excel函数功能进行计算。通常复利终值系数表只能计算整利率整期数的情况，而计算器或Microsoft Excel函数功能能处理任何情况的终值计算，因此是最基本的计算方法。

【例4-4】　某人存入银行20 000元，若存款年利率为3%，复利计息（下面如果没有特别说明都是指复利计息），2年后可以从银行取回多少钱？

这是一个复利终值的计算问题。

1年后的本利和为：

$F=P+P\cdot i=P(1+i)=20\,000\times(1+3\%)=20\,600$（元）

2年后的本利和为：

$F=[P(1+i)]\cdot(1+i)=P(1+i)^2$

$=20\,000\times(1+3\%)^2$

$=20\,000\times1.0609=21\,218$（元）

用Microsoft Excel函数功能计算复利终值的步骤如下：

①打开Excel工作表→选择菜单下的f_x→在“选择类别”中选择“财务”→在“选择函数”下拉菜单里选择“FV”→确定，如图4-2所示。（后文年金终值的计算过程同理）

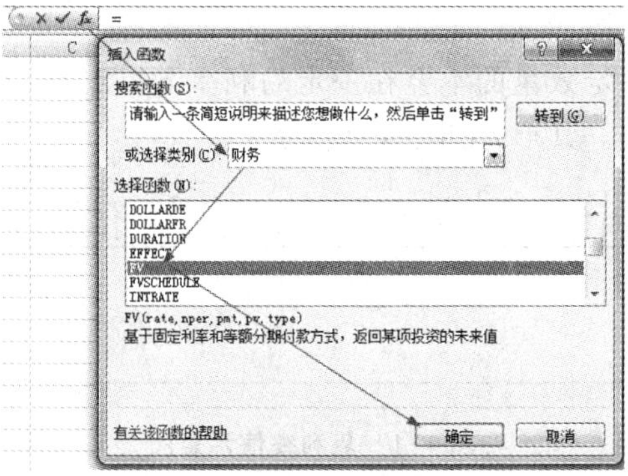

图 4-2　选择复利终值函数

②在弹出的“函数参数”对话框中，在“Rate”栏输入利率“3%”，在“Nper”栏输入期限“2”，在“PV”栏输入现值“-20 000”(用 Excel 计算时默认现值为支付，即负数，如果是计算年金终值，则在“Pmt”栏输入年金数，下同)，计算结果显示为 21 218，最后点击“确定”，如图 4-3 所示。

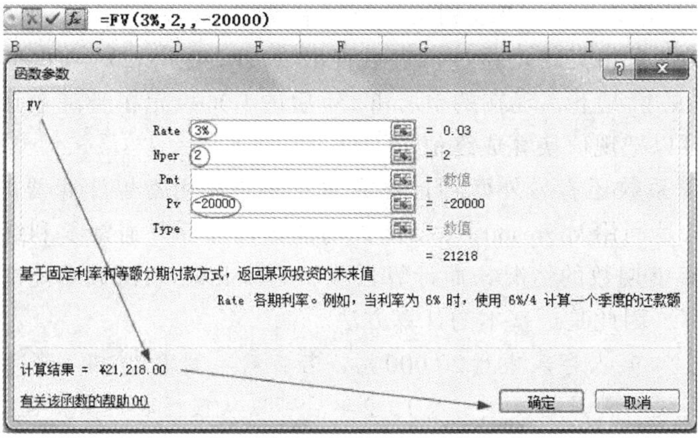

图 4-3　复利终值计算结果

可见，现在存入 20 000 元，若存款年利率为 3%，2 年后可得 21 218 元。

2. 复利现值的计算

复利现值是指未来一定时间的资本按复利计算的现在价值，或者说是为取得将来一定本利和现在所需要的本金。它是复利终值的逆运算。其形式如图 4-4 所示。

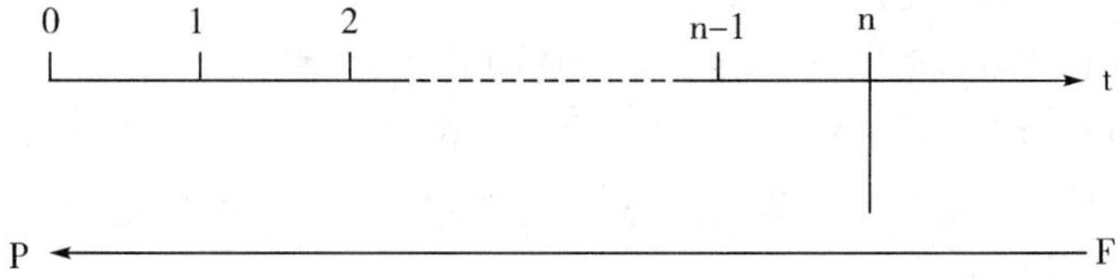

图 4-4　复利现值示意图

复利现值的计算公式为：

$$P=\frac{F}{(1+i)^n}=F(1+i)^{-n}$$

上式中的 $\frac{1}{(1+i)^n}$ 或（1+i）$^{-n}$是把终值折算为现值的系数，称复利现值系数或一元的复利现值，用符号（P/F，i，n）来表示。例如，（P/F，3%，2）表示利率为3%、计息期为2的复利现值系数。为了便于计算，可参考“复利现值系数表”（见附录的附表二）。该表的使用方法与“复利终值系数表”相同。通过查表，（P/F，3%，2）=0.9426。复利现值系数也可以通过利用常规计算器和Microsoft Excel函数功能进行计算。

【例4-5】 某人预计2年后需要21 200元支付学费，假设存款年利率为3%，则现在此人需存入银行的本金应为多少？

$$P=\frac{F}{(1+i)^n}=\frac{21\,200}{(1+3\%)^2}=\frac{21\,200}{1.0609}\approx 19\,983\text{（元）}$$

或：P=F·（P/F，i，n）

=21 200×（P/F，3%，2）

=21 200×0.9426≈19 983（元）

用Microsoft Excel函数功能计算复利现值的步骤如下：

①打开Excel工作表→选择菜单下的f_x→在“选择类别”中选择“财务”→在“选择函数”下拉菜单里选择“PV”→确定，如图4-5所示。（后文年金现值的计算过程同理）

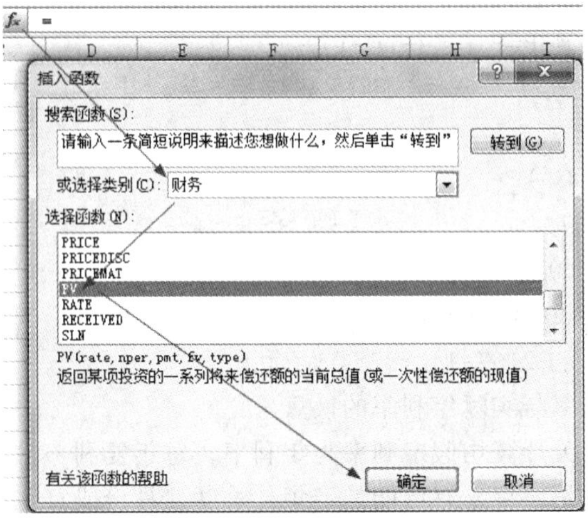

图4-5 选择复利现值函数

②在弹出的函数参数对话框中，在“Rate”栏输入利率3%，在“Nper”栏输入期限2，在“Fv”栏输入终值21 200，计算结果显示为-19 983.03327，如图4-6所示。用Excel计算时会默认现值为负数，表示支付，但在时间价值概念下

计算的现值不一定就是支付，所以需要将计算结果改为正数19 983.03327。

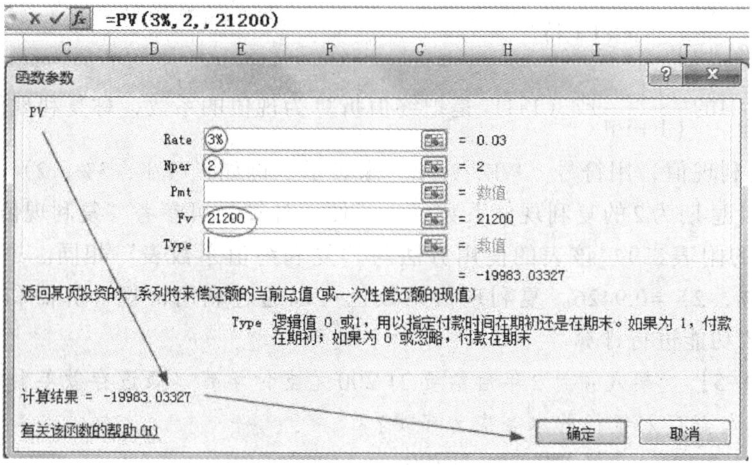

图4-6　复利现值计算结果

可见，现在存入约19 983元，若存款年利率为3%，2年后可获得21 200元。

3.复利终值与复利现值的关系

（1）复利终值和复利现值互为逆运算。

（2）复利终值系数 $(1+i)^n$ 和复利现值系数 $\frac{1}{(1+i)^n}$ 互为倒数。

4.复利利息的计算及与年利率换算

（1）复利利息的计算。

复利利息的计算公式为：

$I=F-P=P(1+i)^n-P=P[(1+i)^n-1]$

【例4-6】　某人存入银行1 500元，存期5年，若存款年利率为4%。其本利和与复利利息为：

$F=1\ 500\times(1+4\%)^5$

$=1\ 500\times1.2167$

$=1\ 825.05$（元）

$I=1\ 825.05-1\ 500=325.05$（元）

或：$I=1\ 500\times(1.2167-1)=325.05$（元）

（2）名义年利率与实际年利率的换算。

上述讨论的有关计算均假定利率为年利率，每年复利一次。但实际上，复利的计息期不一定总是一年，有可能是半年、季度、月份或日。如有些债券半年计息一次，有的抵押贷款每月计息一次。当一年内复利的次数超过一次时，这样给出的年利率叫作名义年利率，而实际年利率（或称有效年利率）则需要通过换算求出。只有每年复利一次的年利率才是实际年利率。

对于一年内多次复利的情况，可采取两种方法计算货币时间价值。

第一种方法是先将名义年利率调整为实际年利率，然后按实际年利率计算货币时间价值。

实际年利率与名义年利率之间的关系是：

$i=(1+r/m)^m-1$

式中：i为实际年利率；r为名义年利率；m为每年复利次数。

【例4-7】 某人购买某公司债券1 500元，该债券期限为5年，年利率为4%，每半年计息一次，债券到期时可得的本利和是多少？

$i=(1+r/m)^m-1$

$=(1+4\%/2)^2-1$

$=4.04\%$

$F=P(1+i)^n$

$=1\ 500\times(1+4.04\%)^5$

$=1\ 500\times1.219$

$=1\ 828.50$（元）

可见，5年后债券到期的本利和为1 828.50元。与例4-6比较，本利和多了3.45元。当一年内复利的次数超过一次时，实际年利率比名义年利率高，复利的次数越多，实际年利率越高。

第二种方法是不计算实际年利率，而是相应调整有关指标，即利率变为r/m，期数相应变为m×n。

【例4-8】 仍利用例4-7中的有关数据，用第二种方法计算本利和。

$F=P(1+r/m)^{m\cdot n}$

$=1\ 500\times(1+4\%/2)^{2\times5}$

$=1\ 500\times(1+2\%)^{10}$

$=1\ 500\times1.219$

$=1\ 828.50$（元）

或：F=1 500×（F/P，2%，10）

=1 500×1.219

=1 828.50（元）

可见，系数表中的期数不一定理解为年，而可理解为一种等间隔的时间段（如年、季、月）。

【课堂讨论4-1】

小李和小张都是公司财务人员，专门负责跑银行借款业务。一天，他们从银行回来向经理汇报跟银行谈借款的情况。小李说：甲银行愿意借款给我们公司，年利率为6%，半年付息一次。小张接着说：甲银行的利率高了，乙银行也愿意，年利率才5.8%，一季度付息一次。

讨论：

（1）小张说甲银行的利率高，对吗？为什么？

（2）如果乙银行要求一月付息一次，则甲银行和乙银行哪家的借款利率高？

4.3 年金终值和现值的计算

年金（Annuity，以A表示）是指等金额、等时间间隔的系列收付。在实际工作中，分期收付利息、分期收付款、分期等额偿还贷款、发放养老金等，都属于年金收付形式。

年金按照收付的次数和支付的时间不同，可分为普通年金、先付年金、递延年金和永续年金。

4.3.1 普通年金终值和现值的计算

普通年金（Ordinary Annuity）又称后付年金，指一定时间内每期期末等额系列收付的款项。

1.普通年金终值的计算

普通年金终值就如零存整取的本利和，它是一定时期内每期期末收付款项的复利终值之和。

（1）普通年金终值的计算。

普通年金终值的计算方法如图4-7所示。

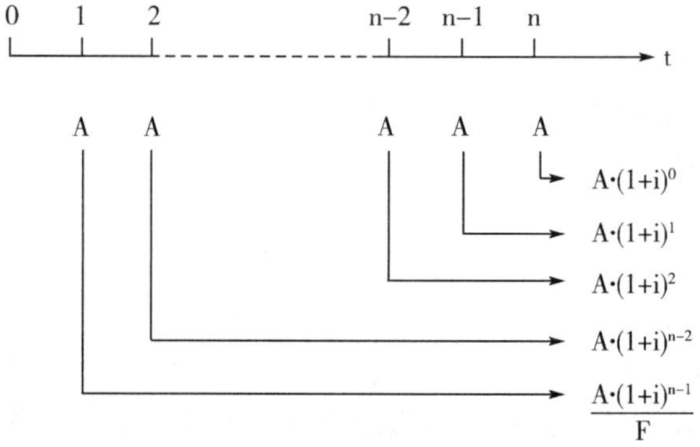

图4-7 普通年金终值计算示意图

由图4-7可知，普通年金终值的计算公式为：

$$F=A\cdot(1+i)^{n-1}+A\cdot(1+i)^{n-2}+\cdots+A\cdot(1+i)^{2}+A\cdot(1+i)^{1}+A\cdot(1+i)^{0}$$

$$=A\sum_{t=1}^{n}(1+i)^{n-t} \quad ①$$

将①式两边同时乘上（1+i）得：

$$F\cdot(1+i)=A\cdot(1+i)^{n}+A\cdot(1+i)^{n-1}+\cdots+A\cdot(1+i)^{3}+A\cdot(1+i)^{2}+A\cdot(1+i)^{1} \quad ②$$

②式减去①式得：

$$F \cdot i = A \cdot (1+i)^n - A$$

$$= A \cdot [(1+i)^n - 1]$$

$$F = A \cdot \frac{(1+i)^n - 1}{i} \quad ③$$

①式中的$\sum_{t=1}^{n}(1+i)^{n-t}$和③式中的$\frac{(1+i)^n-1}{i}$通常称作普通年金终值系数或一元普通年金终值，用符号（F/A，i，n）表示。为了便于计算，可参考“年金终值系数表”（见附录的附表三），该表的使用方法与“复利终值系数表”相同。

普通年金终值的计算公式也可写为：

F=A·（F/A，i，n）

【例4-9】 某人在4年里，每年年末存入银行20 000元，若存款年利率为3%，第四年年末可以得到多少本利和？

$$F = 20\,000 \times (1+3\%)^3 + 20\,000 \times (1+3\%)^2 + 20\,000 \times (1+3\%)^1 + 20\,000 \times (1+3\%)^0$$

$$= 20\,000 \times \sum_{t=1}^{4}(1+3\%)^{n-t}$$

$$= 20\,000 \times \frac{(1+3\%)^4 - 1}{3\%}$$

≈83 672（元）

或：F=A·（F/A，i，n）

=20 000×（F/A，3%，4）

=20 000×4.1836

=83 672（元）

【课堂讨论4-2】

某矿业公司决定将其一处矿产开采权公开拍卖，向全国煤炭企业招标开矿。其中A公司和B公司的投标书最具竞争力。A公司的投标书表示：公司从获得开采权的第一年开始，每年年末向矿业公司交纳30亿元的开采费，直到10年后开采结束。B公司的投标书则表示：公司在取得开采权时，直接支付给矿业公司120亿元，在9年后开采结束时再支付180亿元。

讨论：

如果矿业公司要求年收益率达到10%，它会接受哪家公司的投标？

（2）偿债基金的计算。

偿债基金是指为了在约定的未来某一时点清偿某笔债务或积聚一定数额的资本而必须分次等额储存的款项。每次等额储存的款项就是年金（A），可以获得按复利计算的利息，未来的债务或需积聚的资本实际上等于年金终值（F）。

偿债基金的计算实际上是年金终值的逆运算。其计算公式为：

$$A = F \cdot \frac{i}{(1+i)^n - 1}$$

式中：$\frac{i}{(1+i)^n - 1}$是年金终值系数的倒数，通常称作偿债基金系数，用符号（A/F，i，n）表示，可通过“偿债基金系数表”直接查阅，或通过年金终值系数的倒数推算出来。

偿债基金的计算公式也可写为：

A=F·（A/F，i，n）

　=F·［1/（F/A，i，n）］

【例 4-10】　某人欲于3年后用210 000元购买一辆小轿车，计划从现在起每年年末存入银行一笔款项，假设存款年利率为4%，他每年年末应存入的金额是多少？

$$A = 210\,000 \times \frac{4\%}{(1+4\%)^3 - 1} \approx 67\,263\text{（元）}$$

或：A=210 000×［1/（F/A，4%，3）］

　　=210 000×（1/3.1216）

　　=210 000×0.3203

　　=67 263（元）

（3）年金终值与偿债基金的关系。

①年金终值与偿债基金互为逆运算。

②年金终值系数$\frac{(1+i)^n - 1}{i}$与偿债基金系数$\frac{i}{(1+i)^n - 1}$互为倒数。

2.普通年金现值的计算

普通年金现值是指一定时期内每期期末收付款项的复利现值之和。

（1）普通年金现值的计算。

普通年金现值计算方法如图4-8所示。

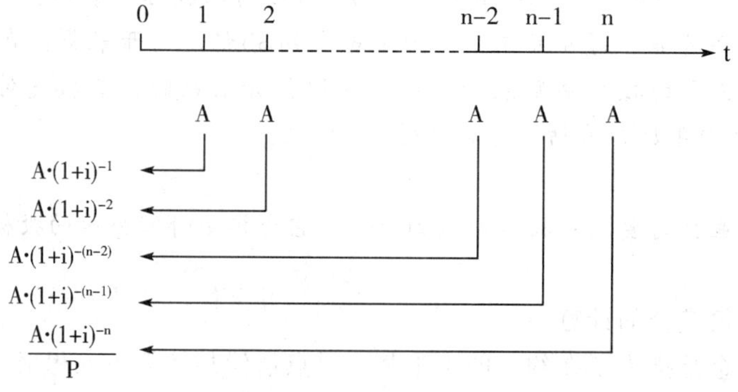

图 4-8　普通年金现值计算示意图

由图4-8可知，普通年金现值的计算公式为：

$$P=A\cdot(1+i)^{-1}+A\cdot(1+i)^{-2}+\cdots+A\cdot(1+i)^{-(n-1)}+A\cdot(1+i)^{-n}$$

$$=A\sum_{t=1}^{n}\frac{1}{(1+i)^{t}} \quad ④$$

将④式两边同乘（1+i）得：

$$P(1+i)=A+A\cdot(1+i)^{-1}+\cdots+A\cdot(1+i)^{-(n-2)}+A\cdot(1+i)^{-(n-1)} \quad ⑤$$

⑤式减去④式得：

$$P\cdot i=A-A\cdot(1+i)^{-n}$$

$$=A\cdot[1-(1+i)^{-n}]$$

$$P=A\cdot\frac{1-(1+i)^{-n}}{i} \quad ⑥$$

④式中的$\sum_{t=1}^{n}\frac{1}{(1+i)^{t}}$和⑥式中的$\frac{1-(1+i)^{-n}}{i}$通常称作普通年金现值系数或一元普通年金现值用符号（P/A，i，n）表示，可通过“年金现值系数表”（见本书附录的附表四）直接查表计算。

普通年金现值的计算公式也可写为：

P=A·（P/A，i，n）

【例4-11】 某人出国3年，请你代缴保险金，假设每年年末需要支付保险金30 000元，存款年利率为4%，他现在应给你在银行存入多少钱？

$$P=30\,000\times(1+4\%)^{-1}+30\,000\times(1+4\%)^{-2}+30\,000\times(1+4\%)^{-3}$$

$$=30\,000\times\sum_{t=1}^{3}\frac{1}{(1+i)^{t}}\approx 83\,253（元）$$

或：P=30 000×（P/A，4%，3）

=30 000×2.7751

=83 253（元）

【课堂讨论4-3】

仙宁公司准备购买一台设备，供应商的一个付款方案是：一台设备首期支付30万元，然后分5年每年年末支付10万元。另一个方案是一次性付款72万元。

讨论：

（1）如果年利率为5%，仅考虑付款的多少，仙宁公司选择分期付款是否合算？

（2）如果年利率为7%，结果又会怎样？

（2）资本回收额的计算。

资本回收额是指在给定的年限内等额回收或清偿初始投入的资本或所欠的债务。每次等额回收或清偿的数额相当于年金，初始投入的资本或所欠的债务就是年金现值。

资本回收额的计算是年金现值的逆运算。其计算公式为：

$$A = P \cdot \frac{i}{1-(1+i)^{-n}}$$

式中：$\frac{i}{1-(1+i)^{-n}}$是年金现值系数的倒数，通常称作资本回收系数，用符号（A/P，i，n）表示，可通过“资本回收系数表”直接查阅，或利用年金现值系数的倒数求得。

资本回收额的计算公式也可写为：

A=P·（A/P，i，n）

=P·［1/（P/A，i，n）］

【例4-12】 某企业以年利率为5%借得200万元投资某项目，企业要在3年内还清贷款本息，每年回收额至少是多少？

$$A = 200 \times \frac{5\%}{1-(1+5\%)^{-3}} = 73.44 \text{（万元）}$$

或：A=200×［1/（P/A，5%，3）］

=200×（1/2.7232）

≈73.44（万元）

【课堂讨论4-4】

假如你打算购买一套80平方米的商品房，每平方米30 000元，总价2 400 000元（税费略）。你计划首期支付30%，其余款项通过银行抵押贷款支付，与银行签订的贷款协议是年利率6%，期限5年，每月等额偿还本息额（每月等额供楼款）。

讨论：

（1）每月等额供楼款是多少？

（2）如果你觉得负担太重，计划把期限定为10年，年利率为6.6%，情况会怎样？

（3）年金现值与资本回收额的关系。

①年金现值与资本回收额互为逆运算。

②年金现值系数$\frac{1-(1+i)^{-n}}{i}$与资本回收额系数$\frac{i}{1-(1+i)^{-n}}$互为倒数。

4.3.2 先付年金终值和现值的计算

先付年金（Annuity Due）又称预付年金，是指一定时期内每期期初等额系列收付的款项。先付年金与普通年金的区别仅在于付款时间的不同。

1.先付年金终值的计算

先付年金终值是一定时期内每期期初收付款项的复利终值之和。n期先付年金终值与n期普通年金终值之间的关系可以用图4-9加以说明。

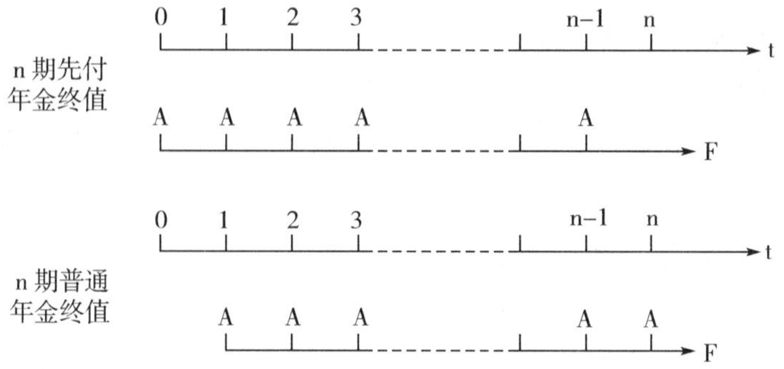

图4-9 先付年金终值与普通年金终值计算比较图

从图4-9可以看出，n期先付年金与n期普通年金的付款次数相同，但由于付款时间不同，n期先付年金终值比n期普通年金终值多计算一期利息。因此，在n期普通年金终值的基础上乘上（1+i）就是n期先付年金的终值。

先付年金终值的计算公式为：

$F=A\cdot(F/A, i, n)\cdot(1+i)$

此时，可以直接查n期利率为i的普通年金终值系数求出普通年金终值，再乘上（1+i）就可求出先付年金的终值。

此外，先付年金终值的计算公式也可以写为：

$$F=A\cdot\frac{(1+i)^n-1}{i}\cdot(1+i)$$

$$=A\cdot\frac{(1+i)^{n+1}-(1+i)}{i}$$

$$=A\cdot\left[\frac{(1+i)^{n+1}-1}{i}-1\right]$$

式中：$\left[\frac{(1+i)^{n+1}-1}{i}-1\right]$称作先付年金终值系数或一元先付年金终值，它与普通年金终值系数$\frac{(1+i)^n-1}{i}$相比，是在普通年金终值系数的基础上，期数加1、系数减1所得的结果，用符号［（F/A，i，n+1）-1］表示。这样，可以通过查“普通年金终值系数表”n+1期的系数值，然后减去1得到n期的先付年金系数值。

这时先付年金终值的计算公式为：

$F=A\cdot[(F/A, i, n+1)-1]$

【例4-13】 某人在4年里，每年年初存入银行20 000元，若存款年利率为3%，第四年年末可以得到多少本利和？

方法一：$F = 20\,000 \times \dfrac{(1+3\%)^{4}-1}{3\%} \times (1+3\%) \approx 86\,182$（元）

或：F=A·（F/A，i，n）·（1+i）

=20 000×（F/A，3%，4）×（1+3%）

=20 000×4.1836×1.03

≈86 182（元）

方法二：$F = 20\,000 \times [\dfrac{(1+3\%)^{4+1}-1}{3\%} - 1] \approx 86\,182$（元）

或：F=A·［（F/A，i，n+1）−1］

=20 000×［（F/A，3%，4+1）−1］

=20 000×［（F/A，3%，5）−1］

=20 000×（5.3091−1）

=86 182（元）

【课堂讨论4-5】

王女士为给今年将上初一的儿子准备以后上大学的资本，计划今年开始每年9月1日都存入银行10 000元，希望到儿子上大学时能存够68 000元。

讨论：

（1）如果银行的存款利率为3%，6年后王女士的儿子上大学时，她的愿望能实现吗？

（2）如果银行的存款利率为4%，王女士的愿望能实现吗？

2.先付年金现值的计算

先付年金现值是一定时期内每期期初收付款项的复利现值之和。n期先付年金现值与n期普通年金现值之间的关系，可用图4-10加以说明。

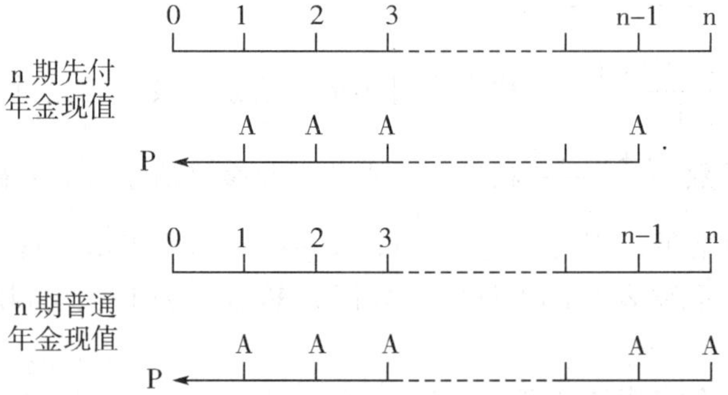

图4-10　先付年金现值与普通年金现值计算比较图

从图4-10可以看出，n期先付年金现值与n期普通年金现值的期限相同，但由于其付款时间不同，n期先付年金现值比n期普通年金现值少折现一期。因此，在n期普通年金现值的基础上乘上（1+i），便可求得n期先付年金现值。

先付年金现值的计算公式为：

P=A·（P/A，i，n）·（1+i）

此时，可以直接查n期，利率为i的普通年金现值系数求出普通年金现值，再乘上（1+i）就可求出先付年金的现值。

此外，先付年金现值的计算公式也可以写为：

$$P=A\cdot\frac{1-(1+i)^{-n}}{i}\cdot(1+i)$$

$$=A\cdot\frac{(1+i)-(1+i)^{-(n-1)}}{i}$$

$$=A\cdot\left[\frac{1-(1+i)^{-(n-1)}}{i}+1\right]$$

式中：$\left[\frac{1-(1+i)^{-(n-1)}}{i}+1\right]$称作先付年金现值系数或一元先付年金现值，它与普通年金现值系数$\frac{1-(1+i)^{-n}}{i}$相比，是在普通年金现值系数的基础上，期数减1、系数加1所得的结果，用符号［（P/A，i，n−1）+1］表示。这样，通过查“普通年金现值系数表”n−1期的系数值，然后加1，便可得出n期的先付年金现值系数的值。

这时先付年金现值的计算公式为：

P=A·［（P/A，i，n−1）+1］

【例4-14】 某人出国3年，请你代缴保险金，假设每年年初需要支付保险金30 000元，存款年利率为4%，他现在应给你在银行存入多少钱？

方法一：$P=30\,000\times\frac{1-(1+4\%)^{-3}}{4\%}\times(1+4\%)\approx86\,583$（元）

或：P=A·（P/A，i，n）（1+i）

=30 000×（P/A，4%，3）（1+4%）

=30 000×2.7751×1.04

≈86 583（元）

方法二：$P=30\,000\times\left[\frac{1-(1+4\%)^{-(3-1)}}{4\%}+1\right]\approx86\,583$（元）

或：P=A·［（P/A，i，n−1）+1］

=30 000×［（P/A，4%，3−1）+1］

=30 000×［（P/A，4%，2）+1］

=30 000×（1.8861+1）

=86 583（元）

4.3.3 递延年金终值和现值的计算

递延年金（Deferred Annuity）是指第一次收付款发生时间不在第一期期末，

而是隔若干期后才开始发生的系列等额收付款项。它是普通年金的特殊形式。

1.递延年金终值的计算

递延年金终值是自若干时期后开始每期等额系列收付款项的复利终值之和。

递延年金终值计算方法如图4-11所示。图中的m表示递延期，n表示系列等额收付（A）的次数。

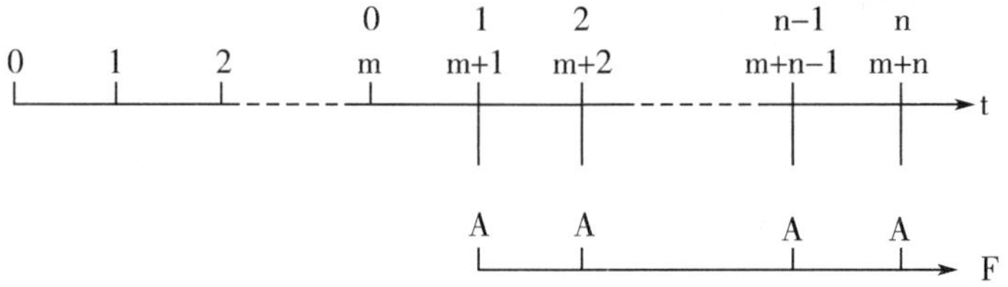

图4-11 递延年金终值计算方法示意图

可见，递延年金终值的大小与递延期无关，所以计算方法和普通年金终值相同，但需要注意终值的时间点。其计算公式为：

$$F = A \cdot \frac{(1+i)^n - 1}{i} = A \cdot (F/A，i，n)$$

【例4-15】 某公司拟委托开发一栋办公楼，假设开发商提出如下付款方案：前2年不用支付，从第3年起到第12年每年年末支付120万元。如果银行的利率为5%，则该公司到第12年年末一共付款多少？

$$F = 120 \times \frac{(1+5\%)^{10} - 1}{5\%} \approx 1\,509.36（万元）$$

或：F=120×（F/A，5%，10）

=120×12.578

=1 509.36（万元）

2.递延年金现值的计算

递延年金现值是自若干时期后开始每期等额系列收付款项的现值之和。其计算方法有两种。

第一种方法是把递延年金视为n期普通年金，先计算出递延年金在递延期（m）期末的现值，然后再把它折现到第一期期初。其计算方法如图4-12所示。

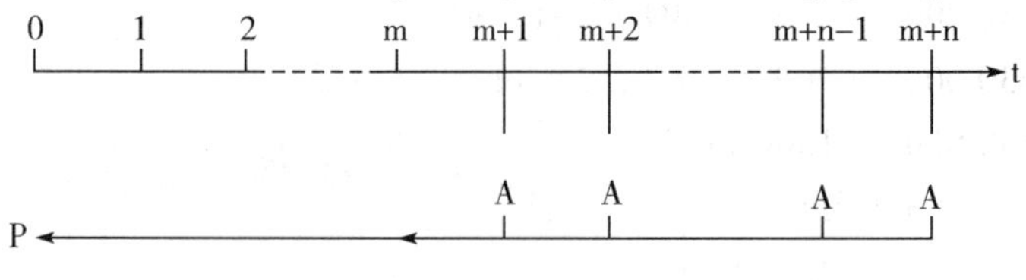

图4-12 递延年金现值计算方法一示意图

从图4-12可知，递延年金现值的计算公式为：

$$P=A\cdot\frac{1-(1+i)^{-n}}{i}\cdot(1+i)^{-m}$$

$$=A\cdot(P/A,\ i,\ n)\cdot(P/F,\ i,\ m)$$

第二种方法是假设在递延期中也有等额系列收付款项，先计算出（m+n）期的普通年金现值，然后减去实际没有收付的递延期（m期）的普通年金现值。其计算方法如图4-13所示。

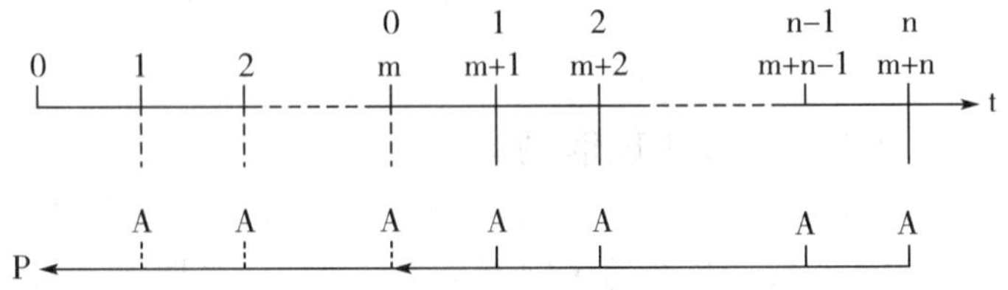

图4-13　递延年金现值计算方法二示意图

从图4-13可知，递延年金现值的计算公式为：

$$P=A\cdot\left[\frac{1-(1+i)^{-(m+n)}}{i}-\frac{1-(1+i)^{-m}}{i}\right]$$

$$=A\cdot[(P/A,\ i,\ m+n)-(P/A,\ i,\ m)]$$

【例4-16】　某人拟在年初将一笔钱存进银行，以便能从第4年开始每年年末取出4 000元，至第10年年末取完。假设存款年利率为3%，此人应在最初一次存入银行多少钱？

分析：依题意递延期m为3年，收付期n为7年（第4年至第10年）。

方法一：$P=4\,000\times\frac{1-(1+3\%)^{-7}}{3\%}\times(1+3\%)^{-3}\approx22\,805.39$（元）

或：$P=A\cdot(P/A,\ i,\ n)\cdot(P/F,\ i,\ m)$

$=4\,000\times(P/A,\ 3\%,\ 7)\cdot(P/F,\ 3\%,\ 3)$

$=4\,000\times6.2303\times0.9151$

$\approx22\,805.39$（元）

方法二：$P=4\,000\times\left[\frac{1-(1+3\%)^{-(3+7)}}{3\%}-\frac{1-(1+3\%)^{-3}}{3\%}\right]\approx22\,806.4$（元）

或：$P=A\cdot[(P/A,\ i,\ m+n)-(P/A,\ i,\ m)]$

$=4\,000\times[(P/A,\ 3\%,\ 3+7)-(P/A,\ 3\%,\ 3)]$

$=4\,000\times(8.5302-2.8286)$

$\approx22\,806.4$（元）

注意：方法一与方法二计算结果有差异是由于计算过程四舍五入取值造成的。

【课堂讨论4-6】

露蓝公司想分期付款购买一套大型设备，供应商要求首期先付100万元，余款的支付有三个付款方案：

（1）现在起15年内每年年末支付22万元；

（2）现在起15年内每年年初支付21万元；

（3）前5年不用支付，第6年起到第15年每年年末支付38万元。

讨论：

如果银行利率为6%，采用现值的方式比较，露蓝公司选择哪种付款方式最有利？

4.3.4 永续年金终值和现值的计算

永续年金（Perpetual Annuity）是指无限期的等额系列收付的款项。它是普通年金的特殊形式，与普通年金的区别不是收付时间而是期限，永续年金是期限趋于无穷的普通年金，如存本取息、优先股股利等。

1.永续年金终值的计算

由于永续年金持续期无限，没有终止的时间，因此无法计算其终值。

2.永续年金现值的计算

永续年金是期限趋于无穷的普通年金，所以，可通过普通年金现值计算公式推导出永续年金现值的计算公式：

$$P = A \cdot \frac{1-(1+i)^{-n}}{i}$$

当$n \to \infty$时，$(1+i)^{-n} \to 0$

$$P=A/i$$

【例4-17】 某人准备在其母校设立一个永久性的奖学金基金，每年拿出25 000元奖励品学兼优的学生。假设存款年利率为4%，这个人现在应存入基金多少钱？

$P=A/i$

$=25\ 000/4\%$

$=625\ 000$（元）

上述介绍的都是等额系列收付（年金）的时间价值计算，在财务管理中也常常需要计算不等额系列收付的终值和现值，尤其是计算现值。不等额系列收付是指一定时期内多次收付，但每次收付的金额不相等的款项。不等额系列收付的现值等于每期收付款现值之和，需要逐年计算现值，不像等额年金那样可以简化计算。

4.4 计息期数和利率的推算

前面讨论的都是已知利率（折现率）和计息期数求终值、现值或年金的情况。在财务管理中，也有已知终值、现值、年金、利率（折现率）求计息期数的情况，如计算项目投资的回收期等；或已知终值、现值、年金、计息期数求利率（折现率）的问题，如计算项目投资内部收益率等。

4.4.1 计息期数的推算

1.一次性收付款项计息期数的推算

根据复利终值计算公式 $F=P(1+i)^n$ 或复利现值计算公式 $P=F(1+i)^{-n}$ 可得：

$\log_{(1+i)}(F/P)=n$

因此，若已知F、P、i，便可直接计算出一次性收付款项的计息期数n。

当然，一次性收付款项的计息期数n也可以用查复利终值系数表或复利现值系数表的方法得到。其原理与下述普通年金计息期数推算的原理相同，此处略。

2.普通年金计息期数的推算

普通年金计息期数的推算稍微复杂一些，尤其是人工推算，一般需要利用有关的系数表，有时还需要使用插值法才能求得。

根据普通年金终值F和普通年金现值P的计算公式分别可推算出普通年金终值系数和普通年金现值系数分别为：

$F/A=(F/A,\ i,\ n)$

$P/A=(P/A,\ i,\ n)$

若F、A、i已知，则可通过查普通年金终值系数表，找出等于F/A的系数值，其对应的n即为所求的n；若P、A、i已知，则可通过查普通年金现值系数表，找出等于P/A的系数值，其对应的n即为所求的n。若找不到完全对应的n，则需要运用插值法来计算。

可见，利用普通年金终值系数表和普通年金现值系数表求n的基本原理和步骤是一致的。

以普通年金现值为例，即在P、A和i已知的情况下，推算计息期数n的基本步骤如下：

第一，计算出P/A，设为α。

第二，查普通年金现值系数表。沿着已知i所在列纵向查找，若能找到恰好等于α的系数值，其对应的n值即为所求的计息期数值。

第三，若无法找到恰好等于α的系数值，就应在表中i所在列上找出与α最接近的上下两个临界系数值，设为 β_1、β_2（$\beta_1>\alpha>\beta_2$，或 $\beta_1<\alpha<\beta_2$）。找出 β_1、β_2 所对应的计息期数 n_1、n_2，然后进一步运用插值法。

第四，在插值法下，假定计息期数与相关的系数在较小范围内线性相关，因而可根据临界系数 β_1、β_2 及其对应的计息期数 n_1、n_2 计算出n。

其计算公式为：

$$n = n_1 + \frac{\beta_1 - \alpha}{\beta_1 - \beta_2} \cdot (n_2 - n_1)$$

【例 4-18】 某企业于第一年年初向银行借入 2 800 000 元，年借款利率为 5%，预计每年年末归还本息额均为 400 000 元，几年后可全部还清本息？

（P/A，5%，n）=2 800 000/400 000=7

即 α=7，查普通年金现值系数表，在 i=5% 的列上纵向查找，无法找到恰好为 7 的系数值，于是在该列上查找大于和小于 7 的临界系数值：β_1=6.4632<7，β_2=7.1078>7。其对应的临界计息期数 n_1=8，n_2=9。则：

计息期数　　　　　　　　　　　　　　年金现值系数

$$1\left\{\begin{array}{l} x\left\{\begin{array}{l} 8 \\ n \end{array}\right. \\ 9 \end{array}\right. \qquad\qquad 0.6446\left\{\begin{array}{l} 0.5368\left\{\begin{array}{l} 6.4632 \\ 7 \end{array}\right. \\ 7.1078 \end{array}\right.$$

$$\frac{x}{1} = \frac{0.5368}{0.6446}$$

x≈0.83

n=8+0.83=8.83（年）

或直接用公式计算：

$$n = n_1 + \frac{\beta_1 - \alpha}{\beta_1 - \beta_2} \cdot (n_2 - n_1)$$

$$= 8 + \frac{6.4632 - 7}{6.4632 - 7.1078} \times (9 - 8)$$

$$\approx 8.83\text{（年）}$$

4.4.2 利率（折现率）的推算

1.永续年金利率（折现率）的推算

根据永续年金现值计算公式可得：

i=A/P

2.一次性收付款项利率（折现率）的推算

根据复利终值（或现值）的计算公式可得：

$$i = \sqrt[n]{\frac{F}{P}} - 1$$

因此，若已知 F、P、n，便可直接计算出一次性收付款项的利率（折现率）i。

当然，一次性收付款项利率（折现率）i 也可以用查复利终值系数表或复利现值系数表的方法求出。其原理与下述普通年金折现率推算的原理相同，此处略。

3.普通年金利率（折现率）的推算

普通年金利率（折现率）i的推算，其原理和步骤与普通年金计息期数n的推算同理。

以普通年金现值为例，即在已知P、A和n的情况下，推算利率（折现率）i的基本方法和步骤为：

第一，计算出P/A的值，假设P/A=α。

第二，查普通年金现值系数表。沿着已知n所在的列横向查找，若恰好能找到某一系数值等于α，则该系数值所在的列对应的利率便为所求的i值。

第三，若无法找到恰好等于α的系数值，就应在表中n行上找与α最接近的临界系数值，设为β_1、β_2（$\beta_1>\alpha>\beta_2$，或$\beta_1<\alpha<\beta_2$）。找出β_1、β_2所对应的临界利率i_1、i_2，然后进一步运用插值法。

第四，在插值法下，假定利率i同相关的系数在较小范围内线性相关，因而可根据临界系数β_1、β_2和临界利率i_1、i_2计算出i。

其计算公式为：

$$i = i_1 + \frac{\beta_1 - \alpha}{\beta_1 - \beta_2} \cdot (i_2 - i_1)$$

【例4-19】 某公司于第一年年初借款2 250 000元，每年年末还本付息额均为300 000元，分10年还清。问借款利率为多少？

（P/A，i，10）=P/A=2 250 000/300 000=7.5

即α=7.5，查普通年金现值系数表，在n=10这一行横向查找，无法找到恰好为7.5的系数值，于是在该行上找出大于和小于7.5的临界系数值，分别为β_1=7.7217>7.5，β_2=7.3601<7.5，其对应的临界利率为i_1=5%，i_2=6%，则：

利率　　　　　　　　　　　　　　年金现值系数

$$1\%\left\{\begin{array}{l} x\left\{\begin{array}{l}5\%\\ i\end{array}\right.\\ 6\%\end{array}\right. \qquad\qquad 0.3616\left\{\begin{array}{l} 0.2217\left\{\begin{array}{l}7.7217\\ 7.5\end{array}\right.\\ 7.3601\end{array}\right.$$

$$\frac{x}{1} = \frac{0.2217}{0.3616}$$

x≈0.61

i=5%+0.61%=5.61%

或直接用公式计算：

$$i = i_1 + \frac{\beta_1 - \alpha}{\beta_1 - \beta_2} \cdot (i_2 - i_1)$$

$$= 5\% + \frac{7.7217 - 7.5}{7.7217 - 7.3601} \times (6\% - 5\%)$$

≈5.61%

同理，也可以按照上述方法和步骤，利用普通年金终值系数表求出i。

本章小结

货币时间价值既是客观存在的经济现象，也是财务管理的重要基本观念。它贯穿于财务管理的始终，在企业财务管理中必须注意考虑货币时间价值，方可作出科学的、合理的选择。货币时间价值是指货币经历一定时间的投资和再投资所增加的价值。其实质是资本投入周转使用而形成的增值，从量的规定性来看，是没有风险和没有通货膨胀条件下的社会平均资本利润率。货币时间价值通常是按复利计算的，包括复利终值、现值，普通年金终值、现值，先付年金终值、现值，递延年金终值、现值和永续年金现值。在此基础上，还可以推算计息期数、利率（折现率）等。

关键概念

货币时间价值（Time Value of Money）；终值（Future Value）；现值（Present Value）；年金（Annuity）；普通年金（Ordinary Annuity）；先付年金（Annuity Due）；递延年金（Deferred Annuity）；永续年金（Perpetual Annuity）

思考题

1.如何理解货币时间价值的概念？

2.货币时间价值在财务管理中有什么作用？

3.普通年金终值与先付年金终值、普通年金现值与先付年金现值的计算有何区别与联系？

4.递延年金终值和现值应如何计算？

5.永续年金有什么特点？

计算分析题

1.现有三种期限均为5年、到期还本付息的债券，如果你有一笔钱想购买债券，仅考虑收益大小，你会选择哪一种？

（1）票面利率为7.5%，不计复利；

（2）票面利率为6%，每年计息一次；

（3）票面利率为5.4%，每半年计息一次。

2.章先生根据他的收入情况理财，希望4年后能买一辆价值16万元的轿车，他计划每年年末都拿出年终奖的一部分即38 000元存入银行，在银行存款利率为4%的情况下，4年后他能实现这个愿望吗？

3.某工厂5年后需要现金200 000元购买设备，如每年年末存款一次，在年利率为5%的情况下，该厂每年年末应等额存入多少现金，才能保证购买设备的款项？

4.老江因为发明创新获得了公司发放的一次性奖金120 000元，他计划现在存入银行留着每年奖励自己外出旅游，在银行存款利率为3%的情况下，今后10年内老江在每年年末等额可取多少元？

5.旭阳公司欲购置一台设备，设备供应商有四种付款方式：

（1）从现在起，每年年末支付30 000元，连续支付5年。

（2）从现在起，每年年初支付29 000元，连续支付5年。

（3）从第3年开始，每年年末支付39 500元，连续支付4年。

（4）一次性付清设备款134 000元。

假设年利率为4%，仅考虑付款的多少，请帮助旭阳公司作出付款决策。

第5章 风险与报酬

风险与报酬贯穿于企业筹资活动、投资活动以及收益与分配活动中。企业理财的基本目的就是要取得理想的报酬，但同时也伴随着风险。风险与报酬之间的权衡是财务学的基本理念与原则。本章主要介绍风险的定义、特征和分类，风险与报酬的衡量，风险与报酬的关系。

学习目标

1. 了解风险的定义、特征与分类
2. 学会计算单个项目的报酬与风险
3. 认识投资组合的报酬与风险及其衡量
4. 理解风险与报酬的关系

引　例

业绩承诺的黑洞

2015年，深圳市宇顺电子股份有限公司（以下简称宇顺电子）实现营业收入338 031.63万元，同比上升22.92%，实现归属于上市公司股东的净利润-109 807.01万元，同比下降235.73%。除受国内外的经济及市场因素影响外，宇顺电子业绩较上年同期下降的主要原因之一是，公司全资子公司深圳市雅视科技有限公司（以下简称雅视科技）2015年度盈利情况未达预期，未能实现其承诺的利润目标。根据《企业会计准则》的相关规定，宇顺电子2015年度需对投资雅视科技形成的商誉计提大幅减值准备。

2013年8月30日，宇顺电子拟以总计作价14.5亿元购买林萌等人持有的雅视科技100%的股份。与此同时，雅视科技向上市公司作出了2013—2015年度将实现净利润8 300万元、1.18亿元和1.42亿元的业绩承诺，未达到承诺的年份将进行业绩补偿。正是凭借这一重组方案，林萌等人获得宇顺电子1 380.4万股股份，并自2014年1月后成为上市公司第二大股东。

彼时，通信行业势头正猛，主营手机显示屏、充电器、电池产品的雅视科技被广泛看好。但重组并购后，受到下游手机行业竞争加剧的影响，触控显示屏行业市场形势严峻，而且日趋艰难。2015年下半年以来，触控显示屏行业进入深度洗牌阶段，行业内厂商大面积亏损、转型甚至倒闭。作为三星代工厂的东莞普光和深圳最早一批电子制造企业之一的中天信在2015年均因经营问题停产。

因手机行业环境的变化，雅视科技的实际业绩未达预期，3年承诺业绩完成率不到32%。2013年雅视科技实现8 517.86万元净利润，实现业绩承诺；2014年仅实现7 272.86万元扣非净利润（扣除财政补贴后的利润），完成率61.63%；2015年雅视科技扣非净利润为-4 766.21万元，完成率为-33.66%。

宇顺电子天价交易招致巨亏，3年前看好的“金宝贝”雅视科技已然成为宇顺电子的“包袱”。

宇顺电子经2016年第十二次临时股东大会批准及授权，出售了公司持有的雅视科技100%的股权。2016年12月21日，宇顺电子完成了雅视科技的工商变更登记手续，将持有的雅视科技100%股权过户给深圳市华朗光电有限公司，但直至2017年6月26日，雅视科技占用宇顺电子的198 040 354.22元款项及对应的利息才全部偿还完毕。

资料来源 ①深圳市宇顺电子股份有限公司2015年年度报告. ②宇顺电子.关于收到深圳市雅视科技有限公司占用公司款项的公告［EB/OL］.［2020-08-27］. https：//guba.eastmoney.com/news，002289，660911322.html.

阅读本章不妨思考下面几个问题：在考虑投资回报的时候，风险是不是很重要的因素？单个投资风险是否可以避免？如何权衡风险和收益的关系？

5.1 风险的含义与类型

风险无处不在，无时不有。在市场经济下，任何报酬的获得都伴随着风险的产生，成功的财务管理人员只有敢于承担并善于分散风险，才能实现企业的目标。

5.1.1 风险的含义

从财务学的角度来说，风险（Risk）是指某一经济事项预期报酬的波动程度，其中报酬波动的根源是影响事项经济价值的不确定性因素。风险的产生主要是源于客观世界的复杂性和人们主观认识的局限性。

财务学中的风险与日常用语中的风险要区分开来。一般认为，汉语中的“风险”，是指遭受损失、伤害、失败或毁灭等不利后果的可能性，它对于主体来说是一种坏事而绝非好事。在国外也一样，例如《韦氏词典》把风险解释为：“危险；面对损失与伤害。”也就是说，在实际生活中，人们更加注重事物不利的一面，认为风险是不利事件发生的可能性。特别是，投资者对意外损失的关切往往比对收益要强烈得多，因此人们在研究风险时总是侧重于减少损失，主要从不利的方面来考察风险，经常将风险视为不利事件发生的过程与后果。在日常生活中，风险被认为是无法预料的不利因素发生的机会及对事项经济价值的影响程度。

大多数财务学书籍往往都会强调注意区分“风险”与“不确定性”，认为风险与不确定性是一对既有联系又有区别的概念。不确定性是指市场环境某些因素的不可预见性。不确定性会给企业带来意外的收益，也有可能会给企业带来损失。不确定性会带来风险，是导致风险的基本因素。在市场经济环境中，不确定性因素很多，并不是每一项不确定性因素都会影响事项的预期经济价值。如果某一不确定性因素对事项的经济价值没有影响，该不确定性因素就不构成该事项的风险。因此，风险总是与经济事项联系在一起，而不确定性因素与市场环境联系在一起。但在实务中往往对风险与不确定性不加区分，如果企业的活动有多种可能的结果，其将来的财务结果是不确定的，则通常把可以测定的不确定性称为风险。

在财务学中，无论风险与不确定性是否有区别，有一点是肯定的，即风险不仅意味着损失，还意味着收益，它是指某事项预期报酬的波动程度。

例如，假定某投资者拥有2 000元，准备投资于股票或债券等金融资产，而且有两种方案可供选择：

（1）将2 000元全部用于购买利率为10%、1年后到期的政府债券；

（2）将2 000元全部用于购买一家刚成立的石油钻井公司的股票，预期年投资报酬率为20%。

如果投资者选择方案（1），则他几乎可以准确地估计出，当1年期政府债券到期后，他的投资报酬率为10%，我们通常将此种投资称为无风险投资。如果投资者选择方案（2），他就很难精确地估计出投资报酬率，如果石油钻井公司发现了大油田，则投资报酬率可能高到1 000%；相反，如果石油钻井公司没有发现大油田，该投资者就可能失去所有的钱，即1年后的投资报酬率为-100%。在仔细研究了各种可能发生的情况后，该投资者可能得出下述结论：在统计学意义上，方案（2）的预期投资报酬率为20%，但是1年后的实际报酬率可能高到1 000%，也可能低到-100%。也就是说，尽管方案（2）的预期报酬率是方案（1）的两倍，但是如果投资者真正选择方案（2），他失去全部投资资本的可能性也比较大；而选用方案（1），他可以确定地得到10%的投资报酬率。故相对而言，方案（2）的风险更高。

5.1.2 风险的特征

尽管财务学中对风险的界定有不同的观点与表达，但对风险固有特征的认识是一致的。

1.风险是客观存在的

风险的成因是客观事物及其所处环境条件的变化。唯物辩证法告诉我们，世界万物皆处于运动与变化中，这种客观规律就是风险存在的客观基础。这是因为影响未来事物发展变化的因素有的是确定的，有的是不确定的。确定是相对的，不确定是绝对的，尤其在市场经济瞬息万变的情况下，不确定的因素很多，有的还很难预料。这就决定了客观事物的发展变化及其产生的结果也带有不确定性。在事物发展中只要有不确定因素存在，风险就在所难免。在企业生产经营和财务活动中，风险的存在是客观的，不以人的意志为转移，又是难以回避的。例如，企业某种产品的未来销售量的变动、市场经济价格的波动、利率的变动趋势，以及政治环境、社会环境、自然环境的变迁等均带有很大的不确定性。

2.风险具有相对性

风险往往不是存在于事物的表面，而是存在于事物发展的普遍联系的矛盾之中，而且它随着客观环境的变化在不断地发生变异。风险的发生难以捉摸，虽然总体风险可以通过概率计算，但是某一特定风险何时发生、怎样发生难以预计。这就是说，不同的空间，不同的时间，风险的内容是不同的；即使面对同一风险，不同的承受主体对风险的认识和感知也是不同的。

3.风险具有可测性

风险是不确定的，并不是说人们对它毫无主动认识能力。风险具有可测性是指对企业生产经营活动和财务活动中可能存在的风险，可以根据同类事件发生的历史统计资料和影响其变动的未来环境条件的预测资料，对事件发生的概率和可能带来的收益或损失作出定量的主观判断和估计。风险的可测性为人们控制和防范风险提供了依据。

4.风险具有收益性

风险与报酬总是相伴随的，在有的情况下还具有对称性，即风险大时，如果投资成功则收益大，如果投资失败则损失大。所以，财务学中有“高风险，高报酬；低风险，低报酬”的总结，即要想赚大钱，必冒大风险，这就是风险与报酬同存。但是“风险与报酬同存”是对整个资本市场而言的，对于单个投资者的单个投资项目则不尽然。只有对风险进行有效的控制，使不确定事项朝着有利态势发展，才会获得收益。相反，如果企业对影响生产经营和财务活动的因素的不确定性估计不足或对风险没有实施有效的控制措施，那么企业就会发生损失。在这种情况下往往是小风险造成小损失，大风险造成大损失，严重的情况是企业倒闭、投资者失去所投入的全部资本。一般而言，为了维护自身利益，人们更加关心风险可能带来的损失，常将风险作为损失、伤害的代名词。但事实上，风险的收益性正是风险的魅力所在，如果风险没有收益（报酬）相伴随，世界上就不会有人去冒险了，也无须研究它了。

5.风险具有可控性

风险对不同的人来说是不一样的，它取决于风险的具体内容和人们为追求收益而选择风险的偏好。由于风险的相对性和可测性，企业经营者和管理者总是希望通过一定手段（如方差计算和分析）来测度和控制风险，以期分散风险或将风险控制在可接受的范围内，实现风险规避。

5.1.3 风险的分类

世界与事件的多样性决定了风险的发生、表现与影响都“千姿百态”，只能按不同的标志将它们归类。风险从不同的角度可以做不同的分类。

1.从个别投资主体的角度划分

从个别投资主体的角度划分，风险可分为市场风险和公司特有风险。

（1）市场风险。

市场风险（Market Risk）是指由那些影响市场上所有公司的因素导致的风险，如战争、通货膨胀、经济衰退等。市场风险是由综合因素导致的，涉及所有的投资对象，不能通过多元化投资来分散，因此也称为不可分散风险（Non-diversifiable Risk）或系统风险（Systematic Risk）。例如，一家企业欲通过购买股票投资于另一家企业，不论买哪一家企业的股票，都要承担市场风险。

（2）公司特有风险。

公司特有风险（Firm-specific Risk）是指由发生在个别公司的特有事件导致的风险，如诉讼失败、新产品开发失败、罢工等。公司特有风险是由单个特殊的因素引起的，只涉及个别的投资对象，可以通过多元化投资来分散，因此也称为可分散风险（Diversifiable Risk）或非系统风险（Unsystematic Risk）。例如，一家企业在投资时购买的是几家公司的股票，一些公司可能会遇到特有的不利事件使股价下跌，而另一些公司可能会遇到特有的有利事件使股价上升，因此多元化投资可以分散风险。

2.从公司本身的角度划分

从公司本身的角度划分，风险可分为经营风险和财务风险。

（1）经营风险。

经营风险是指因生产经营的不确定性而引起的风险，它会使企业的经营收益变得不确定。经营风险是任何商业活动都有的，因此也称为商业风险。比如，由于消费者爱好发生变化、出现新的竞争对手、市场需求和市场价格变动、销售决策失误等引起的销售方面的风险；由于原材料价格变动、原材料供应渠道改变、新材料出现等引起的供应方面的风险；由于设备事故，产品质量不合格，新产品、新技术开发试验不成功，生产组织不合理等引起的生产方面的风险。此外，经济不景气、通货膨胀、自然灾害、宏观经济政策等外部环境的变化，也会直接或间接地影响企业正常的经营活动，从而给企业带来经营风险。

（2）财务风险。

财务风险是指因举债而增加的风险，它会使企业的财务成果变得不确定。企业举债经营，产生借入资金定期还本付息的压力。不管企业是盈利还是亏损，都需要按预定的利率计付利息，不管企业财务状况如何，到期都需要偿还债务。一旦企业无法偿付到期的本息，便会陷入财务困境甚至招致破产。财务风险是筹资决策带来的风险，因此也称为筹资风险。

3.从财务管理的基本内容划分

从财务管理的基本内容划分，风险可分为筹资风险、投资风险和分配风险。

（1）筹资风险。

筹资风险是指筹资中因负债而带来的风险，它会使企业的财务成果变得不确定。影响企业实现筹资目的的不确定性因素主要有筹资决策水平、市盈率、证券发行、外汇汇率、企业的财务状况和投资收益等。例如，筹资决策所确定的筹资规模过大，时间过早或过迟有可能使企业无法达到筹资目的；票面利率与市场利率不一致时，采用溢价或折价发行会影响筹资的速度和规模；采用非包销方式发行证券存在发行风险。筹资风险集中表现为不能如期偿还债务而带来的风险。筹资风险又可以分为收支性风险和现金性风险。收支性风险是指企业由于收不抵支发生亏损而造成企业不能到期偿债以致破产的风险，是企业的终极风险，它不仅源于理财不当，更主要的是源于经营不当。现金性风险是企业在特定时点现金流出量超过流入量，以致不能如期偿债的风险，它主要是由于理财不当造成的，现金的流入和流出在时间上和金额上发生了错位。

（2）投资风险。

投资风险是企业投资活动即资金的投放和使用所产生的风险，它使投资收益变得不确定。投资风险又可以分为投资结构风险、投资项目风险和投资组合风险。投资结构风险是指企业在安排所有的资产时，由于流动资产与长期资产、流动资产内部各项目、长期资产内部各项目之间的比例不当而造成的流动性风险。投资项目风险是指投资于某一具体项目不能产生收益或者产生的收益偏离预期收益的风险。投资组合风险是指选择不同投资组合而带来的风险。

（3）分配风险。

分配风险是指收益分配可能对企业今后的生产经营活动产生的影响。分配风险包括收益确认风险和收益分配行为风险。收益确认风险是指收益确认不当而带来超额分配收益等风险。收益分配行为风险是指对给投资者分配股利的时间、形式和金额把握不准而产生的风险以及各种收益分配次序和比例不当而产生的风险。

4.从风险产生的根源划分

从风险产生的根源划分，风险可以分为利率风险、汇率风险、购买力风险、流动性风险、违约风险、道德风险等。

（1）利率风险。

在完全市场经济条件下，利率取决定于货币市场的供求情况。资本供大于求，利率下降；反之，利率上升。利率上升会减少消费和投资，利率下降会刺激消费和投资。在现实的市场经济社会中，政府往往干预利率的升降，把其作为调控国民经济的货币政策工具。货币市场的供求关系常因种种原因而经常变动，再加上政府干预的因素，市场利率会经常发生变化，其变化有时难以预见，会给企业带来风险。例如企业用20 000元购买债券，债券的利率为10%，10年到期还本。3年后，市场利率已经提高到14%，如果企业现在购入同样质量的债券，可以得到14%以上的利息，可是因为企业3年前买入该债券，只能获得10%的利息，实际上遭遇了损失。这项损失与债券本身的质量无关，它是由于企业无法控制的货币市场的变化造成的，是由利率变化造成的。

（2）汇率风险。

汇率风险是指在一定时期内由于货币汇率变动可能导致的经济损失。各国货币之间的兑换率取决于外汇市场的供求关系。供求状况变化多端，汇率随之变化，产生风险。例如，某企业向德国出口一批价值1 000万元人民币的货物，签约时1个月的远期汇率为100欧元等于816元人民币，则该企业到期时将收汇1 225 490欧元。如果届时外汇市场上100欧元兑换820元人民币，则该企业只能收汇1 219 512欧元，即少收5 978欧元。我国加入WTO后，企业对外经济交往日益增多，汇率风险切不可低估。

（3）购买力风险。

购买力风险指通货膨胀风险，通货膨胀使物价上涨，同样多的货币只能购买比以前少的物品。在债务人和债权人之间，通货膨胀一般有利于债务人。因为借款利息预先已定，发生未预料到的通货膨胀时，债务契约不能更改，从而实际利率下降，使债务人得利、债权人吃亏。如果企业是债权人，例如买了某种长期债券，那么它的受损可能性是很大的。

（4）流动性风险。

流动性风险是指企业资产变现的难易程度，或者资产变现使企业可能遭受的损失。例如，企业为了及时还债，可能低价卖出设备，造成损失。

（5）违约风险。

违约风险是经济合同的一方违反合同的有关规定给另一方造成损失的风险。尽管有赔偿条款，但是“十赔九不足”的事情时有发生，企业签订合同时应认真考虑这一事实。

（6）道德风险。

该词源于保险业务，其最初含义是指，一个人由于参加保险而降低了他防止风险的努力程度。例如，当一个人投了火灾保险之后，就可能不会采取积极的措施防火，甚至会故意放火以骗取保险金。正是由于这种道德风险的存在，会增加保险公司的成本，减少保险公司的利润。一般企业界中所指的道德风险是指在企业所有权与经营权分离之后，企业的经营者可能滥用所有者的信任，为了达到自己的目的损害所有者的利益。

5.2 单项资产的报酬与风险

5.2.1 单项资产的报酬

资产的收益是资产的价值在一定时期内的增值。公司期初投入资金购买资产，希望在将来得到更多资金，这部分增加的资金就是收益。收益一般有两种表述方式：

第一种是以增量额表示，称为收益额。增量额主要来自两方面：一是一定期限内资产的现金回报，如债券的利息、股票的股利；二是期末资产的价格相对于期初价格的增减额，称为资本利得或资本损失，如债券、股票价格的上升或下跌造成的买卖价差。以增量额表示，不便于资产规模不同时对收益的比较。

第二种是以相对率表示，即收益率。收益率（Rate of Return）又称总报酬率（Rate of Total Return），是指资产增值额与期初资产价值（原始投资）之比。它是某投资期间内已实现的报酬率。显然，这种表示方式适合比较分析，所以通常都是以资产收益率来表示资产的收益。

资产收益率的计算公式为：

$$\text{资产收益率}=\frac{\text{资产增值额（收益额）}}{\text{期初资产价值（原始投资）}}$$

如果资产是债券或股票，其收益率的计算公式为：

$$\begin{aligned}\text{债券（股票）收益率}&=\frac{\text{利息（股利）}+\text{（债券或股票期末价格}-\text{债券或股票期初价格）}}{\text{债券或股票期初价格}}\\&=\frac{\text{利息（股利）}+\text{资本利得}}{\text{债券或股票期初价格}}\end{aligned}$$

【例5-1】　某企业将1 000万元投资于国债，年利率为6%，投资期限为1年。若1年后该企业将国债出售，得款1 020万元，该企业的资产收益率是多少？

$$\text{资产收益率}=\frac{1\,020-1\,000+1\,000\times6\%}{1\,000}\times100\%=8\%$$

在上例中，某企业只有在出售国债时才能收回成本和利润共1 080万元，因此报酬率为8%，表示企业在持有此国债期间所获得的总报酬率。在80万元的总报酬中，国债价值由1 000万元增至1 020万元即由资产价值改变所获得的报酬20万元是企业的资本利得，利息收入贡献的60万元是企业的投资收益所得。

5.2.2 单项资产的风险

1.风险测度的方法基础

财务风险的测度与判断有定性和定量的方法。定性方法主要取决于理财者的敏感性和经验，因人而异，没有固定的范式和套路。定量方法则更具普遍性、方法性和可靠性，因而科学可信。迄今为止，比较常用且易行的财务风险测度方法，主要是采用统计学中的标志变动度指标（如标准差和离散系数）来进行差异计算与分析。这主要是因为，企业运作资本的根本目的是要取得报酬，而报酬的发生具有不确定性和波动性，不确定性和波动性越大，取得某个期望报酬的可能性就越小，运作资本的风险就越大。描述和评估不确定性和波动性的最常用且有效的指标就是标志变动度。

就方法论而言，反映风险的标志变动度指标受三个因素的影响，即变量、概率与概率分布。这些都是统计学的基础知识，必须掌握。这里仅对它们做总结性回顾，为讲述风险的测度方法做知识铺垫。

（1）概率。

在经济活动中，某一事件在相同的条件下可能发生也可能不发生，这类事件称为随机事件。概率就是用来表示随机事件发生的可能性及出现某种结果的可能性大小的数值，即概率就是指某个事件出现的机会。一般认为概率必须符合以下两个要求：

①所有的概率即P_i都在0和1之间，即$0 \leq P_i \leq 1$；

②所有的结果的概率之和为1，即$\sum_{i=1}^{n} P_i = 1$。

（2）概率分布。

①非连续分布。对于有些随机变量，其全部可能取得的值是有限个或可列无限多个，这种随机变量叫作离散型随机变量。离散型随机变量的概率分布是非连续分布。

【例5-2】 A公司准备投资购买B公司或C公司的普通股股票，根据市场预测，三种不同状况的预期报酬率和概率分布见表5-1。

表5-1 **B公司和C公司的预期报酬率和概率分布**

经济情况	发生概率	各种情况下的预期报酬率	
		B公司	C公司
繁荣	0.3	100%	60%
正常	0.4	45%	45%
衰退	0.3	-30%	10%
合计	1	—	—

在这里，概率表示每一种项目实施情况出现的可能性，也就是各种不同投资

报酬出现的可能性。例如，投资B公司情况好的可能性是0.3，假如这种情况真的出现，投资B公司可获得100%的报酬率，也就是说投资B公司获利100%的可能性是0.3 。当然，投资报酬率作为一个随机变量，受很多因素影响。为了简化，假设其他因素都相同，只有项目实施情况一个因素影响投资报酬率。

如果将表5-1中的每一种经济情况发生的概率（P_i）分别乘以各种情况下的预期报酬率（K_i），再将其所得结果求和，则得到一个加权平均结果——综合预期报酬率（或简称为预期报酬率；若无特别指明，下文的预期报酬率即指此概念），以K表示。

预期报酬率的计算公式为：

$$K = \sum_{i=1}^{n} P_i \cdot K_i$$

式中：P_i为第i种可能结果出现的概率；K_i为第i种可能结果出现后的预期报酬率；n表示所有可能的结果的数目。

根据例5-2的资料可计算出B公司的预期报酬率为：

$K=P_1 \cdot K_1+P_2 \cdot K_2+P_3 \cdot K_3$

$=0.3\times100\%+0.4\times45\%+0.3\times(-30\%)=39\%$

同理，可以计算出C公司的预期报酬率为：

$K=P_1 \cdot K_1+P_2 \cdot K_2+P_3 \cdot K_3$

$=0.3\times60\%+0.4\times45\%+0.3\times10\%=39\%$

B公司和C公司的预期报酬率及概率分布可用图5-1表示。

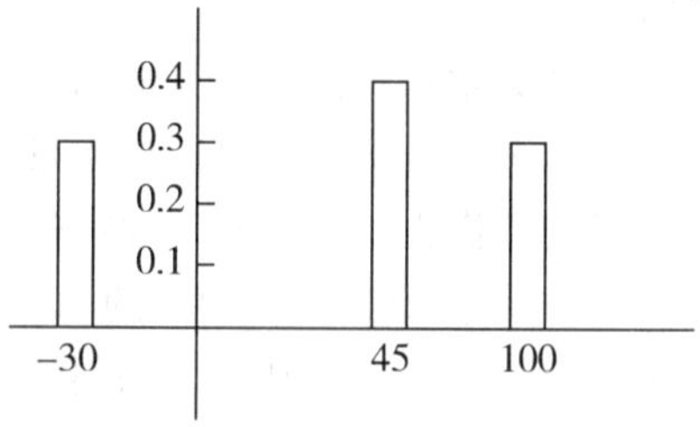

B公司预期报酬率（%）

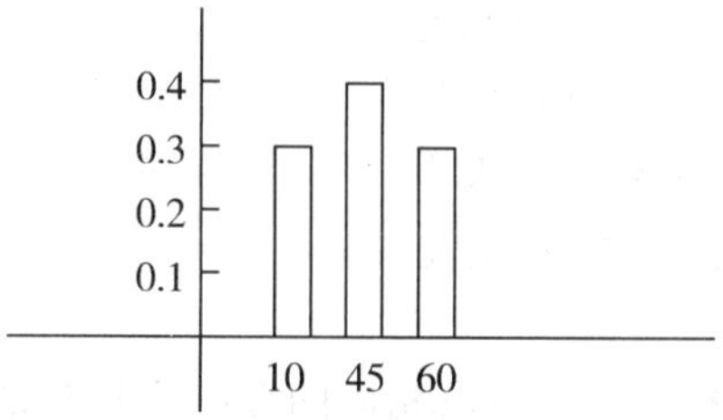

C公司预期报酬率（%）

图5-1　B公司和C公司预期报酬率的非连续概率分布

由图5-1可以看出，尽管B、C两家公司的股票预期报酬率为45%的概率一样，而且平均预期报酬率均为39%，但它们在报酬率之间的变异性相差很大，B公司的变动范围为-30%～100%，而C公司的变动范围为10%～60%。

②连续分布。上面所讨论的是假定只有经济繁荣、经济正常与经济衰退三种经济情况出现。实际上，经济情况远不止这三种，从经济迅速发展到大萧条之间，有无数种可能的情况出现。如果对每一种可能的经济情况赋予一个概率（这些概率的总和仍为1），并且在每一种经济情况下对两种股票都测定一个报酬率，然后再进行类似的计算，则各种概率的结果可用图5-2所示的连续曲线来估计。

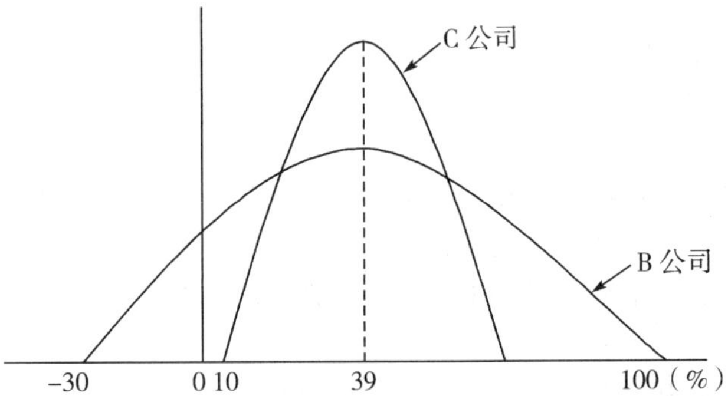

图5-2　B公司和C公司预期报酬率的连续概率分布

一般来说，概率分布愈集中，或者说分布图形越陡峭，股票的风险就越低。因为概率分布愈集中，实际的结果就愈接近期望值，而实际的报酬率远低于预期报酬率的可能性就愈小。

2.单项资产风险的测度

风险测度的目的是要计算和确定风险的大小，即确定风险的严重程度。由财务风险的定义可知，与风险密切相关的经济变量属随机变量，其本质特征是可能发生也可能不发生，但大量实验说明它们也是具有某种规律的。反映某随机事件发生可能性大小的指标就是其对应的概率，即其发生频率的稳定值。根据数理统计原理，反映随机变量概率分布的集中趋势的指标是其数学期望值，反映其离中趋势（波动程度）的指标就是其标准差。离散程度的大小可以反映风险大小，因为离散程度越大，说明随机变量值的上下波动幅度越大，其值就越难以控制，期望值出现的概率就越小，非期望值出现的可能性也就越大。可见，计算标准差是衡量风险程度的基本而有效的方法。此外，衡量风险大小的指标还有离散系数，它用来反映不同总体的相对离散（波动）程度，往往在比较不同项目的风险大小时被采用。

（1）期望值。

期望值是随机变量的各个取值以相应的概率为权数的加权平均数，也叫随机变量的预期值，它反映随机变量取值的平均水平。期望值的计算公式为：

$$K=\sum_{i=1}^{n}P_i\cdot K_i$$

例5-2中的预期报酬率也就是报酬率的预期值。在这里需要说明几点：①预期报酬率（Expected Rate of Return）与前面所介绍的总报酬率的概念是不一样的，预期报酬率是一种“期望值”的概念，表示投资者在进行投资之前，在其面临的收益情境下，所能预期的报酬率的长期平均状况。而总报酬率是投资期间内已实现的报酬率，它是已经发生的，不可能通过决策而改变。②这里只是以报酬率为研究对象，实际上在财务管理中，不仅报酬具有风险，而且几乎所有财务要素都具有不确定性，比如成本费用、销售量、现金流量、股票价格等，它们都可以作为风险研究的对象。③报酬率作为一种随机变量受多种因素影响，这里为了方便起见，假设只有经济情况影响报酬率。④此例中概率分布呈离散型，即随机变量取值为有限个，并且对应的每个值都有确定的概率。在现实生活中，概率分布可能呈连续分布，即随机变量的取值为无数多个，也对应着无数个相应的概率，比如正态分布就是一种常见的连续分布。

按例5-2的资料，B公司和C公司的预期值分别为：

$$
\begin{aligned}
K_B &= P_1 \cdot K_1 + P_2 \cdot K_2 + P_3 \cdot K_3 \\
&= 0.3\times100\% + 0.4\times45\% + 0.3\times(-30\%) \\
&= 39\%
\end{aligned}
$$

$$
\begin{aligned}
K_C &= P_1 \cdot K_1 + P_2 \cdot K_2 + P_3 \cdot K_3 \\
&= 0.3\times60\% + 0.4\times45\% + 0.3\times10\% \\
&= 39\%
\end{aligned}
$$

A公司对B公司和C公司投资的预期报酬率一致，即从平均程度来看，对两家公司普通股投资的报酬率是相等的，但对两家公司投资的报酬率分布不同。从直观上看，显然对B公司投资的报酬率分散程度大，易受经济影响而大起大落，风险比对C公司投资的风险大。

（2）离散程度。

离散程度是用于衡量风险大小的统计指标。一般来说，离散程度越大，风险越大；离散程度越小，风险越小。

反映随机变量离散程度的指标包括平均差、方差、标准差、标准离差率和全距等，其中应用比较多的是方差、标准差和标准离差率三个指标。

①方差。按照概率论的定义，方差（Variance）是各种可能的结果偏离预期值的总和差异，是反映离散程度的一种变量，用σ^2表示。方差用随机变量离差的平方的数学期望值来描述，其计算公式如下：

$$\sigma^2 = \sum_{i=1}^{n}(K_i - K)^2 \cdot P_i$$

②标准差。标准差（Standard Deviation）是方差的平方根，用σ表示。在实务中一般使用标准差而不是方差来反映风险的大小。一般来说，当预期值相同时，标准差越小，风险也就越小；反之，标准差越大，则风险越大。

标准差的计算公式如下：

$$\sigma=\sqrt{\sum_{i=1}^{n}(K_i-K)^2\cdot P_i}$$

求标准差的具体步骤如下：

A.计算预期报酬率（或期望值）：

$$K=\sum_{i=1}^{n}P_i\cdot K_i$$

B.计算每一种可能结果与预期报酬率的离差：

第i种可能结果的离差=K_i-K

C.将每一组离差平方，再乘以其有关结果发生的概率，然后加总得到概率分布的变异数，即方差：

$$\sigma^2=\sum_{i=1}^{n}(K_i-K)^2\cdot P_i$$

D.将方差开方后，我们就可以求出标准差：

$$\sigma=\sqrt{\sum_{i=1}^{n}(K_i-K)^2\cdot P_i}$$

根据上述步骤，将A公司对B公司和C公司的投资报酬率的标准差计算如下：

$$\sigma_B=\sqrt{(100\%-39\%)^2\times0.3+(45\%-39\%)^2\times0.4+(-30\%-39\%)^2\times0.3}$$
$$=50.587\%$$

$$\sigma_C=\sqrt{(60\%-39\%)^2\times0.3+(45\%-39\%)^2\times0.4+(10\%-39\%)^2\times0.3}$$
$$=19.975\%$$

从数值上看，A公司对B公司投资的标准差σ=50.587%，远大于A公司对C公司投资的标准差σ=19.975%，故A公司对C公司投资的风险远低于对B公司投资的风险。

需要注意的是，在有些情况下，某方案的标准差比另一方案的标准差小，但投资者会选择标准差大的方案，这其实是因为期望报酬不同所致。

【例5-3】 某公司准备在甲、乙两个投资方案之间选择，根据市场预测，甲、乙两个投资方案三种不同状况的预期报酬率和概率分布见表5-2。

表5-2 **甲、乙投资方案的预期报酬率和概率分布**

经济情况	发生概率	各种情况下的预期报酬率	
		甲方案	乙方案
繁荣	0.3	20%	80%
正常	0.4	15%	50%
衰退	0.3	10%	20%
合计	1	—	—

首先，计算甲、乙两个方案的期望报酬率：

$K_{甲}=0.3×20\%+0.4×15\%+0.3×10\%=15\%$

$K_{乙}=0.3×80\%+0.4×50\%+0.3×20\%=50\%$

然后，比较甲、乙两个方案的标准差：

$$\sigma_{甲}=\sqrt{(20\%-15\%)^2\times0.3+(15\%-15\%)^2\times0.4+(10\%-15\%)^2\times0.3}$$
$$\approx3.873\%$$

$$\sigma_{乙}=\sqrt{(80\%-50\%)^2\times0.3+(50\%-50\%)^2\times0.4+(20\%-50\%)^2\times0.3}$$
$$\approx23.238\%$$

如果仅仅依据标准差作出判断，由于$\sigma_{甲}<\sigma_{乙}$，该公司会选择甲方案，而不会选择可以获得较高报酬的乙方案。其实这样选择是不明智的，因为无论市场情况好坏，乙方案至少可获得20%的报酬率，而甲方案至多才能获得20%的报酬率。如果把标准差和报酬率综合起来考虑，乙方案优于甲方案，故该公司应该选择乙方案。

由此可见，要作出风险判断必须将其与报酬联系起来，这样才能作出正确的选择。因为风险与报酬是一对相互矛盾的现象，不可脱离风险来谈报酬，否则只能看到客观的报酬，而忽视潜在的风险；同样也不能脱离报酬去谈风险，这样会因畏惧风险而裹足不前，从而失去获得报酬的好机会。因此，要在风险与报酬之间权衡，才能作出正确的选择。

③标准离差率（或称为离散系数、变异系数）。在进行不同方案的风险比较时，其标准差不相同，数学期望值也未必相同，此时单纯用标准差这个绝对数进行风险评价就不能说明问题。为了比较期望值不同的各个方案的风险程度，通常使用标准离差率或离散系数（Coefficient of Variation）来衡量风险，它用V表示。

离散系数是标准差与期望值的比值，其计算公式可表示为：

$$V=\frac{\sigma}{K}$$

由此公式可知，离散系数（V）是一个相对指标。该指标综合了影响风险大小的两个最主要的因素，因此比较科学。它适用于各种不同方案的风险比较。离散系数与风险成正比例关系，离散系数越大，说明风险越大；反之，风险越小。

【例5-4】 H公司准备在甲、乙两个投资方案之间选择，根据市场预测，甲、乙两个投资方案的三种不同状况的预期报酬率和概率分布见表5-3。

表5-3 **甲、乙投资方案的预期报酬率和概率分布**

经济情况	发生概率	各种情况下的预期报酬率	
		甲方案	乙方案
繁荣	0.3	50%	60%
正常	0.4	40%	50%
衰退	0.3	30%	40%
合计	1	—	—

首先，计算期望报酬率：

$K_{甲}=0.3\times50\%+0.4\times40\%+0.3\times30\%=40\%$

$K_{乙}=0.3\times60\%+0.4\times50\%+0.3\times40\%=50\%$

然后，计算甲、乙两个方案的标准差：

$$\sigma_{甲}=\sqrt{(50\%-40\%)^2\times0.3+(40\%-40\%)^2\times0.4+(30\%-40\%)^2\times0.3}\approx7.746\%$$

$$\sigma_{乙}=\sqrt{(60\%-50\%)^2\times0.3+(50\%-50\%)^2\times0.4+(40\%-50\%)^2\times0.3}\approx7.746\%$$

最后，计算甲、乙两个方案的离散系数：

$$V_{甲}=\frac{\sigma_{甲}}{K_{甲}}=\frac{7.746\%}{40\%}\approx0.194$$

$$V_{乙}=\frac{\sigma_{乙}}{K_{乙}}=\frac{7.746\%}{50\%}\approx0.155$$

从上面的计算结果可知 $V_{甲}>V_{乙}$，故甲方案的风险大于乙方案，因此应选择较优的乙方案。

同样，根据例5-2中的资料，可以计算出B公司和C公司的离散系数：

$V_B=50.587\%\div39\%=1.2971$

$V_C=19.975\%\div39\%=0.5122$

由此可知A公司对B公司投资的风险要大于对C公司投资的风险。

根据例5-3中的资料，也可以计算出甲、乙两个方案的离散系数：

$$V_{甲}=\frac{\sigma_{甲}}{K_{甲}}=\frac{3.873\%}{15\%}\approx0.258$$

$$V_{乙}=\frac{\sigma_{乙}}{K_{乙}}=\frac{23.238\%}{50\%}\approx0.465$$

从离散系数来看，因为 $V_{甲}<V_{乙}$，所以甲方案优于乙方案，但是根据例5-3的分析可知乙方案优于甲方案。所以，运用离散系数做投资判断时，也要将其与报酬率联系起来考虑。

④置信区间和置信概率。根据数理统计学原理，在概率分布为正态分布的情况下，实际报酬率落在预期值±1个标准差范围内的概率为68.27%，落在预期值±2个标准差范围内的概率为95.45%，落在预期值±3个标准差范围内的概率为99.73%。正态分布的概率如图5-3所示。

人们把“期望值±X个标准差”称为置信区间，把相应的概率称为置信概率，它表明随机变量出现在某一个置信区间的可能性的大小。

例5-2中，A公司对C公司投资的报酬率出现在39%±19.975% 即 19.025% ~ 58.975%的可能性为68.27%，而出现在39%±2×19.975%即-0.95% ~ 78.95%的可能性为95.45%。置信区间与置信概率之间的关系可以通过查表得到（见本

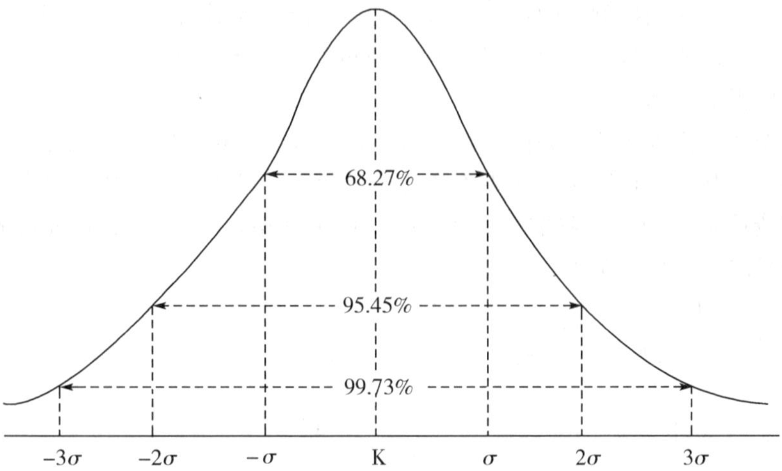

图5-3 正态分布的概率图

书附录中的附表五）。利用该表，可在已知置信区间的情况下，求出置信概率，也可以在已知置信概率的情况下求出置信区间。例5-2中，A公司对B公司投资的报酬率出现在39%±50.587%即-11.587%~89.587%的可能性也只有68.26%。很显然，前者的结果较为确定，风险较小；后者的结果较不确定，风险较大。

【例5-5】 续例5-2，假设报酬率符合正态分布，计算投资于B公司的盈利（0~∞）的可能性有多大。

先计算0~39%（期望值）的面积。该区间含有标准差的个数为：

X=39%÷50.587%=0.77

查表可知，X=0.77对应的面积为0.2793。投资于B公司盈利的置信区间为0~∞。它包括两部分，其一是0~39%，对应的面积为0.2793，其二是39%~∞，对应的面积为0.5，所以投资于B公司的盈利可能性为27.93%+50%=77.93%。

5.2.3 风险与报酬的关系

风险与报酬的关系取决于人们对风险与报酬的态度以及市场竞争的态势。一般情况下，投资者对风险的态度大致有三种类型：喜欢冒风险并以此为乐的人属于喜好风险型；尽量回避风险，能不冒风险就尽量求稳妥的人属于厌恶风险型；既不追求风险，也不刻意回避风险，认为风险大的项目与风险小的项目没有差别的人属于漠视风险型，处于前两种类型之间。

在财务管理中，大多数情况下的理财者（投资者）是厌恶风险的，也就是说风险相同时，人们选择报酬率高的项目；报酬率相同时，人们选择风险低的项目。由于市场上投资者的这种心态和决策准则，使得风险小的投资项目在市场竞争的作用下报酬率下降，而风险高的投资项目往往“潜伏”着高报酬率，否则没有人投资，而低报酬率的项目的风险也必须低，否则也没有人投资。人们对风险的厌恶态度和市场竞争规律的作用，使风险与报酬的基本关系成为：风险越大，要求的报酬率越高。

企业拿投资人的钱去做生意，最终投资人要承担风险，因此他们要求期望的收益率与其风险相适应。如果不考虑通货膨胀，投资者进行风险投资所要求得到的投资收益率即必要收益率（Required Rate of Return），应是无风险报酬率与风险溢酬之和，如图5-4所示。

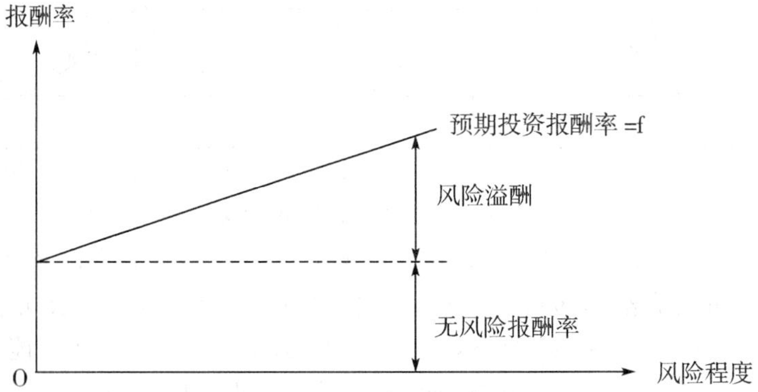

图5-4　投资报酬率构成图

即：预期投资报酬率 = 无风险报酬率 + 风险溢酬

无风险报酬率是到期一定能获得的报酬率。比如购买国库券，基本上不存在风险，到期都能收回本息。如果不考虑通货膨胀，无风险报酬率就是前面章节中讲到的货币时间价值。

风险溢酬（Risk Premium）是对投资者冒风险给予的一种额外报酬率，它是风险程度（用标准差、离散系数等表示）的函数，风险程度越大，风险溢酬越高。它还与投资者对风险的态度（风险溢酬斜率的大小）有关。如果大家都愿意冒险，风险溢酬斜率就小，风险溢酬就不大；如果大家都不愿意冒险，风险溢酬斜率就大，风险溢酬也大，如图5-5所示。

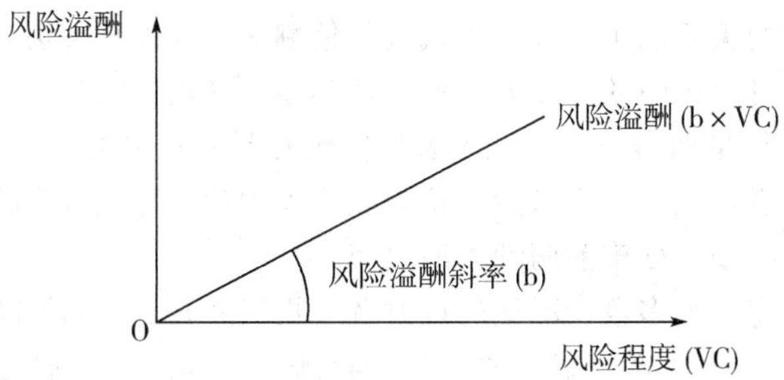

图5-5　风险溢酬与风险溢酬斜率、风险程度关系图

即：风险溢酬=风险溢酬斜率×风险程度

其中，风险程度用标准差或离散系数等计量。风险溢酬斜率取决于全体投资者的风险回避态度，可以通过统计方法来测定。

【课堂讨论5-1】

报酬率的标准差小的资产是否就是较好的投资对象？是否有其他的因素影响投资对象的选择？

5.3 投资组合的报酬与风险

上面我们讨论了单一投资的风险。在企业的实务中，这种情况是十分罕见的。在大多数情况下，企业都进行多元化投资。下面我们将进一步讨论多种投资构成的投资组合的风险。投资组合（Portfolio）是指两个或两个以上资产所构成的集合。如果投资组合中的资产均为有价证券，则可以称为证券组合。

5.3.1 投资组合的预期报酬

投资组合的预期报酬是指投资组合中各有价证券预期报酬率按照投资比重加权的平均值，也就是，投资组合中各有价证券的预期报酬率具有可加性，它们之间成线性关系。计算公式为：

$$K_p = \sum_{j=1}^{m} K_j W_j$$

式中：K_p是投资组合的预期报酬率；K_j是证券j的预期报酬率；W_j是证券j在总投资中所占的比重；m是组合中的证券个数。

【例5-6】 某投资组合包含4种股票，其预期报酬率分别为K_1=10%、K_2=12%、K_3=11%、K_4=14%，而这4种股票投资价值的相应权数分别是W_1=0.20、W_2=0.25、W_3=0.30、W_4=0.25，计算该投资组合的预期报酬率。

该投资组合报酬率为：

$$K_p = \sum_{j=1}^{4} K_j W_j = 0.2 \times 10\% + 0.25 \times 12\% + 0.30 \times 11\% + 0.25 \times 14\%$$
$$= 11.8\%$$

当然，1年后个别股票的实际报酬率可能不会与预期报酬率一样，而且投资组合的报酬率也会如此，但是后者的稳定性已大大增加，这可以从下面对投资组合风险的讨论中予以证实。

5.3.2 投资组合的风险

投资组合的风险仍可以用方差和标准差衡量。投资组合的收益是投资组合中个别投资的预期收益率的加权平均数，但投资组合的风险却不是投资组合中个别投资标准差的加权平均数。投资组合的风险不仅取决于各个组成证券的风险，还与其相互关系有关。通过选择相互之间几乎没有关联的证券，投资者能够减少相关风险。

1. 两种证券组合的标准差

如果投资组合由两种证券构成，则组合的标准差为：

$$\sigma_p = \sqrt{W_1^2\sigma_1^2 + 2W_1W_2\sigma_{1,2} + W_2^2\sigma_2^2}$$

或：$\sigma_p=\sqrt{W_1^2\sigma_1^2 + 2W_1W_2 \cdot \rho_{1,2}\sigma_1\sigma_2 + W_2^2\sigma_2^2}$

式中：W_1、W_2分别为证券1和证券2的投资额在组合投资额中所占的比例；σ_1和σ_2分别为证券1和证券2的标准差；$\sigma_{1,2}$为证券1和证券2的协方差；$\rho_{1,2}$为证券1和证券2的相关系数。

【例5-7】 A证券的标准差是0.12，B证券的标准差是0.2，协方差是0.0048。如果你拥有10 000元，其中6 000元投资于A股票，4 000元投资于B股票。这一投资组合的标准差是多少？

$$\sigma_p = \sqrt{60\%^2 \times 0.12^2 + 40\%^2 \times 0.2^2 + 2 \times 60\% \times 40\% \times 0.0048} = 0.1178$$

2. 协方差与相关系数

协方差（Covariance）是表示两种资产收益率之间相关程度的绝对值，而相关系数（Correlation Coefficient）是表示两种资产收益率之间相关程度的相对数。它们的关系式为：

$$\sigma_{jk}=\rho_{jk}\sigma_j\sigma_k$$

即：$\rho_{jk} = \dfrac{\sigma_{jk}}{\sigma_j\sigma_k}$

式中：ρ_{jk}为两种资产的相关系数；σ_j、σ_k为第j种和第k种资产的协方差。

投资组合的协方差计算公式为：

$$\sigma_{jk} = \sum_{i=1}^{n}\left(R_{ji} - \bar{R}_j\right)\left(R_{ki} - \bar{R}_k\right)P_{jki}$$

式中：R_{ji}为证券j在各种情况下的收益率；R_{ki}为证券k在各种情况下的收益率；P_{jki}为投资组合出现各种情况的概率。

协方差的符号（正或负）反映了两种股票收益的相互关系。如果两种股票收益呈同步变动态势，即正相关，则它们的协方差为正值；如果两种股票收益呈非同步变动态势，即负相关，则它们的协方差为负值；如果两种股票收益不相关，则它们的协方差等于零。

另外，由于$\sigma_{jk}=\rho_{jk}\sigma_j\sigma_k$，所以有：

$$\rho_{jk} = \frac{\sigma_{jk}}{\sigma_j\sigma_k} = \frac{\sum_{i=1}^{n}\left(R_{ji} - \bar{R}_j\right)\left(R_{ki} - \bar{R}_k\right)P_{jki}}{\sigma_j\sigma_k}$$

相关系数介于+1和-1之间。当相关系数为1时，表示一种证券报酬的增长总是与另一种证券报酬的增长成比例；当相关系数为-1时，表示一种证券报酬的增长总是与另一种证券报酬的减少成比例；当相关系数为0时，表示缺乏相关性，每种证券的报酬率相对于另外的证券的报酬率独立变动。一般而言，多数证券的报酬率趋于同向变动，因此两种证券之间的相关系数多为正值。

【例5-8】 假设某企业拟投资A证券和B证券，投资比例分别是60%和40%，两种证券在三种可能情况下的预期报酬率和概率分布见表5-4。

表5-4 A证券和B证券三种状况下的预期报酬率与概率分布

状态	此状态发生的概率	A证券报酬率（%）	B证券报酬率（%）
繁荣	0.25	28	10
正常	0.50	15	13
萧条	0.25	-2	10

根据表5-4我们可以计算出证券A的预期报酬率为14.0%、标准差为10.65%，证券B的预期报酬率为11.5%、标准差为1.5%。

两种证券组合的协方差、相关系数和标准差的计算如下：

$$\sigma_{AB}=(28\%-14\%)(10\%-11.5\%)\times0.25+(15\%-14\%)(13\%-11.5\%)\times0.5+(-2\%-14\%)(10\%-11.5\%)\times0.25=0.00015$$

$$\rho_{AB}=\frac{\sigma_{AB}}{\sigma_A\sigma_B}=\frac{0.00015}{10.65\%\times1.5\%}\approx0.0939$$

$$\sigma_p=\sqrt{60\%^2\times10.65\%^2+40\%^2\times1.5\%^2+2\times60\%\times40\%\times10.65\%\times1.5\%\times0.0939}=0.0647$$

或：$\sigma_p=\sqrt{60\%^2\times10.65\%^2+40\%^2\times1.5\%^2+2\times60\%\times40\%\times0.00015}=0.0647$

3.多种证券组合的标准差

投资组合标准差的通用计算公式为：

$$\sigma_p=\sqrt{\sum_{j=1}^{m}\sum_{k=1}^{m}W_jW_k\sigma_{jk}}$$

式中：m为投资组合中的证券数目；W_j为投资于证券j的资金比例；W_k为投资于证券k的资金比例；σ_{jk}为证券j和证券k的可能报酬的协方差。

这里的两个$\sum$符号表示考虑到投资组合中所有证券两两组合的协方差。例如，m为4时，所有两两组合的协方差的矩阵为：

$$\begin{matrix}\sigma_{11} & \sigma_{12} & \sigma_{13} & \sigma_{14}\\ \sigma_{21} & \sigma_{22} & \sigma_{23} & \sigma_{24}\\ \sigma_{31} & \sigma_{32} & \sigma_{33} & \sigma_{34}\\ \sigma_{41} & \sigma_{42} & \sigma_{43} & \sigma_{44}\end{matrix}$$

位于左上角的组合是σ_{11}，表示j=k=1即证券1的方差。此时上式中的σ_{11}=

σ_1^2，就是标准差的平方。沿对角线向下看，共有四个j=k的情况，我们将考虑这四个方差。第一行的第二个组合是σ_{12}，表示证券1和证券2的可能回报的协方差。第二行的第一个组合σ_{21}，也表示证券1和证券2的可能回报的协方差。也就是说，我们对证券1和证券2的协方差计算了两次。同样，凡不在对角线上的组合的协方差都被计算了两次。上式中两次加总的标志即两个$\sum$符号只意味着我们把矩阵中所有可能两两组合的方差和协方差加在了一起。在我们的矩阵中，有16个组合，包括4个方差加上双重计算的6个协方差。

上式表明一个基本观点：证券组合的标准差不仅取决于单个证券的标准差，而且取决于证券之间的协方差。随着证券组合中证券个数的增加，协方差项比方差项越来越重要。

【课堂讨论5-2】

若您有一笔钱要投资，您会选择哪些金融工具来形成“投资组合”呢？为什么要选择这些金融工具？试解释之。

5.3.3　投资组合与风险分散

从上面的分析可以看到，投资组合的风险σ_p通常不等于投资组合中各项证券风险的加权平均值。理论上投资组合的风险一般小于单独投资一项资产的风险，这就是所谓的风险分散。

下面通过几个例题来论证通过投资组合来分散风险。

【例5-9】　由股票W和股票M组成WM投资组合，其投资额各占50%，相关系数为-1，即完全负相关，两种股票及组合的收益率和标准差列示在表5-5中。

表5-5　　　　**W、M股票及WM投资组合收益率、标准差**

年度	W股票收益率	M股票收益率	WM投资组合收益率
2016	40%	-10%	15%
2017	-10%	40%	15%
2018	35%	-5%	15%
2019	-5%	35%	15%
2020	15%	15%	15%
平均收益率	15%	15%	15%
标准差（σ）	22.60%	22.60%	0

表5-5中数据计算如下：

W 股票平均收益率=（40%-10%+35%-5%+15%）÷5=15%

M 股票平均收益率的计算同理。

$$\text{W股票标准差}\sigma_w = \sqrt{(40\% - 15\%)^2 + (-10\% - 15\%)^2 + (35 - 15\%)^2 + (-5\% - 15\%)^2 + (15\% - 15\%)^2}$$

$$= 22.6\%$$

M 股票标准差的计算同理。

$$\text{WM投资组合标准差}\sigma_p = \sqrt{50\%^2 \times 22.6\%^2 + 2 \times 50\% \times 50\% \times (-1) \times 22.6\% \times 22.6\% + 50\%^2 \times 22.6\%^2}$$

$$= 0$$

例 5-9 的情形也可以用图 5-6 来反映。

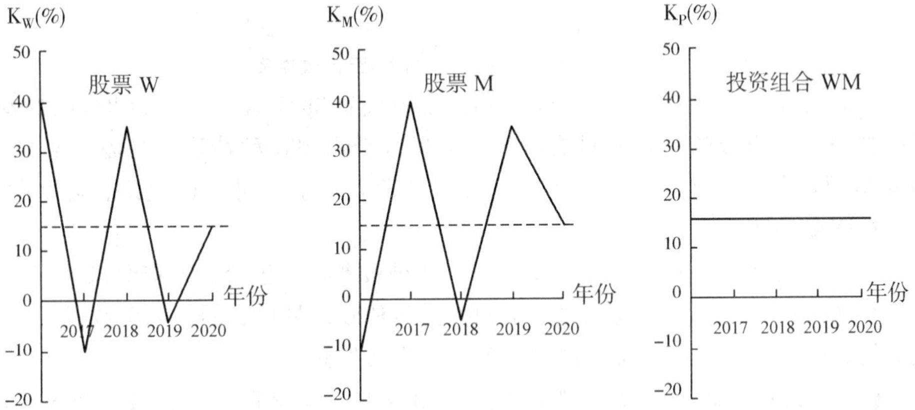

图 5-6　W 股票、M 股票及 WM 组合收益率

由此可见，如果单独投资股票 W 或 M，两种股票的标准差均为 22.6%，风险都很高。但将它们组成 WM 组合后，组合的标准差为 0，组合风险消失了。之所以会出现这种情形，是因为 W 股票和 M 股票的收益率变动方向刚好相反，当 W 股票收益率下降时，M 股票收益率上升，幅度也一样。

因此，完全负相关即相关系数为-1 的两种股票构成组合，可以完全分散组合风险。

【例 5-10】　由股票 M_1 和股票 M_2 组成 M_1M_2 投资组合，其投资额各占 50%，相关系数为+1，即完全正相关。两种股票及组合的收益率和标准差列示在表 5-6 中。

表 5-6　**M_1、M_2 股票及 M_1M_2 投资组合的收益率、标准差**

年度	M_1 股票收益率	M_2 股票收益率	M_1M_2 投资组合收益率
2016	-10%	-10%	-10%
2017	40%	40%	40%
2018	-5%	-5%	-5%
2019	35%	35%	35%
2020	15%	15%	15%
平均收益率	15%	15%	15%
标准差（σ）	22.60%	22.60%	22.60%

表5-6中数据的计算原理与例5-9相同，此处略。

例5-10的情形也可以用图5-7来反映。

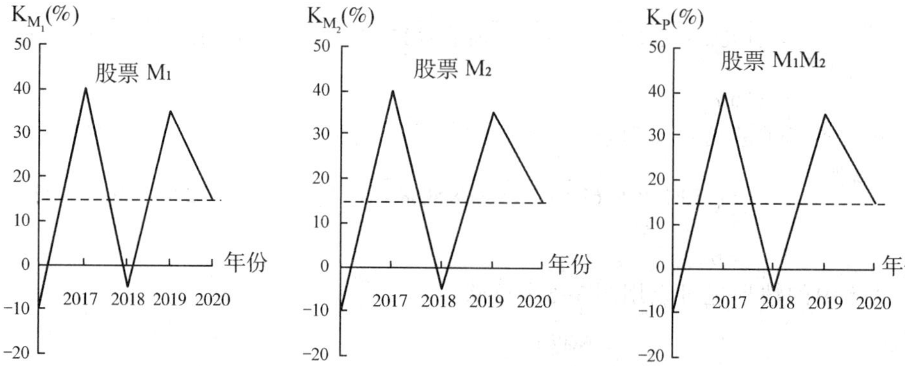

图5-7 M_1、M_2股票及M_1M_2组合收益率

由此可见，单独投资股票M_1或M_2，或组成M_1M_2组合，标准差均为22.6%，风险都很高，组合的风险并没有减少。之所以会出现这种情形，是因为M_1股票和M_2股票的收益率变动方向一致，当M_1股票收益率上升时，M_2股票收益率也上升，幅度也一样，反之亦然。

因此，完全正相关即相关系数为+1的两种股票构成组合，不能分散风险。

在现实中，完全负相关或完全正相关的两种股票是很少的，大多数股票是正相关的，但不是完全正相关。这样的组合风险又如何？

【例5-11】 某公司由股票W和股票R组成WR投资组合，其投资额各占50%，相关系数为+0.67，两种股票及组合的收益率和标准差列示在表5-7中。

表5-7 **W、R股票及WR投资组合的收益率、标准差**

年度	W股票收益率	R股票收益率	WR投资组合收益率
2016	40%	28%	34%
2017	-10%	20%	5%
2018	35%	41%	38%
2019	-5%	-17%	-11%
2020	15%	3%	9%
平均收益率	15%	15%	15%
标准差（σ）	22.60%	22.60%	20.60%

表5-7中数据的计算原理与例5-9相同，此处略。

例5-11的情形也可以用图5-8来反映。

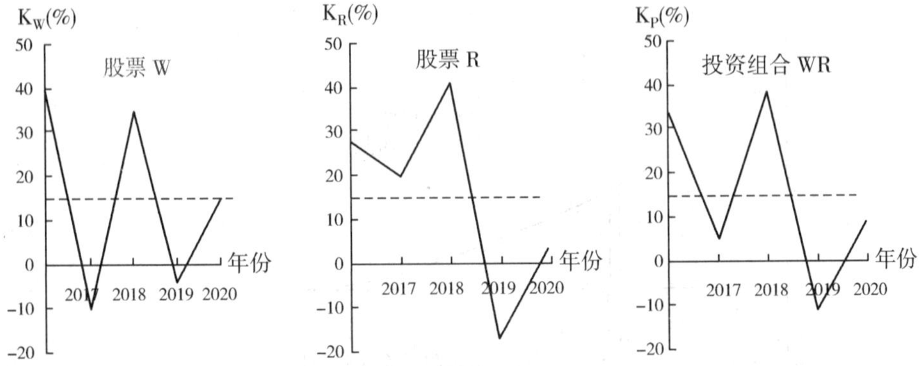

图 5-8　W 股票、R 股票及 WR 组合收益率

由此可见，如果单独投资股票 W 或 R，标准差均为 22.6%，将它们组合在一起的标准差为 20.6%。因此，WR 组成投资组合可以减少风险，但不能完全消除风险。

通过上述分析，可以得出下面的结论：

第一，在资产组合中，如果各种资产的收益率完全正相关，通过资产组合分散投资，不能分散风险。

第二，在资产组合中，如果各种资产的收益率完全负相关，通过资产组合分散投资，理论上可以完全消除组合风险。

第三，在现实中不可能找到收益率完全负相关的组合，通过资产组合分散投资只可以减少风险但不能完全消除风险，而且减少的是非系统风险，亦即公司特有风险。

例 5-11 中两种资产的组合已被证明可以减少（分散）风险，但不能完全消除单项资产所含的风险。如果组合中的资产超过两种，情况会如何？由于资产组合里资产之间的相关系数通常为正且小于+1，所以，随着组合中资产数目的增加，组合的风险会降低。一旦有足够多的相关资产组合在一起（国外的实证研究结果是涵盖不同行业的 40 只以上的股票），几乎所有非系统风险都可消除。但注意：有一些影响所有公司的因素，如战争、经济衰退、通货膨胀等带来的系统风险是不能通过组合分散的。这种关系如图 5-9 所示。

我们应该注意的是，虽然投资多样化可以分散非系统风险，但并不意味着我们在做投资选择时不做分析，随意挑选几种证券就可以了。其原因有：

第一，在投资额一定、两种证券正相关的情况下，在选择了一种高风险证券后，为了降低风险，另外选的证券的风险必须较低，这样才能使风险降低。因为投资组合的标准差只是小于标准差最大的那种证券，而不是小于组合中任一证券的标准差。

第二，虽然理想的状态是，如果投资组合包括市场上所有的证券，那么就可以分散掉所有的非系统风险，但哪个投资者会有那样的资本来投资市场上所有的

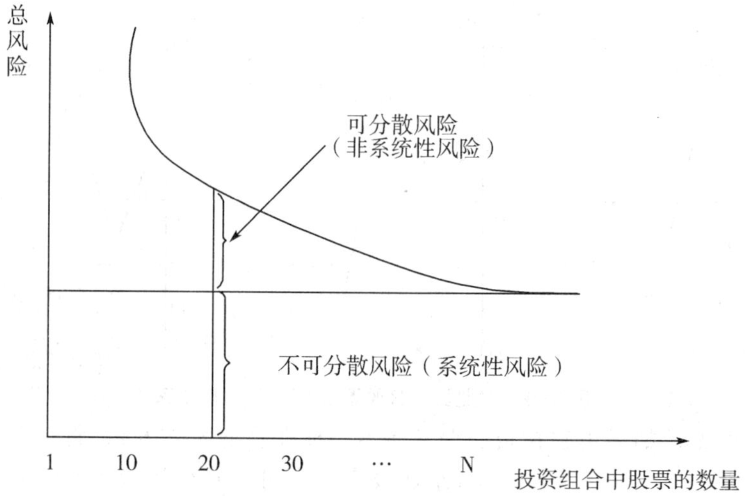

图5-9　风险与投资组合关系图

证券并承担市场上所有的系统风险呢？这样该投资者不仅只能获得无风险报酬，而且很难管理这么多证券。所以，“投资多样化可以降低风险”不是意味着我们可以不假思索地进行任意的投资组合，而是要求投资者在进行投资分析的基础上，作出最优投资组合，以便在降低风险的同时，获得高的收益。“不要把您的鸡蛋放在一个篮子里”，在投资中我们要学会用多样化投资来降低风险，但也要适度。比如把你的20个鸡蛋放在20个篮子里，这样要花费大量的管理成本和交易成本，可能篮子本身成本比鸡蛋还高。所以，在实际投资中我们不要将有限的资本进行过多的分散。

5.3.4　资本资产定价模型

资本资产定价模型（Capital Asset Pricing Model，CAPM）是由1990年获得诺贝尔经济学奖的美国经济学家夏普（Sharpe）等人在1964年首先提出的，它是一种描述风险与收益之间关系的模型。资本资产定价模型的贡献之一是用贝塔系数衡量系统风险，因此也可以说是基于组合理论的风险与收益关系模型。

1.贝塔系数

通过上面的分析可知，投资组合可以分散隐含在单项资产中的风险，从而降低投资组合总体的风险。但是，对于影响市场上所有资产的系统风险（市场风险）却是无法通过投资组合分散的。因此，投资者因承担风险而期望的补偿也应该是系统风险的补偿，而不能期望市场对非系统风险（可分散风险）进行补偿。

系统风险的衡量采用贝塔系数（Beta Coefficient，符号β）。β系数是一个统计学概念，通常用来说明一个统计指标随着另外一个统计指标变动的敏感程度。财务学上利用β系数衡量系统风险，是指单个证券的收益率随着市场组合的收益率波动（系统风险）而波动的程度，它揭示了证券收益率相对于市场投资组合收益率变动的敏感程度。

某一证券对系统风险的反应，取决于这项证券收益的标准差及与市场证券组合收益的相关程度。计算公式为：

$$\beta_i = \left(\frac{\sigma_i}{\sigma_m}\right)\rho_{i,m} = \frac{\sigma_{i,m}}{\sigma_m^2}$$

式中：β_i表示第i项证券的β系数；σ_m是市场证券组合收益率的标准差；其他符号同前。

市场证券组合在股票市场上包括所有股票，其收益率代表股票的平均收益水平，收益率的变动程度通常根据有代表性的股票市场指数（如道·琼斯工业指数、标准普尔500指数、纽约证券交易所指数等）的变化来衡量。在整个股票市场波动时，个别股票的反应各不一样，有的发生剧烈变动，有的只发生较小的变动，即各种股票对市场变化的敏感度不一样，相应的β值也就不一样。代表市场平均风险的股票的β值为1。

【例5-12】 假设市场证券组合（包括所有股票）、代表高风险的H股票、代表平均风险的A股票和代表低风险的L股票在3年里的收益率波动情况见表5-8。

表5-8 **市场证券组合、H股票、A股票、L股票的收益率波动情况表**

年份	高风险（R_H）	平均风险（R_A）	低风险（R_L）	市场风险（R_M）
第一年	5%	5%	5%	5%
第二年	20%	12.5%	8.75%	12.5%
第三年	-20%	-7.5%	-1.25%	-7.5%

根据上述资料，分析第二年3种风险的股票收益率变动幅度，并与市场组合变动幅度比较如下（第三年的分析同理，此处略）：

$\overline{R}_M$：12.5%-5%	幅度7.5%	与市场组合变动幅度之比
$\overline{R}_H$：20%-5%	幅度15%	2：1
$\overline{R}_A$：12.5%-5%	幅度7.5%	1：1
$\overline{R}_L$：8.75%-5%	幅度3.75%	0.5：1

从上面的分析可以看出，3种股票的变动方向和市场的变动方向是一致的。但是高风险的H股票收益率变动幅度比市场组合的大，是市场收益率变动幅度的2倍；低风险的L股票收益率变动幅度比市场组合的小，是市场收益率变动幅度的一半（0.5倍）；平均风险的A股票收益率变动幅度与市场组合的一样。所以，与市场组合收益率变动幅度一样的A股票的β值为1，H股票的β值为2，L股票的β值为0.5。

例5-12的数据及分析还可以用图5-10来表示。

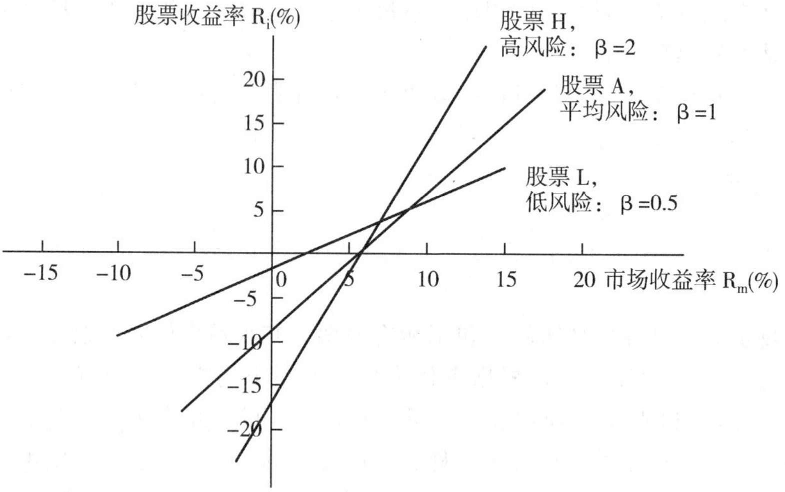

图5-10 股票H、A、L的收益率变动及β值

可见，β系数描述了单个股票的收益率相对于市场组合（全部股票）收益率的波动性。图5-10中，直线的斜率表明了该直线所代表的股票收益率随市场变化而变化的程度，直线的斜率就是β。

综上所述，β系数是用来计量系统风险的恰当指标，并可得出下述结论：

（1）如果$\beta_i=1$，表示i资产的预期收益率变动幅度与市场组合收益率变动幅度相同，其风险与市场资产组合风险也一致，如图5-10中的A股票。

（2）如果$\beta_i>1$，表示i资产的预期收益率变动幅度高于市场组合收益率变动幅度，其风险高于市场资产组合风险，如图5-10中的H股票。

（3）$\beta_i<1$，表示i资产的预期收益率变动幅度低于市场组合收益率变动幅度，其风险低于市场资产组合风险，如图5-10中的L股票。

β系数的一个重要特征是，资产组合的β系数是该组合中各种资产β系数的加权平均，即$\beta_p=\sum_{i=1}^{n}w_i\beta_i$。

2.资本资产定价模型的内涵

风险与收益的基本关系可以表述为：必要收益率=无风险收益率+风险溢酬。同时，投资组合理论认为：非系统风险可以通过资产组合而分散，理性的投资者面临的主要是系统风险，即市场风险。所以，系统风险越大，β系数越大，投资者要求的必要收益率就越大；反之，风险越小，β系数越小，投资者要求的必要收益率就越小。如果资本市场是有效且均衡的，意味着投资者所要求的必要收益率等于预期收益率。

资本资产定价模型表达的就是，投资者对单项证券投资所要求的收益率应等于市场对无风险投资所要求的收益率加上该证券的风险溢酬，其计算公式为：

$$R_i=R_f+\beta_i\,(R_M-R_f)$$

式中：R_i为投资证券i所要求的收益率；R_f为无风险收益率；R_M为市场证券组合的收益率；（R_M-R_f）为市场的平均风险溢酬；β_i为资产i的β系数。

资本资产定价模型同样适用于有效的投资组合，其计算公式为：

$R_p=R_f+\beta_p（R_M-R_f）$

式中：R_p为资产组合所要求的收益率；β_p为资产组合的β系数；其余符号含义同前。

【例5-13】 假设某股票的β值为1.5，无风险收益率为4%，市场组合收益率（所有股票平均收益率）为11%，则该股票的必要收益率为：

R=4%+1.5×（11%-4%）=14.5%

【例5-14】 假设无风险收益率为6%，市场组合收益率为10%，某资产组合的β值为0.5，该组合的必要收益率是多少？如果β为1或β为2，该组合的必要收益率又分别为多少？

β=0.5时：

R_p=6%+0.5×（10%-6%）=8%

β=1时：

R_p=6%+1×（10%-6%）=10%

β=2时：

R_p=6%+2×（10%-6%）=14%

例5-14利用资本资产模型计算的结果可以用图5-11来表示。

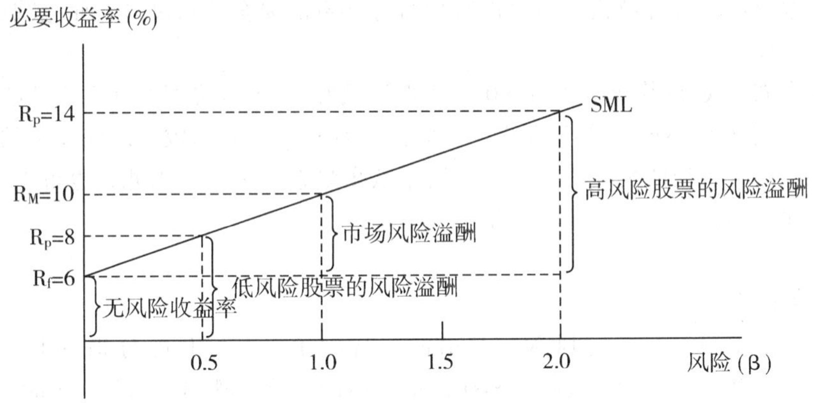

图5-11 资本资产定价模型（证券市场线）

可见，资本资产定价模型在图形上表示为一条直线，这条线被称作证券市场线（Security Market Line，SML）。它是揭示一种资产或资产组合的必要收益率与系统风险（β系数）之间关系的直线，其中R_f为纵截距，表示无风险收益率；斜率为（R_M-R_F），表示单位风险的价格；资产或资产组合的必要收益率与β系数线性相关，当β增大时，投资者对资产或资产组合要求的收益率也会提高。

本章小结

财务学中的风险是指某一经济事项预期报酬的波动程度，其中报酬波动的根源是影响事项经济价值的不确定性因素。风险不仅意味着损失，还意味着收益。风险具有客观性、相对性、可测性、收益性和可控性的特征。风险可以按不同的标准进行分类。

离散程度是用于衡量风险大小的统计指标。一般说来，离散程度越大，风险越大；离散程度越小，风险越小。反映随机变量离散程度的指标主要有标准差、标准离差率等。风险和报酬的基本关系是风险越大，要求的报酬率越高。如果不考虑通货膨胀，预期投资报酬率=无风险报酬率+风险报酬率。

预期报酬率与总报酬率的概念是不一样的，预期报酬率是一种“期望值”的概念，是投资者所能预期的报酬率的长期平均状况。而总报酬率是投资期间内已实现的报酬率，它是已经发生的，不可能通过决策而改变。必要收益率是投资者进行风险投资所要求得到的收益率，它是无风险收益率与风险溢酬之和。

投资组合的收益是投资组合中个别投资的预期收益率的加权平均数，但投资组合的风险却不是投资组合中个别投资标准差的加权平均数。投资组合的风险不仅取决于各个组成证券的风险，还与其相互关系有关。在资产组合中，如果各种资产的收益率完全正相关，通过资产组合分散投资，不能分散风险；如果各种资产的收益率完全负相关，通过资产组合分散投资，理论上可以完全消除组合风险。通过资产组合分散投资只可以减少风险但不能完全消除风险，而且减少的是公司特有风险。

资本资产定价模型是由1990年获得诺贝尔经济学奖的美国经济学家夏普（Sharpe）等人在1964年首先提出的，它是一种描述风险与收益之间关系的模型。资本资产定价模型的贡献之一是用贝塔系数衡量系统风险，因此，也可以说是基于组合理论的风险与收益关系模型。

关键概念

风险（Risk）；市场风险（Market-related Risk）；不可分散风险（Non-diversifiable Risk）；系统风险（Systematic Risk）；公司特有风险（Firm-specific Risk）；可分散风险（Diversifiable Risk）；非系统风险（Unsystematic Risk）；收益率（Rate of Return）；总报酬率（Rate of Total Return）；预期报酬率（Expected Rate of Return）；方差（Variance）；标准差（Standard Deviation）；离散系数（Coefficient of Variation）；必要收益率（Required Rate of Return）；风险溢酬（Risk Premium）；投资组合（Portfolio）；协方差（Covariance）；相关系数（Correlation Coefficient ）；资本资产定价模型（Capital Asset Pricing Model，CAPM）；贝塔系数（Beta Coefficient）；证券市场线（Security Market Line，SML）

思考题

1.什么是风险？风险具有哪些特征？

2.什么是系统风险？什么是非系统风险？

3.什么是财务风险？什么是经营风险？

4.风险如何衡量？

5.什么是β系数？β系数用来衡量什么风险？

6.试述β系数与证券风险及其报酬的关系。

7.什么是资本资产定价模型？它在公司理财中有何作用？

8.证券投资组合的报酬率是投资组合中单个证券预期报酬率的加权平均数，而证券投资组合的风险却不是单个证券标准差的加权平均数，为什么？

计算分析题

1.A、B两个投资项目的有关数据见表5-9。

表5-9 **A、B投资项目有关数据**

经济情况	概率	预计报酬率	
		A项目	B项目
良好	0.3	20%	35%
一般	0.4	10%	12%
较差	0.3	5%	-5%

要求：

（1）比较两个项目的预期报酬率。

（2）比较两个项目的风险大小。

2.现有A、B两种证券，其中证券A每年的预期报酬率为12%，标准差为9%；证券B每年的预期报酬率为18%，标准差为25%。

要求：

（1）如果用30%的证券A和70%的证券B构成一个投资组合，则其投资收益是多少？

（2）如果证券A、B收益之间的相关系数为0.20，则上述组合的风险是多少？

3.A、B证券的有关资料见表5-10。

表5-10 **A、B证券有关资料**

概率（P）	A证券报酬率（%）	B证券报酬率（%）
0.2	-10	0
0.5	10	5
0.3	25	10

要求：

（1）计算证券A和B的期望报酬率和标准差。

（2）计算A与B证券投资报酬之间的协方差和相关系数。

（3）若AB投资组合中A为70%，B为30%，则该投资组合的期望报酬率和标准差是多少？

4.根据CAPM原则，如果证券j的属性和市场投资组合的信息见表5-11。

表5-11 **证券j的属性和市场投资组合的信息**

证券j的标准差	0.20
市场投资组合的标准差	0.05
市场组合的预期报酬率	0.14
证券j与市场组合可能收益之间的相关系数	0.06
无风险利率	0.08

要求：

（1）证券j的预期报酬率为多少？

（2）如果证券j标准差更高一些，要求的报酬率将如何变化？

（3）如果相关系数小一些会有什么影响？

（4）证券j的收益与市场风险之间的函数关系如何？

第6章 资本成本

企业要在激烈的市场竞争中占有一席之地，并得到不断的发展，成本是关键要素之一。树立成本效益观念，开源节流、增收节支才能保证企业的经济效益，实现企业目标。认真做好成本计算，可以为财务决策提供重要的信息，改善决策，同时也有利于计划、控制和业绩评价。

学习目标

1. 了解资本成本与产品成本的概念及比较
2. 理解资本成本的作用及影响因素
3. 掌握个别资本成本和加权平均资本成本的计算

引例　上市公司1.35万亿元发债融资

2019年以来上市公司发债融资较多，从整体上看央企、国企发债平均成本最低，但一些龙头民企也不逊色，值得关注。

Wind数据显示，仅从公司债、企业债、短期融资券和中期票据来看，在剔除少数B股公司发债后，2019年以来上市公司发行这四大类债券达1 097只，合计发行规模1.35万亿元，共涉及310家上市公司，不少上市公司发行了多只债券。不过因发行的短期融资券数量较多，部分债券已经到期兑付了，因此剩余的债券规模要小很多。

在具体公司方面，央企宝钢股份和中国石油发行的债券规模最大，两家分别为720亿元和700亿元，此外南方航空、东方航空等30家企业发行的债券规模也不小，均在100亿元或以上。总体来看，发债规模排在前几名的基本被大央企和国企所包揽，民企数量较少。

总体来看，上市公司发债平均成本较低。Wind数据显示，其中0.5年期以下债券平均年化利率为2.86%，而0.5～1年期平均利率为3.44%，其余1年期、2年期等整数年期的债券成本也不高，平均利率为4%～6.5%。在整体分布中，并没有完全呈现期限越长、平均利率就越高的趋势。这与各期限中债券数量有关，有些期限较长的债券，发行数量少，而且由行业中一些大龙头企业发行，因此平均利率并不高。

在企业性质方面，Wind数据显示，2019年以来上市公司发债主要集中在央企、地方国企和民企中，这三大类企业发行的债券数量分别是413只、440只和184只，合计达1 037只，占总数量的94.5%。其余极少数债券由公众企业、外资企业等发行，基本可以忽略不计。

以央企、地方国企和民企来看，毫无悬念，央企多数期限平均利率最低，不过2年期、7年期和10年期少数债券平均利率要微高于地方国企，见表6-1。紧随其后地方国企整体发债利率也很低，全部低于民企。民企平均融资成本要稍高，但由于是上市公司，平均利率最高的也低于7%，可见成本也不是很高。

表6-1　央企、地方国企和民企平均利率对比

期限	央企平均利率（%）	地方国企平均利率（%）	民企平均利率（%）
0.5年以下	2.53	3.05	3.76
0.5~1年	3.19	3.74	5.25
1年	3.21	3.75	5.59
2年	4.73	4.12	6.73
3年	4.04	4.89	6.71
4年		4.08	6.93
5年	4.00	4.36	5.46
6年		5.88	
7年	4.08	4.03	
10年	4.55	4.53	

虽然相对于央企和地方国企，民企发债平均利率较高，不过一些龙头民企融资成本也较低，完全能和国企媲美。这说明了市场对于这些龙头公司的认同，反映了公司的核心竞争力，这类龙头民企值得重点关注。Wind数据显示，2019年以来民企发债利率低于5%的债券共有59只，各期限中成本最低的前三名见表6-2。

表6-2 不同期限民企发债利率最低前三名

上市公司名称	企债名称	发行规模（亿元）	期限	利率（%）
比亚迪	19比亚迪SCP002~19比亚迪SCP007	10	0.5年以下	2.80
比亚迪	19比亚迪SCP011	10	0.5年以下	2.85
复星医药	19复星医药SCP003	5	0.5年以下	2.90
长城汽车	19长城汽车SCP003	20	0.5~1年	3.30
桐昆股份	19桐昆SCP002	3	0.5~1年	3.50
韵达股份	19韵达股份SCP002	6	0.5~1年	3.50
豫园股份	19豫园商城CP001	10	1年	3.62
滨江集团	20滨江房产CP001	9	1年	4.00
滨江集团	19滨江房产CP002	8	1年	4.10
洛阳钼业	19洛钼01	10	3年	4.28
特变电工	19特电01	5	3年	4.28
豫园股份	19豫园商城MTN001	10	3年	4.53
宁德时代	19CATL01	15	5年	3.68
温氏股份	19温氏01	5	5年	3.80
科伦药业	19科伦01	8.5	5年	4.50

资料来源 Wind资讯．上市公司1.35万亿发债融资，这些龙头民企成本最低！[EB/OL]．[2020-08-27]．http：//finance.sina.com.cn/wm/2020-01-14/doc-iihnzhha2285402.shtml.

阅读本章不妨思考下面几个问题：股票筹资和债券筹资有何区别？为什么我国上市公司偏好发行股票筹资？股票筹资成本低吗？公司筹资渠道和筹资方式还有哪些？公司在进行筹资时应如何考虑筹资成本？

6.1 资本成本概述

一般来说，成本是指为了达到特定目的所失去或放弃的资源。人们常在不同意义上使用成本，在会计学、财务学中有不同的成本概念。

6.1.1 资本成本的概念

从会计理论成本看，利息是纯收入的分配，不属于成本，但在我国现行的财务会计制度中，财务费用（包括借款利息）也属于期间费用，而股利是利润分配，不归属成本范畴。但从财务管理的角度看，企业的全部经济活动应分为生产经营活动、筹资活动和投资活动，所以，成本不应仅有生产经营活动的成本——生产经营成本，还应有筹资活动的成本——资本成本。

1.资本成本

资本成本（Cost of Capital）就是企业为取得和使用资本而支付或负担的各种费用，它包括资本筹集费和资本使用费两个部分。资本筹集费是指取得资本而发生的费用。例如，企业向银行支付的借款手续费，因发行债券、股票而支付的发行费用等。资本使用费是指企业在生产经营、投资过程中因使用资本而付出的费用。例如，企业向债权人支付的利息、向股东支付的股息等。

资本成本是一个重要的经济范畴，是资本使用者向资本所有者和中介人支付的资本使用费和资本筹集费。因此，资本成本是市场经济条件下资本所有权和资本使用权分离的结果。

资本成本可以用绝对数表示，也可以用相对数表示。在财务管理中，为了便于分析和比较，资本成本通常以相对数表示。资本成本中的资本筹集费通常在筹资时一次支付，可视为筹集资本额的一项扣除，所以，资本成本可表示为企业使用资本所负担的费用与筹集的资本净额之比。它的一般表达式为：

$$资本成本=\frac{年资本使用费}{筹集的资本额-资本筹集费}\times 100\%$$

资本成本是一个预测的估计值，而不是精确的计算值。因为据以计算资本成本的各项因素都不是按过去实现的数字确定的，而是根据现在和未来的情况确定的，今后也可能会发生变动。

2.资本成本与产品成本比较

（1）资本成本具有一般产品成本的基本属性。

资本成本和产品成本的基本属性相同，都属于经济资源的耗费，都是企业的一种支出，是为获得一定利益而发生的，并且需要获得补偿的经济代价。

（2）资本成本有不同于一般产品成本的特性。

资本成本区别于产品成本的主要表现：首先是资本成本的补偿有其自身特点，从理论上看，一个项目投资都要求其取得的最低收益率足以补偿该项目所筹集使用资本的成本，即由息税前利润补偿；而产品成本的耗费直接由产品收入补偿。其次是资本成本的不确定性，资本成本作为财务决策的经济指标，受未来众多不确定的复杂因素影响，其计算既以会计资料为基础，更需要考虑未来的有关资料，所以，资本成本不是精确的会计核算结果，是预测的估算值；而产品成本是通过会计核算确定的成本，是用于确定产品价值和产品价格的基础。

资本成本除了与产品成本有联系和区别外，与货币时间价值也既有联系又有区别。货币时间价值是没有风险和通货膨胀条件下的社会平均资本利润率，是资本成本的基本组成部分，是计算资本成本的基础，但两者在数量上又不是一致的，资本成本不仅包括货币时间价值，还包括投资风险价值和发行费用等。

6.1.2 资本成本的作用

资本成本是企业筹资、投资决策的主要依据，也是评价企业经营成果的依据。只有当投资项目的投资报酬率高于资本成本时，资本的筹集和使用才有利于提高企业价值。资本成本在许多方面都可加以应用。

1.资本成本是企业选择资本来源、拟订筹资方案的依据

不同的资本来源，具有不同的成本。为了以较少的支出取得企业所需资本，就必须分析各种资本成本的高低，并加以合理配置。资本成本对企业财务筹资的影响主要表现在下列几个方面：

（1）资本成本是影响企业筹资总额的一个重要因素。

随着筹资数量的增加，资本成本不断变化，当企业筹资数量很大，资本的边际成本超过企业承受能力时，企业便不能再增加筹资数额。因此，资本成本是限制企业筹资数量的一个重要因素。

（2）资本成本是选择资本来源的依据。

企业的资本可以从许多方面来筹集，就长期借款来说，可以向商业银行借款，也可向保险公司或其他金融机构借款，还可向政府申请借款。企业究竟选用哪种来源，首先要考虑的因素就是资本成本的高低。

（3）资本成本是选用筹集方式的标准。

企业可以利用的筹资方式是多种多样的。例如，负债筹资可以是向银行借款，也可以是发行债券。在选用筹资方式时，需要考虑的因素很多，但也必须考虑资本成本这一经济标准。

（4）资本成本是确定最优资本结构所必须考虑的因素。

不同的资本结构，会给企业带来不同的风险和成本，从而引起股票价格的变动。在确定最优资本结构时，考虑的因素主要有资本成本和财务风险。

值得注意的是，资本成本是财务筹资时需要考虑的一个首要因素，但并不是唯一的因素。企业财务筹资还要考虑财务风险、资本期限、偿还方式、限制条件等。但资本成本作为一项重要的因素，直接关系到企业的经济效益。

2.资本成本是评价投资项目可行性的主要经济标准

企业在分析投资项目的可行性时，通常以资本成本作为主要的经济标准。

（1）在利用净现值指标进行决策时，以资本成本作为折现率。

当净现值为正时，投资项目可行；反之，如果净现值为负，则该项目不可行。因此，采用净现值指标评价投资项目时，离不开资本成本。

（2）在利用内部收益率指标进行决策时，以资本成本作为基准率。

只有当投资项目的内部收益率高于资本成本时，投资项目才可行；反之，当投资项目的内部收益率低于资本成本时，投资项目不可行。因此，国际上通常将资本成本视为投资项目的“最低收益率”或是否采用投资项目的取舍率，以此作为比较、选择投资方案的主要标准。

3.资本成本可以作为评价企业经营成果的依据

资本成本可以促使资本的使用者充分挖掘资本的潜力，节约资本的占用，提高资本的使用效益。因为，借入资本的利息是利润前的一项扣除，如果投资报酬率低于或大致等于利率，则企业就没有利润。同样，对于所有者投入的资本，企业要以投资利润加以回报，如果投资利润率低于投资的资本成本，就会大大降低投资者的信心。因此，资本成本可以反映各个部门工作的绩效，作为衡量企业经营成果的尺度。

6.1.3 影响资本成本的因素

在市场经济环境中，影响资本成本高低的因素是多方面的，主要有总体经济环境、证券市场条件、企业内部的经营及筹资状况、项目筹资规模等。

1.总体经济环境

总体经济环境决定了整个经济中资本的供给和需求，以及预期通货膨胀的水平。总体经济环境变化的影响，反映在无风险报酬率上。显然，如果整个社会经济中的资本需求和供给发生变动，或者通货膨胀水平发生变化，投资者也会相应改变其所要求的收益率。

具体地说，如果货币需求增加，而供给没有相应增加，投资人便会提高其投资收益率，企业的资本成本就会上升；反之，则会降低其要求的投资收益率，使资本成本下降。如果预期通货膨胀水平上升，货币购买力下降，投资者也会提出更高的收益率来补偿预期的投资损失，导致企业资本成本上升。

2.证券市场条件

证券市场条件影响证券投资的风险。证券市场条件包括证券的市场流动难易程度和价格波动程度。如果某种证券的市场流动性不好，投资者想买进或卖出证券就会变得相对困难，变现风险也会加大，要求的收益率就会提高；或者虽然存在对某证券的需求，但其价格波动较大，投资的风险大，要求的收益率也会提高。

3.企业内部的经营及筹资状况

企业内部的经营及筹资状况指经营风险和财务风险的大小。经营风险是企业投资决策的结果，表现在资产收益率的变动上；财务风险是企业筹资决策的结果，表现在普通股收益率的变动上。如果企业的经营风险和财务风险大，投资者便会有较高的收益率要求。

4.项目筹资规模

项目筹资规模是影响企业资本成本的另一个因素。企业的融资规模大，资本成本较高。例如，企业发行的证券金额很大，资本筹集费和资本占用费都会上升，而且证券发行规模的增大还会降低其发行价格，由此也会增加企业的资本成本。

6.2 个别资本成本的计算

企业筹资渠道和方式的选择需要以比较资本成本的大小为决策的依据，而投资决策分析通常也以资本成本为参考标准。

在市场经济条件下，企业不可能无偿地使用资本，而是要付出代价的，企业从不同来源以不同方式筹集的资本所付出的代价是不同的。资本成本按其用途不同，可以区别为个别资本成本、加权平均资本成本、边际资本成本三种不同概念。

个别资本成本是指各种长期资本筹资方式的成本，用于比较各种筹资方式，是计算加权平均资本成本的基础。个别资本成本主要包括债务成本、优先股成本、普通股成本和留存收益成本。债务成本（Cost of Debt）包括长期借款或债券的利息和筹资费用，是企业负债所需承担的资金成本。

6.2.1 长期借款成本计算

企业向银行借款通常要事先约定利率，利息作为企业的费用在税前利润中列支，使企业实际少缴一部分所得税，相应地，企业实际所负担的资本使用费也减少。

长期借款的年实际使用费=年利息×（1-所得税税率）

另外，企业在筹资的过程中还会发生一些资本筹集费用，筹集费用的发生使企业实际取得的资本减少了一部分。筹集费用一般按筹资额的一定比例估算。借款的筹资额一般就是借款本金。

长期借款实际得到的资本=长期借款筹资额×（1-筹集费率）

所以，长期借款成本的计算公式为：

$$\text{长期借款成本}=\frac{\text{年利息}\times(1-\text{所得税税率})}{\text{长期借款筹资额}\times(1-\text{筹集费率})}\times 100\%$$

即：$K_l=\dfrac{I(1-T)}{L(1-f)}\times 100\%$

$$=\frac{L\cdot i\cdot(1-T)}{L(1-f)}\times 100\%$$

$$=\frac{i\cdot(1-T)}{1-f}\times 100\%$$

式中：K_l为长期借款成本；I为长期借款年利息；L为长期借款筹资额，按发行价格计算；i为长期借款利率；f为筹集费率，下同。

由于长期借款的手续费比较低，上式中的f常常可以忽略不计，则上式可以简化为：

$K_l=i\ (1-T)\ \times 100\%$

【例 6-1】 甲企业从银行取得一笔长期借款3 000万元，年利率6%，手续费等筹集费率为0.3%，企业所得税税率为25%，则该笔借款的成本计算如下：

$$K_l=\frac{6\%\times(1-25\%)}{1-0.3\%}\times 100\%\approx 4.51\%$$

如果忽略筹集费，则：

$K_l=6\%\times(1-25\%)\times 100\%=4.50\%$

6.2.2 债券成本计算

债券成本的计算与长期借款成本的计算相似，债券利息也可以在税前支付，具有节税作用；但是债券发行价格分为平价、折价和溢价，筹资额不是按面值而是按发行价格计算。

另外，企业在发行债券筹资的过程中发生的资本筹集费用比较高，一般不应忽略不计。

发行债券年实际使用费=年利息×（1-所得税税率）

发行债券实际得到的资本=债券筹资额×（1-筹集费率）

所以，债券成本的计算公式为：

$$债券成本=\frac{年利息\times(1-所得税税率)}{债券筹资额\times(1-筹集费率)}\times 100\%$$

即：
$$K_b=\frac{I(1-T)}{B_0(1-f)}\times 100\%$$
$$=\frac{B\cdot i\cdot(1-T)}{B_0(1-f)}\times 100\%$$

式中：K_b为债券成本；I为债券年利息；B_0为债券筹资额，按发行价格计算；B为债券面值；i为债券票面利率；T为所得税税率。

【例 6-2】 甲企业发行长期债券，债券面值4 000万元，票面利率为8%，印刷、推销等筹集费率为2%，企业所得税税率为25%。如果债券按面值发行，则该债券的资本成本计算如下：

$$K_b=\frac{4\,000\times 8\%\times(1-25\%)}{4\,000\times(1-2\%)}\times 100\%=\frac{8\%\times(1-25\%)}{1-2\%}\times 100\%\approx 6.12\%$$

【例 6-3】 沿用例6-2中的资料，如果债券按3 960万元折价发行，计算债券的资本成本。

$$K_b=\frac{4\,000\times 8\%\times(1-25\%)}{3\,960\times(1-2\%)}\times 100\%\approx 6.18\%$$

【例 6-4】 仍沿用例6-2中的资料，如果债券按4 040万元溢价发行，计算债券的资本成本。

$$K_b = \frac{4\,000 \times 8\% \times (1-25\%)}{4\,040 \times (1-2\%)} \times 100\% \approx 6.06\%$$

【课堂讨论6-1】

2015年8月16日，中粮地产发布公告称，经证监会证监许可〔2015〕1887号文核准，中粮地产（集团）股份有限公司获准面向合格投资者公开发行面值不超过人民币23亿元（含23亿元）的公司债券，采用分期发行方式，其中第一期发行规模为20亿元。本期债券为5年期品种，票面利率为4.40%。

与此同时，比亚迪发布公告称，比亚迪2015年公司债券（第一期）发行工作已于2015年8月14日结束，实际发行规模为15亿元，最终票面利率为4.10%。

讨论：

（1）如果所得税税率为25%，忽略筹集费，上述公司债券的成本为多少？

（2）同样是5年期的公司债券，但债券利率却不同，可能的原因是什么？

6.2.3 优先股成本计算

优先股成本（Cost of Preferred Stock）包括企业支付的优先股股利和优先股发行费用。企业发行优先股，既需要支付一定的筹集费，也需要定期支付股利。优先股股利率一般是固定的，但与发行债券支付利息不同的是，股利由企业税后利润支付，这样，股利的支付不能抵减所得税，企业实际所负担的资本使用费也就不能减少。

所以，优先股成本的计算公式为：

$$优先股成本 = \frac{优先股年股利}{优先股筹资额 \times (1-筹集费率)} \times 100\%$$

即：$K_p = \frac{D_p}{P_p(1-f)} \times 100\%$

式中：K_p为优先股成本；D_p为优先股年股利；P_p为优先股筹资额，按发行价格确定。

【例6-5】　甲企业按面值发行优先股2 000万元，筹集费率为2.5%，股利率为9%，则该优先股的成本计算如下：

$$K_p = \frac{2\,000 \times 9\%}{2\,000 \times (1-2.5\%)} \times 100\% = \frac{9\%}{1-2.5\%} \times 100\% \approx 9.23\%$$

6.2.4 普通股成本计算

普通股成本（Common Stock Cost）包括企业支付的普通股股利及普通股的发行费用。如果普通股股利是固定的，则普通股成本的计算与优先股成本的计算原理基本相同。但普通股股利也可能是不固定的，如逐年增长，因此计算成本相对要复杂些（通常可以利用股票估价模型）。

所以，普通股成本的计算要区分两种情况而定。

1.股利固定的普通股成本计算

如果股利固定，则普通股成本的计算公式为：

$$普通股成本 = \frac{普通股年固定股利}{普通股筹资额 \times (1-筹集费率)} \times 100\%$$

即：$K_c = \frac{D_c}{P_c(1-f)} \times 100\%$

式中：K_c为普通股成本；D_c为普通股每年固定股利；P_c为普通股筹资额，按发行价格确定。

【例6-6】 甲企业发行普通股750万股，每股发行价格8元，预计每股股利0.90元并将保持不变，筹集费率为3%，则该普通股的成本计算如下：

$$K_c = \frac{750 \times 0.90}{750 \times 8 \times (1-3\%)} \times 100\% = \frac{0.90}{8 \times (1-3\%)} \times 100\% \approx 11.60\%$$

2.股利按固定比例增长的普通股成本计算

如果股利按照固定比例g增长，则普通股成本的计算公式为：

$$普通股成本 = \frac{预计普通股第一年股利}{普通股筹资额 \times (1-筹集费率)} \times 100\% + 股利增长率$$

即：$K_c = \frac{D_1}{P_c(1-f)} \times 100\% + g$

式中：D_1为预计普通股第一年股利，即为上一年股利（D_0）乘以（1+g）。

【例6-7】 某企业发行普通股2 000万股，每股发行价格5元，预计第一年每股股利0.40元，股利年增长率为6%，筹资费率为3%，则该普通股的成本计算如下：

$$K_c = \frac{2\,000 \times 0.40}{2\,000 \times 5 \times (1-3\%)} \times 100\% + 6\% \approx 14.25\%$$

6.2.5 留存收益成本计算

一般企业不会把全部的收益都以股利形式分给股东，总会留存部分收益用于再投资，因此留存收益也是企业财务筹资的重要方式。从表面上看，企业只要不把收益分给股东，就可以筹集到资本，似乎没有什么费用。但实质上，股东同意将这部分收益留存在企业，是对企业追加投资，与以前缴给企业的股本一样，也要求有一定的收益。这一期望收益构成企业的留存收益成本（Cost of Retained Earnings）。

留存收益也属于普通股权益，其成本的计算与普通股成本计算基本相同。但留存收益不像普通股那样需花费印刷费、发行手续费等筹集费用。因此，计算留存收益成本时不需考虑筹集费。

留存收益成本的计算和普通股成本的计算一样要区分两种情况而定。

1.普通股股利固定的留存收益成本计算

如果股利固定，则留存收益成本的计算公式为：

$$留存收益成本=\frac{普通股年固定股利}{普通股筹资额}\times 100\%$$

即：$K_e=\frac{D_c}{P_c}\times 100\%$

式中：K_e为留存收益成本。

【例6-8】 沿用例6-6的资料，甲企业的留存收益1 000万元，留存收益成本计算如下：

$$K_e=\frac{750\times 0.9}{750\times 8}\times 100\%=11.25\%$$

2.普通股股利按固定比例增长的留存收益成本计算

如果股利按照固定比例g增长，则留存收益成本的计算公式为：

$$留存收益成本=\frac{预计普通股第一年股利}{普通股筹资额}\times 100\%+股利增长率$$

即：$K_e=\frac{D_1}{P_c}\times 100\%+g$

【例6-9】 沿用例6-7的资料，留存收益成本计算如下：

$$K_e=\frac{2\,000\times 0.40}{2\,000\times 5}\times 100\%+6\%=14\%$$

6.3 加权平均资本成本计算

加权平均资本成本（Weighted Average Cost of Capital，WACC）是指以各种来源的资本所占的比重为权数，对个别资本成本进行加权平均的成本，也称综合资本成本，用于企业筹资和投资决策。

6.3.1 加权平均资本成本的具体计算

加权平均资本成本的计算公式为：

$$加权平均资本成本=\sum(某种资本占全部资本的比重\times 该种资本的成本)$$

即：$WACC=\sum_{j=1}^{n}W_jK_j$ 其中，$\sum_{j=1}^{n}W_j=100\%$

式中：WACC为加权平均资本成本；W_j为第j种资本占全部资本的比重（即权数）；K_j为第j种资本的个别资本成本；n为企业资本来源的种类数。

正确计算企业加权平均资本成本的关键之一是确定各种资本在全部资本中所

占的比重，即权数。计算权数的基础可以是企业资产负债表上列示的账面价值，也可以是从资本市场中获得的市场价值，还可以是预计的目标价值。

【例6-10】 沿用例6-1、例6-2、例6-5、例6-6和例6-8的资料，甲企业长期资本的总账面价值为16 000万元，其中长期借款3 000万元、企业债券4 000万元、优先股2 000万元、普通股6 000万元、留存收益1 000万元；各种筹资方式的资本成本分别为4.51%、6.12%、9.23%、11.60%和11.25%。试计算该企业加权平均资本成本。

①计算各种资本占全部资本的比重：

长期借款占全部资本的比重 $W_l = \dfrac{3\,000}{16\,000} \times 100\% = 18.75\%$

企业债券占全部资本的比重 $W_b = \dfrac{4\,000}{16\,000} \times 100\% = 25\%$

优先股占全部资本的比重 $W_p = \dfrac{2\,000}{16\,000} \times 100\% = 12.5\%$

普通股占全部资本的比重 $W_c = \dfrac{6\,000}{16\,000} \times 100\% = 37.5\%$

留存收益占全部资本的比重 $W_e = \dfrac{1\,000}{16\,000} \times 100\% = 6.25\%$

②计算加权平均资本成本：

$$\begin{aligned}\text{加权平均资本成本（WACC）} &= 18.75\% \times 4.51\% + 25\% \times 6.12\% + 12.5\% \times 9.23\% + \\ &\quad 37.5\% \times 11.60\% + 6.25\% \times 11.25\% \\ &\approx 8.583\%\end{aligned}$$

该例的加权平均资本成本也可以列表计算，见表6-3。

表6-3 **企业加权平均资本成本计算表**

资本种类	账面价值（万元）	比重（%）	个别资本成本（%）	加权平均资本成本（%）
长期借款	3 000	18.75	4.51	0.846
企业债券	4 000	25	6.12	1.530
优先股	2 000	12.5	9.23	1.154
普通股	6 000	37.5	11.60	4.350
留存收益	1 000	6.25	11.25	0.703
合计	16 000	100	—	8.583

由此可见，加权平均资本成本的计算步骤是：

第一，确定每种筹资方式的个别资本成本；

第二，确定各种资本占全部资本的比重，即确定权数；

第三，计算加权平均资本成本。

【例6-11】 某企业拟筹集资本，计划按溢价发行票面利率为7%、总面值为500万元的企业债券，发行总价为510万元，预计筹集费率为2.5%；另外发行50万股普通股，每股发行价格9.8元，预计每股股利固定在0.75元，筹集费率为3.5%，该企业所得税税率为25%。计算加权平均资本成本。

首先，计算个别资本成本。

$$债券成本=\frac{500\times7\%\times(1-25\%)}{510\times(1-2.5\%)}\times100\%\approx5.28\%$$

$$普通股成本=\frac{0.75\times50}{9.8\times50\times(1-3.5\%)}\times100\%\approx7.93\%$$

其次，计算各种资本占全部资本的比重。

全部资本=510+50×9.8=1 000（万元）

$$企业债券占全部资本的比重=\frac{510}{1\ 000}\times100\%=51\%$$

$$普通股占全部资本的比重=\frac{490}{1\ 000}\times100\%=49\%$$

最后，计算加权平均资本成本。

加权平均资本成本=5.28%×51%+7.93%×49%≈6.58%

【课堂讨论6-2】

启悟公司是一家民营的中小企业，为了筹集资本扩大企业规模，财务部的王经理和财务部的小林、老戴商量筹资方式。小林认为，公司已经走入正轨，有一定规模，财务规范，应该尝试向银行借款，不要只是由股东投入，这样成本可以降低。但老戴却觉得向银行借款需要付利息，还不如把公司的盈利分少点，多留些在公司满足扩张的需要，这样连成本都不需要，何乐而不为。

讨论：

（1）小林的建议可行吗？为什么？

（2）老戴的说法有道理吗？为什么？

6.3.2 加权平均资本成本的权数问题

在计算加权平均资本成本时，各种资本占全部资本的比重即权数可以以账面价值确定。其资料容易取得，计算较方便简单，从企业的事后评价角度来看比较合适。但当资本的账面价值与市场价值差别较大时，如股票、债券的市场价格发生较大变动时，计算的加权平均资本成本会与实际筹资成本有较大差距，从而影响企业作出正确的决策。

各种资本占全部资本的比重以市场价值计算就是指以债券、股票的市场价格确定权数，也称市场价值权数。这样计算的加权平均资本成本能反映企业目前的实际情况，就企业决策的相关性而言比较合适。但企业资本的市场价值确定有一定难度，如果资本市场价值不能代表真实的价值就可能使决策产生偏离。

各种资本占全部资本的比重以目标价值计算就是指以债券、股票预计未来的市场价值确定权数，也称目标价值权数。这样计算的加权平均资本成本能体现期望的资本结构，而不是过去的或现在的资本结构。从理论上说，每个企业都有一个合理权衡风险与收益的资本结构，即企业的目标资本结构，并保持实际的资本结构与目标资本结构一致的方式筹集新的资本。因此，从企业的预测性评价角度来看，按目标价值权数计算的加权平均资本成本相关性更强。然而，未来市场的变化趋势难以预测，客观合理地确定目标价值不是件容易的事情。

本章小结

企业的筹资、投资、效益评价都离不开成本，树立成本效益观念，方可保证企业经济效益，实现企业目标。从财务管理方面看，除了产品生产成本、销售费用、管理费用外，更侧重于筹资的资本成本，资本成本就是企业为取得和使用资本而支付或负担的各种费用，它包括资本筹集费和资本使用费两个部分。资本成本是一个预测的估计值，而不是精确的计算值，通常以相对数表示。个别资本成本计算主要包括债券成本、银行借款的成本、优先股成本、普通股成本和留存收益成本的计算。加权平均资本成本是以各种来源的资本占全部资本的比重为权数，对个别资本成本进行加权平均的成本。

关键概念

资本成本（Cost of Capital）；债务成本（Cost of Debt）；优先股成本（Cost of Preferred Stock）；普通股成本（Common Stock Cost）；留存收益成本（Cost of Retained Earnings）；加权平均资本成本（Weighted Average Cost of Capital, WACC）

思考题

1. 什么是资本成本？
2. 试比较资本成本与产品成本。
3. 试述资本成本的作用。
4. 影响资本成本的因素有哪些？
5. 留存收益筹资有没有成本？为什么？
6. 加权平均资本成本计算的权数有哪些？各有何优缺点？
7. 试对正常情况下的各种筹资方式的成本按从高到低顺序排列，并说明理由。

计算分析题

1. 某企业发行长期债券，其面值总额为5 000万元，年利率为9%，每年付息一次，到期一次还本。筹资费率为2%。企业所得税为25%。

要求：

（1）如果按面值发行，请计算债券的资本成本。

（2）如果分别按5 100万元、4 900万元的价格发行，请重新计算债券的资本成本。

2. 某公司普通股每股市价6元，现拟增发普通股3 000万股，预计筹资费率为4%，第一年每股股利0.58元，股利增长率为2%。

要求：计算本次增发普通股的资本成本。

3. 某公司长期资本的总账面价值5 000万元，其中：以价格1 890万元发行面值1 800万元的公司债券，债券票面利率为8.15%，筹集费率为3%；按每股21.10元发行的100万股普通股共2 110万元，每年股利均为每股2.43元，筹集费率为4%；留存收益1 000万元。该公司所得税税率为25%。

要求：计算该公司的加权平均资本成本。

4. 某企业拟筹资10 000万元。其中：面值发行债券4 000万元，筹资费率2%，债券年利率为7%，所得税税率为25%；面值发行优先股1 000万元，年股息率8%，筹资费率为3%；按每股10元发行普通股500万股，筹资费率为4%，第一年预期每股股利1元，以后各年增长3%。

要求：试计算该筹资方案的加权平均资本成本。

第7章 杠杆效应

杠杆一词是物理学中的力学概念。财务管理学借喻物理学的“杠杆”一词，说明在财务管理中，由于存在支点（固定费用），当业务量发生较小变动时，收益会产生较大的变动，它在一定程度上衡量了企业风险的大小。

学习目标

1. 了解杠杆效应的概念及成本按习性分类
2. 了解经营杠杆、财务杠杆的作用
3. 掌握经营杠杆、财务杠杆的计量
4. 理解经营杠杆与经营风险的关系
5. 理解财务杠杆与财务风险的关系
6. 理解联合杠杆与企业风险的关系

引　例

航空公司高杠杆运行

杠杆是一把双刃剑：当公司经营状况良好的时候，可能产生更高的收益；而一旦经营出现问题，负面效应也很大。

航空业就是比较典型的例子。航空公司的资产主要是固定资产（飞机），折旧数额大，因此经营杠杆非常高。航空业又是负债比率比较高的行业，飞机要不就自行购买，资金筹资通过借款或发行债券的比例高；要不就通过融资租赁，利息及租金使其财务杠杆也非常高。

以近年来资产规模在国内航空业排名第一的南方航空公司为例，2015—2019年固定资产占全部资产的比例平均达61%，资产负债率平均为71%，经营杠杆和财务杠杆都非常高，而南方航空的航运业务中客运所占比例高达85%以上。一旦经济状况发生变化或其他因素的影响，其收益就会受影响。如2015年中国航空市场需求旺盛，南方航空公司加大运力投入，在出境游强劲增长带动下，全年营业收入同比增长2.91%，净利润同比增长117.2%。

2020年1月下旬新冠肺炎疫情在全球蔓延，导致航空需求锐减。虽然我国整体疫情控制情况比较好，国内多个省（自治区、直辖市）逐步复产复工，境内的航空客运需求也有一定程度的恢复，但由于国际疫情持续扩散，国际航空限制政策趋严，国际航空客运量进一步减少。南方航空公司2020年一季度营业收入同比下降43.82%，一季度净利润同比下降298.64%，对公司业绩影响特别大。不过相信南方航空公司会积极应对市场需求变化，及时调整经营策略，大力削减各项成本，努力渡过难关，争取更好的业绩。

资料来源：根据金融街、东方财富相关数据编写。

阅读本章不妨思考下面几个问题：自然科学中的杠杆原理在公司理财中是否存在？杠杆的支点是什么？杠杆效应如何影响公司的经营和筹资？如何理解财务杠杆的作用？

7.1 杠杆效应概述

7.1.1 杠杆效应概念

物理学中的杠杆效应，是指通过杠杆和支点的配合，在一定的作用力下产生力矩，使之转变或放大为更大的力或运动，即可以用较小的力量移动或撬动较重物体的现象。财务管理中也存在着类似的杠杆效应，这种杠杆效应是由于固定成本（包括经营的固定成本和筹资的固定成本）的存在而导致的，即当某一财务变量以较小幅度变动时，另一财务变量会以较大的幅度变动。财务管理中的杠杆效应如图7-1所示。

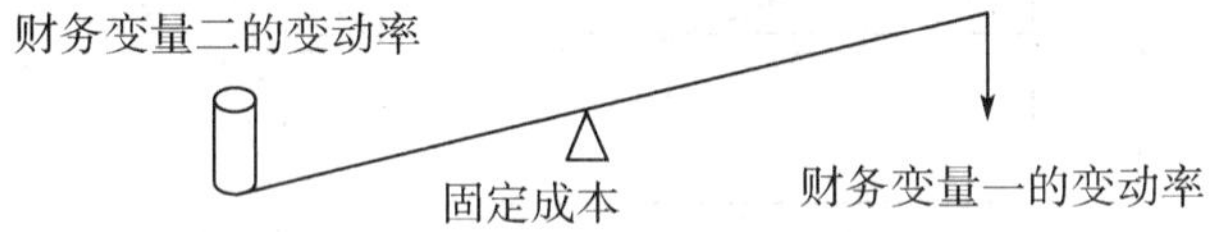

图7-1 财务管理的杠杆效应示意图

如果借喻自然界的杠杆含义，这里“支点”就是固定成本，“作用力”就是财务变量一的变动率，而“重物”就是财务变量二的变动率。财务管理中的杠杆效应有三种形式，即经营杠杆、财务杠杆和联合杠杆。

7.1.2 成本按习性分类及息税前利润计算

财务管理的杠杆效应是由于固定成本的存在而导致的，因此，研究成本与业务量之间的依存关系是研究杠杆问题的基础。

1.成本习性及成本分类

成本习性是指成本总额的变动与业务量之间的依存关系。这里的“业务量”可以是企业生产经营活动水平的标志量，如产出实物量、投入实物量或时间量、货币量等；也可以是企业经营活动成果，如经营利润（息税前利润）。

按照成本习性，成本可分为固定成本、变动成本和混合成本三类。

（1）固定成本。

固定成本（Fixed Cost）是指在一定时期和一定业务量范围（即相关范围）内，其成本总额不受业务量增减变动的影响而固定不变的成本，如生产经营活动成本中的固定资产折旧费、管理人员工资、办公费等项目，产销量在一定范围内变动，它们保持不变；又如筹资活动资本成本中的利息、融资租赁租金、优先股股利，经营利润（息税前利润）变动通常不会引起它们的变动。

正是由于固定成本在相关范围内总额保持不变，因而，随着业务量的增加，意味着固定成本将分配给更多数量的产品或经营利润，也就是说，每单位固定成本将随业务量的增加而逐渐减少。

固定成本的上述属性可用下列公式表示：

$$FC=a$$

$$UFC=\frac{a}{x}$$

式中：FC为固定成本，常数；UFC为单位业务量所负担的固定成本；x为业务量。

固定成本的上述属性也可用图表示，如图7-2所示。

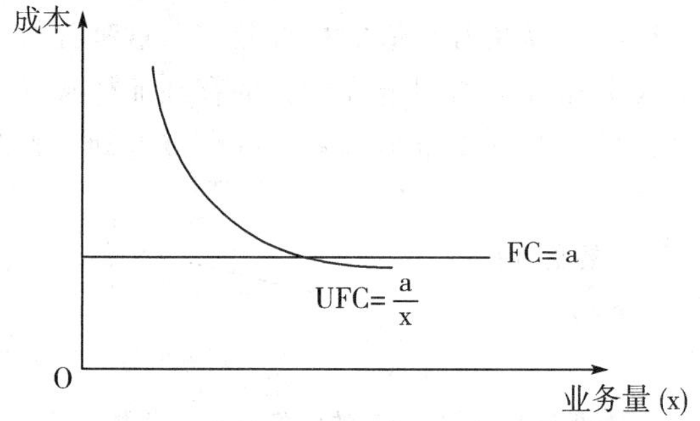

图7-2　固定成本与业务量的关系

图7-2显示了固定成本就其总额而言，不受业务量变动的影响，与业务量的变动无关；而单位业务量所负担的固定成本随业务量的增加而减少。

（2）变动成本。

变动成本（Variable Cost）是指在一定时期和一定业务量范围（即相关范围）内，其成本总额随业务量变动成正比例变动的成本。如生产经营活动成本中的直接材料成本、直接人工成本等项目，产销量在一定范围内变动，它们随之成比例变动；又如筹资活动资本成本中的普通股股利，通常随着企业盈利水平变动而变动。但在相关范围内，单位变动成本与业务量的变动无关，保持在一个固定的水平上。

变动成本的上述属性可用下列公式表示：

VC=bx

UVC=b

式中：VC为变动成本；UVC为单位业务量所负担的变动成本，常数；x为业务量。

变动成本的上述属性也可用图表示，如图7-3所示。

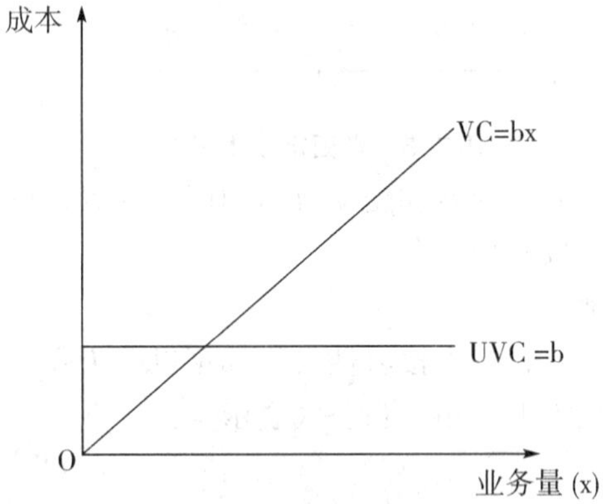

图7-3 变动成本与业务量的关系

图7-3显示，变动成本就其总额而言，与业务量的变动成正比例的关系；而单位业务量所负担的变动成本则保持不变。

（3）混合成本。

混合成本是指随着业务量变动而变动，但不成正比例变动，不能简单地归入变动成本或固定成本的那部分成本。混合成本按其与业务量的关系又可以分为半变动成本和半固定成本。

①半变动成本。半变动成本是混合成本的基本类型，它通常有一个初始量，类似于固定成本，在这个初始量基础上随业务量的增长而增长，又类似于变动成本，如电话费等。其图示如图7-4所示。

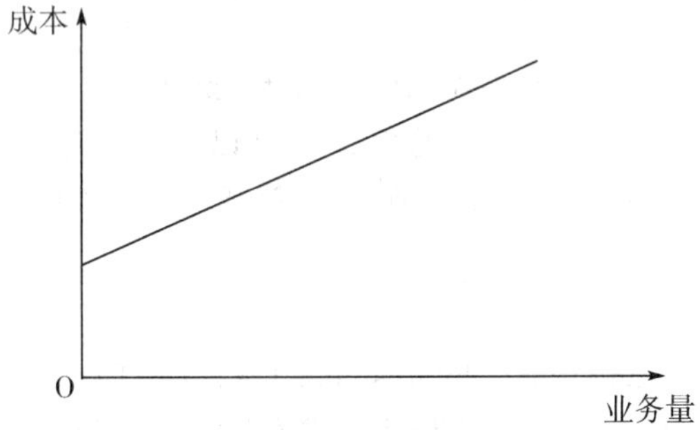

图7-4 半变动成本示意图

②半固定成本。半固定成本是指随业务量的变化而成阶梯形增长的成本。业务量在一定限度内，这种成本不变，当业务量增长到一定限度后，这种成本就跳跃到一个新水平，如化验员、质检人员的工资等。其图示如图7-5所示。

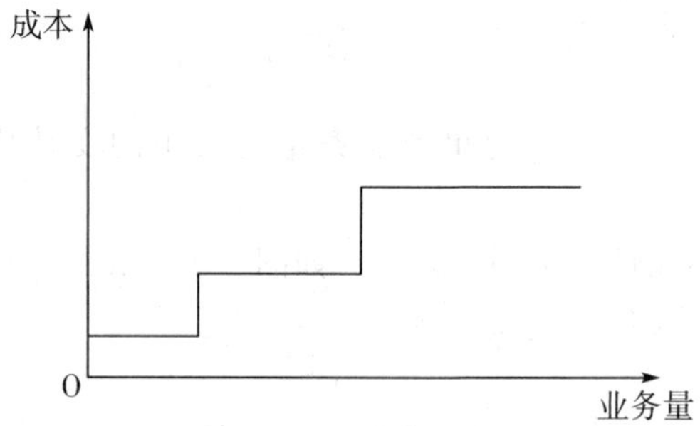

图 7-5　半固定成本示意图

混合成本同时具有固定成本和变动成本的两个因素，可以按一定的方法将其分解为固定成本和变动成本两部分。

2.总成本习性模型

从上述分析可以知道，成本按习性最终都可以分为变动成本、固定成本两部分。因此，总成本习性模型可用下列公式表示：

TC=a+bx

式中：TC为总成本。

总成本习性模型也可用图表示，如图7-6所示。

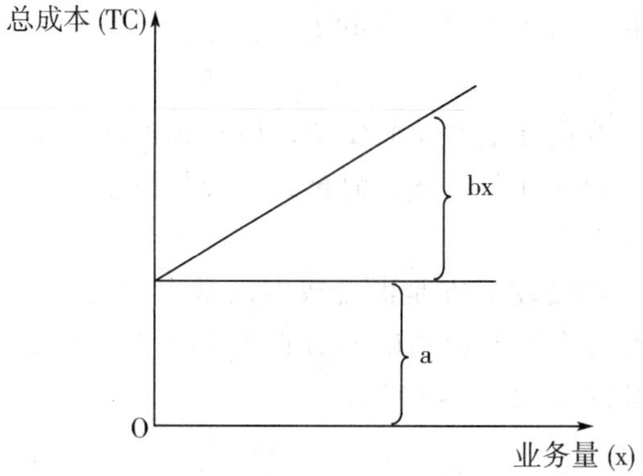

图 7-6　总成本习性模型图

显然，若能求出公式中a和b的值，就可以利用这个直线方程来进行成本预测、成本决策和其他短期决策，所以，总成本习性模型是一个非常重要的模型。

3.息税前利润

息税前利润（Earning Before Interest and Tax，EBIT）是指支付利息和缴纳所得税之前的利润，主要是企业经营利润。成本按习性分类后，引出一种新的、有用的利润计算思路。

（1）边际贡献的计算。

边际贡献是指销售收入减去变动成本后的差额。其计算公式为：

边际贡献总额=销售收入总额-变动成本总额

即：$M=S-VC$

$=(P-V)\cdot Q$

$=m\cdot Q$

式中：M为边际贡献总额；S为销售收入总额；VC为变动成本总额；P为销售单价；V为单位变动成本；Q为产销数量；m为单位边际贡献。

（2）息税前利润的计算。

在边际贡献的基础上计算息税前利润，其计算公式为：

息税前利润=边际贡献总额-固定成本

即：$EBIT=M-FC$

$=S-VC-FC$

$=(P-V)\cdot Q-FC$

$=m\cdot Q-FC$

式中：EBIT为息税前利润；FC为固定成本；其他同上。

这样的利润计算思路是杠杆分析、本量利分析的重要基础。值得注意的是，上述利润计算是息税前利润计算，不论利息、股利的习性如何，都没有包括在内，即上述计算的固定成本和变动成本仅指生产经营活动的成本，不包括筹资活动的成本。

7.2 经营杠杆与经营风险

在企业的经营活动中，风险无处不在，无时不有。从企业本身来看，风险按其形成的原因，一般可分为经营风险（商业风险）和财务风险（筹资风险）。

7.2.1 经营风险

经营风险（Operating Risk）是指因生产经营活动的不确定性而引起的风险，它会使企业的经营利润（息税前利润EBIT）变得不确定。经营风险是任何商业活动都有的，因此也称为商业风险。

经营风险不仅因行业而异，即使是同一行业差别也很大。在市场经济中决定经营风险的发生及大小的因素有很多。

1.市场对产品需求的变动性

市场对企业产品的需求越稳定，产品需求弹性越小，则企业的经营利润（EBIT）越稳定，经营风险越小；反之，市场对产品的需求越不稳定，则企业的经营利润（EBIT）越不稳定，经营风险越大。

2.产品销售价格的变动性

在市场竞争的条件下，如果产品能保持相对稳定的销售价格，则企业的经营利润（EBIT）越稳定，经营风险越小；反之，销售价格随竞争形势而波动，则企业的经营利润（EBIT）越不稳定，经营风险越大。

3.投入生产要素价格的变动性

在生产经营活动中所消耗的原材料、燃料、工资等生产要素价格的高低直接影响企业的生产经营成本，从而影响经营利润（EBIT）。投入生产要素的价格越稳定，生产经营成本越稳定，则企业的经营利润（EBIT）越稳定，经营风险越小；反之，投入生产要素的价格变动越大，企业的经营利润（EBIT）越不稳定，经营风险越大。

4.调整销售价格的能力

随着投入生产要素价格的变动，如果企业有较强的相应调整销售价格的能力，将生产经营成本的波动转移到销售价格上，从而消除对经营利润（EBIT）的影响，那么经营风险越小。这种能力在通货膨胀环境中对抵御经营风险的作用尤其显著。反之，如果企业在投入的生产要素价格发生变动时，没有能力相应地调整产品销售价格或受国家价格政策的限制而无法调整产品销售价格，则经营风险会加大。

5.固定成本占全部成本的比重

固定成本是不随产销量变动而变动的成本。在企业的全部经营成本中，固定成本占的比重越高，一旦需求下降而产销量减少，这部分固定成本不能随之减少，企业承担的损失也越大，一旦需求上升而产销量增加，这部分固定成本不会随之增加，企业获得的利润也越大，因而经营风险就越大；反之，固定成本占的比重越低，企业承担的损失或获得的利润越小，即经营利润（EBIT）波动越小，经营风险就越小。

这种固定成本的影响，正是财务管理决策所要研究的内容。

7.2.2 经营杠杆

1.经营杠杆的概念

如果没有固定成本，所有成本都是变动的，那么边际贡献就是息税前利润，它的变动率与销售量的变动率是一致的。但是，如果存在固定成本，在其他条件不变的情况下，销售量的增加不会改变固定成本总额，却会降低单位固定成本，从而提高单位利润；反之，销售量的减少会提高单位固定成本，从而降低单位利润。可见，销售量是影响息税前利润的重要因素之一，但二者之间并非正比例关系。如果销售量增长，息税前利润的增长率大于销售量的增长率；反之，如果销售量下降，息税前利润的降低率也大于销售量的降低率。

【例 7-1】 现有乙和丙两家公司，乙公司属于劳动密集型产业，丙公司属于技术密集型产业。乙公司和丙公司的成本结构不同，其他条件一样。有关资料见表 7-1。

表7-1 乙、丙公司基本信息表

项目	乙公司	丙公司
基期销售数量（件）	5 000	5 000
单位销售价格（元/件）	40	40
单位变动成本（元/件）	26	21
固定成本（元）	20 000	45 000

根据表7-1的资料，基期乙公司和丙公司的息税前利润计算如下：

乙公司息税前利润=5 000×（40-26）-20 000=50 000（元）

丙公司息税前利润=5 000×（40-21）-45 000=50 000（元）

假设销售数量增长10%，那么，乙公司和丙公司的息税前利润计算如下：

乙公司息税前利润=5 000×（1+10%）×（40-26）-20 000=57 000（元）

丙公司息税前利润=5 000×（1+10%）×（40-21）-45 000=59 500（元）

此时，乙公司和丙公司的息税前利润增长率分别为：

乙公司息税前利润增长率=（57 000-50 000）÷50 000×100%=14%

丙公司息税前利润增长率=（59 500-50 000）÷50 000×100%=19%

可见，在其他条件不变的情况下，息税前利润增长的幅度大于销售量的增长幅度。同理，可以得出，在其他条件不变的情况下，如果销售量下降，息税前利润下降的幅度大于销售量的下降幅度。

这种由于固定成本的存在而使得息税前利润的变动大于销售量变动的效应，称为经营杠杆（Operating Leverage）。借用物理学的杠杆含义，这里的“支点”就是固定成本，“作用力”就是销售量变动率，而“重物”就是息税前利润变动率。

2.经营杠杆的计量

企业只要存在固定经营成本，就存在经营杠杆效应，但不同的企业或同一企业不同销售量基础上的经营杠杆效应的大小是不完全一致的。如上述的乙公司与丙公司，它们由于在成本中固定成本所占比重不同，息税前利润变动的幅度就有所不同。因此，有必要对经营杠杆进行计量。

（1）经营杠杆系数。

对经营杠杆的计量通常用的指标是经营杠杆程度，亦称经营杠杆系数（Degree of Operating Leverage，DOL）。经营杠杆系数是指息税前利润变动率与销售量变动率之比，即息税前利润变动率相当于销售量变动率的倍数。计算公式为：

$$经营杠杆系数=\frac{息税前利润变动率}{销售量变动率}$$

即：$DOL=\dfrac{\Delta EBIT\div EBIT}{\Delta Q\div Q}$

式中：ΔEBIT为息税前利润变动额，即变动后息税前利润-变动前息税前利润；EBIT为变动前息税前利润，即基期息税前利润；ΔQ为销售变动量，即变动后销售量-变动前销售量；Q为变动前销售量，即基期的销售量。

【例7-2】 沿用例7-1的资料，计算乙公司和丙公司的经营杠杆系数（DOL）。

乙公司经营杠杆系数=14%÷10%=1.4

丙公司经营杠杆系数=19%÷10%=1.9

（2）简化经营杠杆系数计算公式推导。

上述计算公式是根据经营杠杆系数概念而来的理论公式，需要根据息税前利润和销售量变动前后资料才能计算，比较麻烦。为了便于运用，上述公式可以转换为利用基期资料计算的公式。

公式推导过程：设变动前后的单价、单位变动成本、固定成本总额不变，依理论公式得：

$$经营杠杆系数(DOL_Q)=\frac{\dfrac{[Q_1(P-V)-FC]-[Q(P-V)-FC]}{Q(P-V)-FC}}{\dfrac{Q_1-Q}{Q}}$$

$$=\frac{(Q_1-Q)(P-V)}{Q(P-V)-FC}\times\frac{Q}{Q_1-Q}$$

$$=\frac{Q(P-V)}{Q(P-V)-FC}=\frac{M}{EBIT}$$

式中：Q_1为变动后的销售量；P为单位售价；V为单位变动成本；FC为固定成本总额；M为边际贡献。

即：$经营杠杆系数=\dfrac{基期边际贡献}{基期息税前利润}$

这表明，经营杠杆系数就是基期边际贡献与基期息税前利润的比率。

在实际运用中，如果企业的成本—销量—利润保持线性关系，变动成本在销售收入中所占的比例不变，固定成本也保持稳定，经营杠杆系数还可以通过销售额和成本来表示，具体有上述按销售量表达的形式，还有按销售额表达的形式。

$$DOL_Q=\frac{Q(P-V)}{Q(P-V)-FC}$$

式中：DOL_Q为销售量为Q时的经营杠杆系数。

该公式可用于计算单一产品的经营杠杆系数。

$$DOL_S=\frac{S-VC}{S-VC-FC}$$

式中：DOL_S为销售额为S时的经营杠杆系数；S为销售额；VC为变动成本总额。

该公式还可用于计算多种产品的经营杠杆系数。

【例7-3】 继续沿用例7-1的数据，分别计算乙公司和丙公司销售量为5 000件、5 500件、4 500件时的经营杠杆系数。

销售量为5 000件时：

$$乙公司经营杠杆系数=\frac{5\,000\times(40-26)}{5\,000\times(40-26)-20\,000}=\frac{70\,000}{50\,000}=1.4$$

$$丙公司经营杠杆系数=\frac{5\,000\times(40-21)}{5\,000\times(40-21)-45\,000}=\frac{95\,000}{50\,000}=1.9$$

计算结果与例7-2一致，该方法能更清晰地反映某一特定的销售量水平下的经营杠杆系数。

销售量为5 500件时：

$$乙公司经营杠杆系数=\frac{5\,500\times(40-26)}{5\,500\times(40-26)-20\,000}=\frac{77\,000}{57\,000}\approx 1.3509$$

$$丙公司经营杠杆系数=\frac{5\,500\times(40-21)}{5\,500\times(40-21)-45\,000}=\frac{104\,500}{59\,500}\approx 1.7563$$

销售量为4 500件时：

$$乙公司经营杠杆系数=\frac{4\,500\times(40-26)}{4\,500\times(40-26)-20\,000}=\frac{63\,000}{43\,000}\approx 1.4651$$

$$丙公司经营杠杆系数=\frac{4\,500\times(40-21)}{4\,500\times(40-21)-45\,000}=\frac{85\,500}{40\,500}\approx 2.1111$$

（3）经营杠杆系数说明的问题。

例7-3的计算结果说明这样的问题：

第一，经营杠杆系数说明了销售量（额）增长或下降所引起的息税前利润增长或下降的幅度。

例如，当销售量为5 000件时，乙公司的经营杠杆系数为1.4，这说明乙公司如果在销售量5 000件基础上增长10%，那么其息税前利润将以10%的1.4倍，即14%的幅度增长，从原来的50 000元增长到57 000元（50 000×（1+14%））。同样，如果乙公司的销售量在5 000件的基础上下降10%，那么其息税前利润将以10%的1.4倍，即14%的幅度下降。丙公司同理，读者可自行验证。

第二，在其他条件相同的情况下，固定成本占成本总额的比重越高，经营杠杆系数越大；反之，固定成本占成本总额的比重越低，经营杠杆系数越小。

例如，上述的乙公司和丙公司，其销售量、单价和总成本都相同时，由于乙公司的固定成本占成本总额的比重（13.33%=20 000÷150 000×100%）低于丙公司（30%=45 000÷150 000×100%），所以乙公司的经营杠杆系数低于丙公司。

此外，也可以从DOL_Q和DOL_S的计算公式中推出：在其他条件不变的情况下，固定成本越大，经营杠杆系数越大；反之，固定成本越小，经营杠杆系数越小。

第三，在其他条件不变的情况下，销售量（额）越大，经营杠杆系数越小；反之，销售量（额）越小，经营杠杆系数越大。

例如，上述的乙公司，当销售量为5 000件时，其经营杠杆系数为1.4，而当销售量上升至5 500件时，其经营杠杆系数为1.3509；相反，当销售量下降到4 500件时，其经营杠杆系数为1.4651。

3.经营杠杆与经营风险的关系

引起企业经营风险的因素是多样的，主要是市场需求、生产经营及技术状况和成本等因素的不确定性，经营杠杆本身并不是经营利润不稳定的根源，它只是其中的一个组成部分。但是，当销售量增加时，息税前利润将以DOL的倍数而增加；而销售量减少时，息税前利润将以DOL的倍数而减少。只要有固定成本存在，DOL必然大于1，可见，经营杠杆扩大了市场和生产等不确定因素对经营利润变动的影响。而且经营杠杆系数越高，意味着销售量相对微小的变动就可能导致息税前利润的大幅度变化，在这种条件下，企业的盈利水平对市场销售状况的反应极为敏感，也即意味着企业的经营风险就越大；相反，经营杠杆系数越低，意味着销售量相对微小的变动只导致息税前利润的小幅度变化，这样，企业的盈利水平对市场销售状况的反应敏感性较弱，也即意味着企业的经营风险就越小。所以，企业经营风险的大小和经营杠杆有重要关系。

经营杠杆效应的大小取决于企业的技术构成，也即固定成本所占的比重。在现代经营环境中，制造业技术构成向着资本密集和技术密集方向发展，许多自动化程度较高的行业，如钢铁行业等，固定资产投资规模大，再如技术更新较快的信息技术产业等，投入的研究开发费用高，相应地它们的固定成本比例也较高，经营杠杆系数较高，这些行业的共同特征表现为“高风险、高利润”。而流通企业和劳动密集型行业固定成本比例低，经营杠杆系数较低，经营风险也相对较小。如上述的乙公司（属于劳动密集型产业）经营杠杆系数小于丙公司（属于技术密集型产业），乙公司的经营风险小于丙公司的经营风险。

企业一般可以通过管理，如增加销售额、降低产品单位变动成本、降低固定成本比重等措施使经营杠杆系数下降，降低经营风险。但这往往要受多种非主观因素的制约。

7.3 财务杠杆与财务风险

在企业的经营活动中，除了要面对由于生产经营活动的不确定性而引起的经营风险，可能还要面临因为选择举债而增加的风险。

7.3.1 财务风险

财务风险（Financial Risk）是指由于负债经营（包括长期借款、发行债券、融资租赁等各种形式）而增加的风险，它会使普通股股东的收益变得不稳定。只要选择负债筹资方式都会存在财务风险，故财务风险也被称为筹资风险。

在负债经营情况下，无论企业经营状况如何，都必须按期向债权人支付按固定利率计算的利息并按约定方式偿还债务本金。一旦企业支付能力不足以偿付债务的本金和利息，企业在法律上就将面临来自债权人索偿的压力，甚至引发严重的财务危机。

如果企业不负债经营，即全部资本都由权益资本提供，则所有的经营风险全部由普通股的全体股东平均负担。但是，如果企业的资本总额不变，部分地以债务性资本取代权益性资本，假设企业30%的资本是长期负债，则持有企业70%资本的普通股股东要承担企业全部的经营风险。这时普通股的风险将比企业全部资本都由权益资本提供时的风险大，这就是由于负债经营而增加的风险。

7.3.2 财务杠杆

1. 财务杠杆的概念

不论企业的经营利润（息税前利润）如何，债务的利息通常不随息税前利润变动，属于固定性的财务费用。这样，在其他条件不变的情况下，息税前利润的增加不会改变固定性的财务费用，却使普通股每股收益（EPS）所负担的固定性财务费用相对减少，这就给普通股股东带来更多的收益额。反之，息税前利润减少，使普通股每股收益所负担的固定性财务费用相对增加，这就会大幅度地减少普通股股东的收益额。可见，息税前利润是影响普通股每股收益的重要因素之一，但二者之间并非正比例关系。在其他条件不变的情况下，如果息税前利润增加，普通股每股收益的增长率大于息税前利润的增长率；反之，如果息税前利润下降，普通股每股收益的降低率也大于息税前利润的降低率。

【例7-4】 现有甲、乙、丙、丁四家公司。假设它们的资本总额均为50万元，目前息税前利润均为5万元，所得税税率均为25%。但四家公司的资本结构、负债的利率不完全相同，其资本结构等资料见表7-2。

表7-2 **甲、乙、丙、丁公司资本结构资料表**

资本结构	甲公司	乙公司	丙公司	丁公司
普通股（面值1元）（元）	500 000	125 000	300 000	300 000
股份数	500 000	125 000	300 000	300 000
占资本总额比例（%）	100	25	60	60
长期债券（元）	0	375 000	200 000	200 000
占资本总额比例（%）		75	40	40
利率（%）		8	8	12.5
资本总额（元）	500 000	500 000	500 000	500 000

根据上述资料，计算四家公司普通股每股收益见表7-3。

表7-3　　甲、乙、丙、丁公司普通股每股收益（一）

项目	甲公司	乙公司	丙公司	丁公司
息税前利润（元）	50 000	50 000	50 000	50 000
利息（元）	0	30 000	16 000	25 000
税前利润（元）	50 000	20 000	34 000	25 000
所得税（元）	12 500	5 000	8 500	6 250
税后利润（元）	37 500	15 000	25 500	18 750
普通股每股收益（元/股）	0.075	0.12	0.085	0.0625

假设息税前利润增长14%，即息税前利润为57 000元（50 000+50 000×14%），计算四家公司普通股每股收益见表7-4。

表7-4　　甲、乙、丙、丁公司普通股每股收益（二）

项目	甲公司	乙公司	丙公司	丁公司
息税前利润（元）	57 000	57 000	57 000	57 000
利息（元）	0	30 000	16 000	25 000
税前利润（元）	57 000	27 000	41 000	32 000
所得税（元）	14 250	6 750	10 250	8 000
税后利润（元）	42 750	20 250	30 750	24 000
普通股每股收益（元/股）	0.0855	0.162	0.1025	0.08

此时，四家公司普通股每股收益增长率的计算如下：

甲公司普通股每股收益增长率=（0.0855-0.075）÷0.075=14%

乙公司普通股每股收益增长率=（0.162-0.12）÷0.12=35%

丙公司普通股每股收益增长率=（0.1025-0.085）÷0.085≈20.588%

丁公司普通股每股收益增长率=（0.08-0.0625）÷0.0625=28%

可见，甲公司由于没有负债，其普通股每股收益的增长率等于息税前利润的增长率，而乙公司、丙公司和丁公司有负债，存在固定性财务费用，在其他条件不变的情况下，其普通股每股收益的增长率大于息税前利润的增长率。同理，可以得出：在其他条件不变的情况下，如果息税前利润下降，普通股每股收益的降低率也大于息税前利润的降低率。

这种由于固定性财务费用的存在，而使得普通股每股收益的变动大于息税前利润变动的效应，称为财务杠杆（Financial Leverage）。借用物理学的杠杆含义，这里“支点”就是固定性财务费用，“作用力”就是息税前利润变动率，而“重物”就是普通股每股收益变动率。

2.财务杠杆的计量

只要在企业的筹资方式中有固定性财务支出，就存在财务杠杆的效应。但不同企业或同一企业在不同时期有不同的息税前利润水平，其财务杠杆效应的大小程度是不完全一致的，为此，需要对财务杠杆进行计量。

（1）财务杠杆系数。

对财务杠杆进行计量的最常用指标是财务杠杆程度，亦称财务杠杆系数（Degree of Financial Leverage，DFL）。财务杠杆系数是指普通股每股收益的变动率与息税前利润变动率之比，即普通股每股收益变动率相当于息税前利润变动率的倍数。其计算公式为：

$$财务杠杆系数=\frac{普通股每股收益变动率}{息税前利润变动率}$$

即：$$DFL=\frac{\Delta EPS\div EPS}{\Delta EBIT\div EBIT}$$

式中：ΔEPS为普通股每股收益变动额，即变动后的普通股每股收益-变动前的普通股每股收益；EPS为变动前的普通股每股收益；其余符号含义与前面相同。

【例7-5】 沿用例7-4的资料，计算甲、乙、丙、丁四家公司的财务杠杆系数（DFL）。

甲公司的财务杠杆系数=14%÷14%=1

乙公司的财务杠杆系数=35%÷14%=2.5

丙公司的财务杠杆系数=20.588%÷14%=1.4706

丁公司的财务杠杆系数=28%÷14%=2

（2）简化财务杠杆系数计算公式推导。

上述计算公式是根据财务杠杆系数概念而来的理论公式，需要根据普通股每股收益和息税前利润变动前后资料才能计算，比较麻烦。为了便于运用，在没有优先股和融资租赁的情况下，上述公式可以转换为利用基期资料计算的公式。

公式推导过程：设没有优先股，变动前后的利息、股数不变，依理论公式得：

$$财务杠杆系数(DFL)=\frac{\dfrac{(EBIT_1-I)(1-T)\div N-(EBIT-I)(1-T)\div N}{(EBIT-I)(1-T)\div N}}{\dfrac{EBIT_1-EBIT}{EBIT}}$$

$$=\frac{(EBIT_1-I)-(EBIT-I)}{EBIT-I}\times\frac{EBIT}{EBIT_1-EBIT}$$

$$=\frac{EBIT}{EBIT-I}$$

式中：$EBIT_1$为变动后的息税前利润；I为负债的利息；其余符号含义与前面相同。

即：$$财务杠杆系数=\frac{基期息税前利润}{基期息税前利润-基期利息}$$

这表明，在没有优先股和融资租赁的情况下，财务杠杆系数就是基期息税前利润与基期税前利润的比率。

在实际运用中，财务杠杆系数还可以转换为按销售量和按销售额表达的两种形式：

$$DFL_Q = \frac{Q(P-V)-FC}{Q(P-V)-FC-I}$$

$$DFL_S = \frac{S-VC-FC}{S-VC-FC-I}$$

如果有优先股和融资租赁，财务杠杆系数的计算公式为：

$$财务杠杆系数 = \frac{息税前利润}{息税前利润-利息-租金-优先股股利\div(1-所得税税率)}$$

即：$$DFL = \frac{EBIT}{EBIT-I-L-D\div(1-T)}$$

式中：L为租金；D为优先股股利；T为所得税税率；其余符号含义与前面相同。

【例7-6】 继续沿用例7-4的资料，分别计算甲、乙、丙、丁四家公司息税前利润为50 000元和57 000元时的财务杠杆系数。

息税前利润为50 000元时：

$$甲公司的财务杠杆系数 = \frac{50\,000}{50\,000-0} = 1$$

$$乙公司的财务杠杆系数 = \frac{50\,000}{50\,000-30\,000} = 2.5$$

$$丙公司的财务杠杆系数 = \frac{50\,000}{50\,000-16\,000} = 1.4706$$

$$丁公司的财务杠杆系数 = \frac{50\,000}{50\,000-25\,000} = 2$$

计算结果与例7-5一致，该方法能更清晰地反映某一特定的息税前利润水平下的财务杠杆系数。

息税前利润为57 000元时：

$$甲公司的财务杠杆系数 = \frac{57\,000}{57\,000-0} = 1$$

$$乙公司的财务杠杆系数 = \frac{57\,000}{57\,000-30\,000} = 2.111$$

$$丙公司的财务杠杆系数 = \frac{57\,000}{57\,000-16\,000} = 1.39$$

$$丁公司的财务杠杆系数 = \frac{57\,000}{57\,000-25\,000} = 1.781$$

（3）财务杠杆系数说明的问题。

例7-6的计算结果说明了这样的问题：

第一，财务杠杆系数说明了息税前利润增长或下降所引起的普通股每股收益的增长或下降的幅度。

例如，当息税前利润为50 000元时，乙公司的财务杠杆系数为2.5，这说明乙公司如果在50 000元息税前利润基础上增长14%，普通股每股收益将以14%

的2.5倍，即35%的幅度增长，从原来的每股0.12元增长到每股0.162元（0.12×（1+35%））。同样，如果乙公司在50 000元息税前利润基础上下降14%，普通股每股收益将以14%的2.5倍，即35%的幅度下降。丙公司、丁公司的同理，读者可自行证明。

第二，在资本总额、息税前利润等其他条件相同的情况下，负债比率越高，利息越大，财务杠杆系数越大；反之，负债比率越低，利息越小，财务杠杆系数越小。

例如，上述的乙公司与丙公司，它们除了资本总额相同外，其他条件都不同，乙公司的负债比率比丙公司的负债比率高，利息费用大，乙公司的财务杠杆系数大。另外，丙公司与丁公司比较，虽然它们的资本总额、资本结构和息税前利润都相同，但丁公司的负债利率比丙公司的高，利息费用大，所以丁公司的财务杠杆系数比丙公司的大。

第三，在其他条件不变的情况下，息税前利润越大，财务杠杆系数越小；反之，息税前利润越小，财务杠杆系数越大。

以上述的乙公司为例，当息税前利润为50 000元时，其财务杠杆系数为2.5，而当息税前利润上升至57 000元时，其财务杠杆系数为2.111。丙公司和丁公司也有同样的现象。

第四，财务杠杆有正作用和负作用之分。

所谓正作用就是指企业通过负债的杠杆效应，使得普通股的每股收益大于不使用负债时的收益，即通过负债提高普通股每股收益。如上述的乙公司（见表7-3和表7-4），尽管企业负债增加了利息负担，但由于普通股每股收益增长幅度大于息税前利润增长幅度，从而使得每股收益相对上升。这个问题也可以通过资本息税前利润率说明。在乙公司和丙公司，资本息税前利润率为10%（50 000÷500 000×100%），而乙公司和丙公司的负债利率仅为8%，资本获得的息税前利润率10%按约定的利率8%还给债权人，还有2%（10%-8%）在缴纳所得税后可分配给更少的股东，从而使得每股收益上升。因此，只要资本息税前利润率大于负债的利率，财务杠杆就会产生正作用，给普通股每股收益带来有利的影响。这时，负债比率越高，正作用越大，因为乙公司的负债比率比丙公司的负债比率高，所以，乙公司的每股收益比丙公司的高。

所谓负作用就是指企业由于存在负债，使普通股的每股收益小于不使用负债时的收益，即通过负债没有提高普通股每股收益，反而使普通股每股收益下降。如上述的丁公司，资本息税前利润率（10%）小于负债利率（12.5%），债务资本获得的利润率10%还不足以偿付债权人（差2.5%）的利息，需要从权益资本获得的利润中拿出一部分，从而使得每股收益下降。因此，只要资本息税前利润率小于负债的利率，财务杠杆就会产生负作用，对普通股每股收益带来不利的影响。

3. 财务杠杆与财务风险的关系

正如前面所分析，财务风险是由于企业负债筹资所带来的应由普通股股东承担的附加风险，它是财务杠杆作用的结果。只要有负债，存在固定性财务费用，DFL就一定大于1，而且，财务杠杆系数越大，意味着息税前利润相对微小的变动就可能导致普通股每股收益的大幅度波动，在这种情况下，普通股股东收益水平对企业盈利状况的反应极为敏感，也即意味着财务风险越高。相反，财务杠杆系数越小，意味着息税前利润相对微小的变动只导致普通股每股收益的小幅度变化，这样，普通股股东收益水平对企业盈利状况的反应敏感性较弱，也即意味着财务风险越低。

财务杠杆效应的大小主要取决于企业的资本结构。如果其他条件相同，在资本结构中，负债资本所占的比例越大，财务杠杆效应就越大，财务风险也越大。企业为了取得财务杠杆利益，就要增加负债，一旦息税前利润下降，不足以补偿固定利息支出，企业的普通股每股收益下降得会更快，甚至引起企业破产。

【课堂讨论 7-1】

在2015年的股市牛市期间，很多股民融资融券炒股，有的利用账户抵押融资1倍，有的融资1.3～1.5倍，最高的甚至达4倍。股价上升时，股民获得超高收益，但随着股市震荡加剧，特别是后来股价持续下跌，一连几个跌停板，不少股民不只损失了股本，有些甚至倾家荡产。

讨论：

（1）融资融券是借助了哪种杠杆的效应？

（2）利用了杠杆的股民将面临怎样的风险？应该从这当中吸取什么教训？

7.4 联合杠杆与企业风险

企业可能同时存在着经营杠杆和财务杠杆，这两种杠杆的作用会联合影响企业的生产经营活动。

7.4.1 联合杠杆

1. 联合杠杆的概念

如前所述，在企业的生产经营中，由于存在固定性经营成本，产生经营杠杆作用，息税前利润的变动率大于销售量的变动率；同样，由于存在固定性财务费用，产生财务杠杆作用，普通股每股收益的变动率大于息税前利润的变动率。

从企业利润产生到利润分配的整个过程来看，既存在固定性经营成本，又存在固定性财务费用，那么，经营杠杆和财务杠杆共同起作用，销售量稍有变动就会使得普通股每股收益产生更大的波动，如图7-7所示。

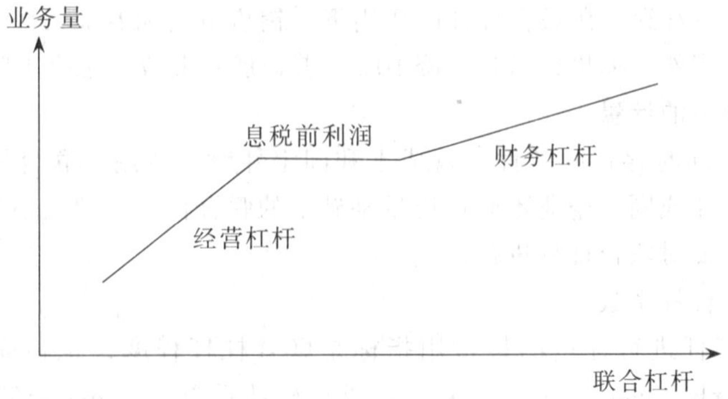

图7-7　联合杠杆图示

这种由于固定性经营成本和固定性财务费用的存在，而使得普通股每股收益的变动远远大于销售量的变动的效应，称为联合杠杆（Combination Leverage），亦称为总杠杆。

【例7-7】　仍以上述的乙公司为例，即利用例7-1和例7-4的基本数据，如果乙公司计划期的销售量比基期增长10%，其他条件，包括售价、单位变动成本、固定成本、资本总额、负债比率、年利率和所得税税率均不改变。息税前利润和普通股每股收益变动前后的情况见表7-5。

表7-5　**息税前利润和普通股每股收益的变动情况表**

项目	基期	计划期	增长率（%）	杠杆
销售数量（件）	5 000	5 500	10%	经营杠杆
单位销售价格（元）	40	40	—	
销售收入总额（元）	200 000	220 000	10%	
单位变动成本（元）	26	26	—	
变动成本总额（元）	130 000	143 000	10%	
边际贡献额（元）	70 000	77 000	10%	
固定成本（元）	20 000	20 000	—	
息税前利润（EBIT，元）	50 000	57 000	14%	
资本总额（元）	500 000	500 000	—	
债务资本总额（元）	375 000	375 000	—	
负债比率（%）	75	75	—	
年利息额（年利率8%，元）	30 000	30 000	—	财务杠杆
税前利润总额（元）	20 000	27 000	35%	
所得税税额（税率25%，元）	5 000	6 750	35%	
税后利润总额（元）	15 000	20 250	35%	
权益资本总额（元）	125 000	125 000	—	
普通股股数（1元/股，股）	125 000	125 000	—	
普通股每股收益（EPS，元/股）	0.12	0.162	35%	

从表7-5中看到，在联合杠杆的作用下，销售量增加10%，普通股每股收益便增长35%。当然，如果销售量下降10%，普通股每股收益也会下降35%。

2.联合杠杆的计量

只要企业同时存在固定性经营成本和固定性财务费用，联合杠杆就会起作用。但不同企业或同一企业不同销售量基础上的联合杠杆作用大小是不完全一致的，因此，需要对联合杠杆进行计量。

（1）联合杠杆系数。

对联合杠杆进行计量的最常用指标是联合杠杆程度，也称联合杠杆系数（Degree of Combination Leverage，DCL）或总杠杆系数（Degree of Total Leverage，DTL）。联合杠杆系数是指普通股每股收益变动率与销售量变动率之比，即普通股每股收益变动率相当于销售量变动率的倍数。其计算公式为：

$$\text{联合杠杆系数}=\frac{\text{普通股每股收益变动率}}{\text{销售量变动率}}$$

即：$$DCL=\frac{\Delta EPS\div EPS}{\Delta Q\div Q}$$

【例7-8】 沿用例7-7的资料，计算乙公司的联合杠杆系数。

乙公司联合杠杆系数=35%÷10%=3.5

（2）简化联合杠杆系数计算公式推导。

上述计算公式是根据联合杠杆系数概念而来的理论公式，需要根据普通股每股收益和销售量变动前后资料才能计算，比较麻烦。为了便于运用，在没有优先股和融资租赁的情况下，上述公式可以转换为利用基期资料计算的公式。

公式推导过程：设变动前后的单价、单位变动成本、固定成本总额、利息、股数不变，没有优先股和融资租赁，依理论公式得：

$$\text{联合杠杆系数(DCL)}=\frac{\dfrac{[Q_1(P-V)-FC-I](1-T)\div N-[Q(P-V)-FC-I](1-T)\div N}{[Q(P-V)-FC-I](1-T)\div N}}{\dfrac{Q_1-Q}{Q}}$$

$$=\frac{Q_1(P-V)-Q(P-V)}{Q(P-V)-FC-I}\times\frac{Q}{Q_1-Q}$$

$$=\frac{Q(P-V)}{Q(P-V)-FC-I}=\frac{M}{EBIT-I}$$

式中的符号含义与前面相同。

即：$$\text{联合杠杆系数}=\frac{\text{基期边际贡献}}{\text{基期息税前利润}-\text{基期利息}}$$

这表明，在没有优先股和融资租赁的情况下，联合杠杆系数就是基期边际贡献与基期税前利润的比率。在实际运用中，联合杠杆系数除了按上述销售量表示，也可以按销售额表达：

$$DCL_S = \frac{S - VC}{S - VC - FC - I}$$

如果有优先股和融资租赁，联合杠杆系数的计算公式为：

$$联合杠杆系数 = \frac{边际贡献}{息税前利润 - 利息 - 租金 - 优先股股利 \div (1 - 所得税税率)}$$

即：$$DCL = \frac{M}{EBIT - I - L - D \div (1 - T)}$$

【例7-9】 继续沿用例7-7的资料，计算乙公司销售量为5 000件或销售额为200 000元或边际贡献为70 000元时的联合杠杆系数。

$$\begin{aligned}乙公司联合杠杆系数 &= \frac{5\,000 \times (40 - 26)}{5\,000 \times (40 - 26) - 20\,000 - 30\,000} \\ &= \frac{200\,000 - 130\,000}{200\,000 - 130\,000 - 20\,000 - 30\,000} \\ &= \frac{70\,000}{70\,000 - 20\,000 - 30\,000} = 3.5\end{aligned}$$

计算结果与例7-8的方法相同。

可见，在联合杠杆的作用下，企业销售量有比较小的增长，普通股每股收益便会大幅度增长；反之，销售量有比较小的下降，普通股每股收益便会大幅度下降。

（3）联合杠杆系数与经营杠杆系数、财务杠杆系数的关系。

从前面的分析可知，联合杠杆效应是经营杠杆和财务杠杆联动带来的，因此，联合杠杆系数与经营杠杆系数和财务杠杆系数有必然的联系。

$$联合杠杆系数 = \frac{边际贡献}{息税前利润 - 利息}$$

上式的分子分母同时乘以息税前利润，可得：

$$\begin{aligned}联合杠杆系数 &= \frac{边际贡献}{息税前利润} \times \frac{息税前利润}{息税前利润 - 利息} \\ &= 经营杠杆系数 \times 财务杠杆系数\end{aligned}$$

或：$DCL=DOL \times DFL$

联合杠杆系数与经营杠杆系数、财务杠杆系数的关系是联合杠杆系数等于经营杠杆系数与财务杠杆系数的乘积。

【例7-10】 继续沿用例7-7的资料，计算乙公司的联合杠杆系数。

$$\begin{aligned}乙公司联合杠杆系数 &= \frac{70\,000}{50\,000} \times \frac{50\,000}{50\,000 - 30\,000} \\ &= 1.4 \times 2.5 = 3.5\end{aligned}$$

（4）联合杠杆系数说明的问题。

例7-10的计算结果说明了这样的问题：

第一，联合杠杆系数说明了销售量增长或下降所引起的普通股每股收益的增长或下降的幅度。

例如，当销售量为5 000件时，乙公司的联合杠杆系数为3.5，这说明乙公司如果在销售量5 000件基础上增长10%，普通股每股收益将以10%的3.5倍，即35%的幅度增长，从原来的每股0.12元增长到每股0.162元（0.12×（1+35%））。同样，如果乙公司的销售量在5 000件的基础上下降10%，普通股每股收益将以10%的3.5倍，即35%的幅度下降。丙公司同理，读者可自行证明。

第二，在其他条件不变的情况下，固定成本（包括经营的和筹资的固定成本）越大，联合杠杆系数越大；反之，固定成本越小，联合杠杆系数越小。这可以从DCL_Q和DCL_S的计算公式中推出。

第三，在其他条件不变的情况下，销售量（额）越大，联合杠杆系数越小；反之，销售量（额）越小，联合杠杆系数越大。

例如上述的乙公司，当销售量为5 000件时，其联合杠杆系数为3.5，而当销售量上升至5 500件时，其联合杠杆系数约为2.85；相反，当销售量下降到4 500件时，其联合杠杆系数约为4.85。丙公司也有同样的现象，读者可自行证明。

【例7-11】 东方公司年销售额2 000万元，变动成本总额1 200万元，固定成本总额600万元，年利息120万元，所得税税率25%，股数300万股。

要求：①计算该公司的经营杠杆系数、财务杠杆系数、联合杠杆系数。

②计算如果预计年销售额下降5%，息税前利润、每股收益将会下降百分之几？

③计算如果预计年销售额下降5%，息税前利润、每股收益将为多少？

①经营杠杆系数 $= \dfrac{2\,000-1\,200}{2\,000-1\,200-600} = \dfrac{800}{200} = 4$

财务杠杆系数 $= \dfrac{2\,000-1\,200-600}{2\,000-1\,200-600-120} = \dfrac{200}{80} = 2.5$

联合杠杆系数=4×2.5=10

②如果预计年销售额下降5%：

息税前利润将会下降=4×5%=20%

每股收益将会下降=10×5%=50%（或2.5×20%=50%）

③原来的息税前利润=2 000−1 200−600=200（万元）

原来的每股收益=［（200−120）×（1−25%）］÷300=0.2（元/股）

如果预计年销售额下降5%：

息税前利润=200×（1−4×5%）=200×80%=160（万元）

每股收益=0.2×（1−10×5%）=0.2×50%=0.1（元/股）

【课堂讨论7-2】

1993年，可口可乐（Coca-Cola）公司的实际收入比1992年的计划增长了

6.8%，而同期净利润却增长了30.8%。Phillips石油公司的同期销售收入与净利润则分别增长了6.3%和12.7%。但是Chevron石油公司的销售收入下降3.6%，而其净利润则下降了19.4%。

讨论：

（1）销售收入的变动往往会导致净利润发生更大的变动，为什么？

（2）这种变动如何分解为与经营相关和与筹资相关的因素，从而制定公司的战略？

7.4.2 联合杠杆与企业风险

就企业生产经营过程而言，通常固定成本与固定性财务费用同时存在，相应地，经营杠杆和财务杠杆也同时存在，经营杠杆扩大了市场和生产等不确定因素对经营利润变动的影响，经营利润变动又由于财务杠杆的作用使得普通股每股收益以更大幅度变动。因此，企业同时承担经营风险和财务风险。这种由两种杠杆效应联合作用，即联合杠杆作用下使普通股每股收益产生不确定性，就是企业风险（Enterprise Risk）。

从以上分析看到，只要存在固定成本与固定性财务费用，DCL就一定大于1，而且，联合杠杆系数越大，意味着销售量相对微小的变动就可能导致普通股每股收益的大幅度波动，在这种情况下，普通股股东收益水平对市场销售状况的反应极为敏感，也即意味着企业风险越高。相反，联合杠杆系数越小，意味着销售量相对微小的变动只导致普通股每股收益的小幅度变化，这样，普通股股东收益水平对市场销售状况的反应敏感性较弱，也即意味着企业风险越低。

在联合杠杆的作用下，当企业经济效益好时，每股盈余会大幅度上升，当企业经济效益差时，每股盈余会大幅度下降。企业承受风险的能力有限，在某一联合杠杆水平下，经营杠杆和财务杠杆可以有多种不同的组合，以适应企业的生产经营特点。例如，经营杠杆系数较高的企业可以在较低程度上利用财务杠杆效应，而经营杠杆系数较低的企业可以在较高程度上利用财务杠杆效应。

本章小结

物理学中存在的杠杆效应，在企业财务管理中也存在，其杠杆的支点就是固定的经营成本和固定的筹资成本。成本可以按照成本习性分类分为固定成本和变动成本，这是研究杠杆问题的基础。由于经营固定成本的存在而使得息税前利润的变动大于销售量变动的效应，称为经营杠杆；由于固定性财务费用的存在，而使得普通股每股收益的变动大于息税前利润变动的效应，称为财务杠杆；由于固定性经营成本和固定性财务费用同时存在，而使得普通股每股收益的变动远大于销售量变动的效应，称为联合杠杆。杠杆系数是计量杠杆程度的指标，杠杆系数越高，意味着风险越大；相反，杠杆系数越低，意味着风险越小。

关键概念

固定成本（Fixed Cost）；变动成本（Variable Cost）；息税前利润（Earning Before Interest and Tax，EBIT）；经营风险（Operating Risk）；经营杠杆（Operating Leverage）；经营杠杆系数（Degree of Operating Leverage，DOL）；财务风险（Financial Risk）；财务杠杆（Financial Leverage）；财务杠杆系数（Degree of Financial Leverage，DFL）；联合杠杆（Combination Leverage）；联合杠杆系数（Degree of Combination Leverage，DCL）；企业风险（Enterprise Risk）

思考题

1.成本按成本习性如何分类？由此引出怎样的利润计算思路？

2.影响经营风险的因素有哪些？

3.如何理解财务管理学中的杠杆原理？

4.经营杠杆如何计量？经营杠杆与经营风险有何关系？

5.财务杠杆如何计量？财务杠杆与财务风险有何关系？

6.试举例说明财务杠杆的正作用和负作用。

7.联合杠杆如何计量？联合杠杆与经营杠杆、财务杠杆有何关系？

8.联合杠杆与企业风险有何关系？

计算分析题

1.某公司20×1年销售量为30万件，单位售价为10元，单位变动成本为7元，固定成本总额为54万元；利息为6万元；所得税税率为25%；股数为100万股。

要求：

（1）计算20×1年经营杠杆系数、财务杠杆系数和联合杠杆系数。

（2）如果其他条件不变，预计20×2年企业销售量比20×1年上升20%，则息税前利润、每股收益分别上升百分之几？预计息税前利润、每股收益分别可以达到多少？

（3）如果其他条件不变，预计20×2年企业销售量比20×1年下降10%，计算这个销售量水平下（20×2年）的经营杠杆系数、财务杠杆系数和联合杠杆系数。

2.表7-6是两家公司的财务数据：

表7-6　　**TT公司和SS公司的财务数据**

财务数据	TT公司	SS公司
销售量（千克）	18 700	2 800
单位售价（元/千克）	32	87.5
单位变动成本（元/千克）	17	40
固定成本总额（元）	163 625	79 800
年利息（元）	19 480	4 867

要求：

（1）计算两家公司的经营杠杆系数、财务杠杆系数和联合杠杆系数。

（2）如果其他条件不变，销售量以同样幅度上升，哪家公司的息税前利润上升的幅度大？为什么？

（3）如果其他条件不变，息税前利润以同样幅度下降，哪家公司的每股收益下降的幅度大？为什么？

第8章 财务分析

在现代企业制度下，企业的所有者、债权人、经营者和政府经济管理部门都站在各自的立场上，或从各自的目的和利益出发，关注企业的财务状况、经营成果以及现金流量状况。本章将在阐述财务分析的目的、依据和步骤的基础上，对财务报表进行简要介绍，运用比率分析法对企业的盈利能力、营运能力、偿债能力、现金能力、发展能力以及综合能力进行详细的分析。

学习目标

1. 掌握财务分析的定义、目的、依据、分析步骤
2. 了解资产负债表、利润表和现金流量表的内容和格式
3. 掌握资产负债表、利润表和现金流量表在财务分析中的作用
4. 认识资产负债表、利润表和现金流量表使用中的注意事项
5. 了解财务报表分析的方法
6. 掌握比率分析法中各种指标的定义、计算方法和意义
7. 学会使用杜邦分析体系
8. 理解财务报表分析中需要注意的问题

引　例　骄人业绩背后的隐忧

2015年是上海百润投资控股集团股份有限公司（以下简称百润股份）发展过程中新的里程碑，从此，百润股份进入了多元化发展的重要阶段。作为国内香精香料行业的首家上市公司，在业务运营方面，百润股份通过制订合理的经营工作计划，在保持大客户战略优势的基础上，加强内部管理、努力控制成本、快速响应客户需求、积极开拓市场，生产经营稳步推进，香精香料业务呈现健康的发展趋势。百润股份于2015年全力推进对巴克斯酒业的重大资产重组工作，重组工作顺利完成后，新增股份于6月18日上市，百润股份在经营规模、持续稳健的发展能力和经营效率等方面发生了质的飞跃。2015年1—12月，百润股份经营业绩大幅度增长，其中营业收入较上年同期增长107.28%，达到23.51亿元；实现

归属于上市公司股东的净利润5.00亿元，较上年同期增长74.36%。根据2015年全年运营数据分析，百润股份预调鸡尾酒销量总体呈现爆发性增长后进入阶段性平台期的特征。

预调鸡尾酒最早于20世纪80年代出现于欧洲，后逐步流行全球。20世纪90年代中期，中国国内预调鸡尾酒市场开始进入启蒙阶段；2011年以后，中国国内预调鸡尾酒市场进入快速增长期，市场总量保持高速增长态势；2013年，预调鸡尾酒销量近千万箱，销售金额约10亿元，占整个中国酿酒行业的0.12%。预调鸡尾酒行业发展迅速，市场容量不断扩张，在行业内原有企业产量逐步提升的同时，不断有新的企业进入，行业竞争逐步显现。随着行业竞争的加剧，百润股份的市场份额及经营业绩受到一定程度的冲击。2015年第四季度，百润股份实现营业收入1.53亿元，同比增长311.78%（调整前）；实现归属于上市公司股东的净利润-2.01万元，同比减少2 082.20%（调整前）。

随着市场环境的变化，为了保持在预调鸡尾酒行业的竞争优势和市场份额，百润股份管理层迅速进行决策和应对，实施了通过短期调整、促进长期健康发展的经营策略，提高管理水平和创新能力，加强品牌建设，增强自身的核心竞争力，但在充分竞争的环境下，百润股份仍存在因行业竞争加剧导致业绩增长不达预期或增速下滑的风险。

资料来源　上海百润投资控股集团股份有限公司2015年年度报告。

阅读本章不妨思考下面几个问题：百润股份管理层是根据什么对经营策略作出调整的？如何获得这些数据？什么是财务报表？如何分析财务报表？基本的财务报表能否为报表使用者提供足够的决策依据？

8.1 财务分析概述

8.1.1 财务分析的目的和内容

1.财务分析的目的

财务分析（Financial Analysis）是指以财务报告为主，同时利用其他相关信息，对企业的实际财务状况进行全方位的分析。财务分析是财务工作的重要环节，是对企业财务管理工作的总结。企业进行财务分析有许多目的，但是归纳起来不外乎是：

（1）评价过去的经营业绩。

无论是企业的投资者、债权人，还是企业本身，都必须了解企业过去的经营情况，以便正确确定投资方向，改善经营管理，提高获利能力。进行财务分析，有助于有关人员和企业正确评价企业过去的经营业绩，并与同行业相比较，检验其成败得失。

（2）衡量目前的财务状况。

由于财务报告只能概括地反映出企业财务的现状，无法对企业财务状况是否良好，企业经营管理是否健全作出有事实根据的结论，所以，只有进行财务分析，使大量的财务数据更为条理化、形象化，并揭示出这些财务数据的内在含义，才能对企业目前的经营、财务状况作出正确的评估。同时，通过提供正确、完整的财务分析资料，可以检查财务法规、制度的执行情况，以便发现各种错误和违法行为，及时加以纠正，维护投资者、债权人、协作单位等的合法权益。

（3）预测未来的趋势。

进行财务分析，可以使财务报告中历史性的数据变为有用的未来信息，从财务数据资料中预测企业的发展趋势，以制订多项可供选择的未来发展方案，帮助决策者作出决策。

2.财务分析的内容

财务分析信息的需求者主要包括企业所有者、企业债权人、企业经营决策者和政府等。不同主体出于不同的利益考虑，对财务分析信息有着各自不同的要求。

（1）企业所有者作为投资人，关心其资本的保值和增值状况，因此较为重视企业盈利能力指标，主要对企业盈利能力进行分析。

（2）企业债权人因不能参与企业剩余收益分享，所以重点关注的是其投资的安全性，因此更重视企业偿债能力指标，主要对企业的偿债能力进行分析，同时也关注企业的盈利能力。

（3）企业经营决策者必须对企业营运能力、偿债能力、盈利能力及发展能力等经营理财信息予以详尽了解和掌握，进行各方面综合分析，同时也关注企业的财务风险和经营风险。

（4）政府兼具多重身份，既是宏观经济管理者，又是国有企业的所有者和重要的市场参与者，因此政府对企业财务分析的关注点因身份不同而异。

为了满足不同需求者的需要，财务分析一般应包括偿债能力分析、营运能力分析、盈利能力分析、发展能力分析和现金流量分析等方面。

8.1.2 财务分析的资料依据

财务分析能否顺利进行以及其结果的可靠性在很大程度上取决于分析者根据其分析目的所搜集到的信息资料。这些信息资料一般包括公司年度报告（公司财务报告、公司基本情况、主要财务数据和指标、治理结构信息），公司公告，证券交易管理机构所提供的其他资料，专业财务数据库中相关行业、相关竞争公司的财务数据，开放性网络资源中相关公司的经营状况和财务状况研究报告、行业景气指数分析报告等。其中，企业的财务报告是财务分析的主要依据。财务报告是企业对外提供的反映企业财务状况和经营成果等会计信息的书面文件，包括财务报表、报表附注、其他财务报告等。企业财务分析需要分析人员不断地搜集、筛选、归纳、分析公司内外部的各种相关信息。企业财务分析的各类资料来源如图8-1所示。

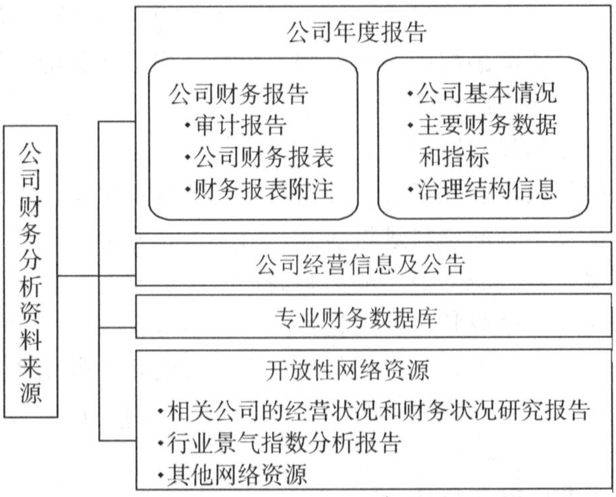

图8-1 企业财务分析的资料来源

8.1.3 财务分析的基本步骤

财务分析是企业财务工作的重要组成部分，而且是一个复杂的过程，分析者必须以具体的分析目的为主线，按照科学的程序，运用适当的方法进行有效的分析，从而保证分析工作有条不紊地进行和分析结果的准确。因此，财务分析的基本程序主要包括以下几个步骤：

1.明确财务分析的目的，制订分析的工作计划

任何财务分析者在进行财务分析时都是带有一定目的的，财务分析的主体不同，财务分析的目的就会有很大的差异。比如，企业管理层想要对企业各方面的情况有深切的了解，其分析目的就必须是全方位的，即关注企业的战略决策、解决运营中的主要问题、评估企业内部有关部门和人员的工作绩效。企业债权人分析的目的主要是了解企业的偿债能力、分析企业违约的可能性，从而判断贷款风险、决定贷款利率、分析企业的长期盈利能力和对经济环境变化的应变能力。企业投资者分析的目的在于通过分析企业当前和未来的盈利能力、资本保值增值情况、营运能力和偿债能力以作出投资决策和评估企业的管理绩效。在确定进行财务分析的目的之后，就要制订分析的计划，确定财务分析的具体内容、范围、形式、重点和要求，决定分析工作的组织分工、时间进度等，从而有步骤地开展财务分析工作。

2.搜集信息资料，掌握财务情况

充分地占有各种相关的信息资料是有效进行财务分析的前提。企业财务分析的深度、广度以及质量的高低，在很大程度上取决于分析者所能掌握的信息资料的内容与真实性。因此，在搜集信息资料的时候，必须从分析的目的出发，系统地搜集与财务分析对象有关的内部条件和外部环境的历史、现状、前景等动态变化数据、情报和资料。这些资料一般包括企业的外部公开报表、同行业其他企业的有关资料、企业的日常核算资料以及国家大环境下的各种法规政策等。但是，不同分析者获取信息资料的权限有所不同，分析者应该在其能力范围内搜集必需的资料以进行分析和作出决策。

3.整理、分析搜集到的资料

财务分析必须依据正确和真实的分析资料，才能得出正确的分析结论，为此在分析前应该对所搜集到的资料进行检查，对于不正确的资料和没有可比性的资料进行剔除或调整，对于需要核实的资料做进一步的核实。为了更好地利用得到的资料，还需要对资料进行整理，如进行归类分组等。在这一阶段必须特别注意资料的可比性问题，在整个财务分析的过程中都要进行各种比较，具体包括同一企业不同时期之比和不同企业同一时期之比，在比较的过程中必须注意比较口径等相关问题。

4.研究资料，开展财务分析

根据经过检查和整理后的分析资料，按照分析的目的和要求，采用适当的分析方法，通过财务分析指标，从定量分析入手，确定各项分析指标的数值，结合定性分析判断，找出差异及其形成的原因。财务分析者要善于透过现象看本质，从每一个指标的分析结论推断对企业财务的整体评价。

5.得出分析结论，撰写分析报告

前面所做的一切工作都是为对企业整体的财务状况、经营成果和现金流量做一个综合的分析与评价。在财务分析的最后阶段中，要把全部的分析资料、观点进行综合的概括和总结，发现企业财务管理中存在的问题，寻找问题存在的原因和确定解决问题的方向，提出改进措施，撰写企业财务分析报告。财务分析报告要求观点明确、原因清楚、重点突出、建议可行、言简意赅。

【课堂讨论8-1】

2007年10月24日11点半，沃伦·巴菲特先生的私人飞机从美国飞抵中国大连，这是他继1995年之后时隔12年再次来到中国。在机场，巴菲特先生接受了中央电视台的专访。沃伦·巴菲特说："我读年报像其他人读报纸一样，每年都读成千上万份。我不知道我读了多少，不过像中石油，我读了2002年的年报，又读了2003年的年报，然后我决定投资5亿美元给中石油，仅仅根据我读的年报。我没有见过中石油的管理层，也没有见过分析家的报告，但是它的年报非常通俗易懂。这是很好的一个投资。"

讨论：

（1）基本的财务报表能否为投资者提供足够的决策依据？是否还有其他有用的信息？

(2) 财务报表在财务分析中的作用。

8.2 财务报表

财务报告（Financial Report）是企业对外提供的反映企业财务状况和经营成果等会计信息的文件，包括财务报表、报表附注、其他财务报告等。其中，财务报表是企业进行财务分析最主要和基本的资料依据。根据我国《企业会计准则第30号——财务报表列报》的规定，财务报表至少包括资产负债表、利润表、现金流量表、所有者权益（或股东权益）变动表、附注。这里主要介绍资产负债表、利润表和现金流量表这三张报表的内容、格式、作用和使用中的注意事项。

8.2.1 资产负债表

资产负债表（Balance Sheet）是反映企业某一特定日期财务状况的财务报表，它根据资产、负债和所有者权益（或股东权益）之间的相互关系，按照一定的分类标准和一定的顺序，将企业一定日期的资产、负债和所有者权益各项目予以适当排列，并且是对日常工作中形成的大量数据进行高度浓缩整理后编制而成的。资产负债表反映了企业在某一特定日期所拥有或控制的经济资源、所承担的现时义务和所有者对企业净资产的要求权。

1.资产负债表的内容和格式

资产负债表应列示所有资产、负债和所有者权益的重要项目。我国的资产负债表按流动性进行排列。

资产（Asset）是指过去的交易或事项形成的、由企业拥有或控制的、预期会给企业带来经济效益的资源。资产按其流动性状况，一般分为流动资产、长期投资、固定资产、无形资产、长期待摊费用和其他资产，依次在资产负债表中的资产部分列示。

负债（Liability）是指过去的交易或事项形成的、预期会导致经济利益流出企业的现时义务。负债是企业资金来源的重要组成部分。资产负债表中的负债项目是按到期日的远近顺序排列的，即流动负债在前，非流动负债在后。负债与所有者权益按债权人和所有者对企业资产要求权的先后顺序排列，债权人的要求权优于所有者，所以负债排在所有者权益之前。

所有者权益（Owners' Equity）是指企业资产扣除负债后由所有者享有的剩余权益，又称净资产。公司的所有者权益又称股东权益。所有者权益各项目按其永久性程度排列，永久性程度越大，越排在前面。其顺序为实收资本（股本）、资本公积、盈余公积、未分配利润。

资产负债表的结构分为三部分：表首、报表主体和表下附注。表首列示资产负债表的名称、编制单位、会计期间、报表编号、货币单位等，资产负债表是一张静态报表，其编制日期应具体为某年某月某日。报表主体即表内部分，列示资产、负债、所有者权益各项目的年初数和年末数，各项目按一定标准分类和一定顺序排列。表下附注是对报表的主要项目和编制基础等做进一步的解释和说明，以揭示一些表内不便于或不能反映的重要信息。

资产负债表的格式一般有两种：账户式和报告式。账户式资产负债表依据“资产=负债+所有者权益”的平衡原理，按照左右对照的账户形式来编制，左方列示资产类项目，右方列示负债类和所有者权益类项目，左右平衡，其格式见表8-1。报告式资产负债表是依据“资产-负债=所有者权益”的原理，把三大要素按上下顺序排列而编制的，先列资产，接着是负债，最后是所有者权益，资产合计减去负债合计等于所有者权益合计，其格式见表8-2。我国采用账户式资产负债表。

表8-1　**资产负债表（账户式）**

编制单位：珠江公司　20×2年12月31日　单位：万元

资产	期末余额	年初余额	负债及所有者权益	期末余额	年初余额
流动资产：			流动负债：		
货币资金	26 042	21 439	短期借款	31 000	20 000
交易性金融资产	0	0	应付票据	0	0
应收票据	54 578	17 796	应付账款	2 560	1 686
应收账款	16 963	30 412	预收款项	0	2 121
预付款项	51 989	35 427	应付职工薪酬	1	34
其他应收款	22 039	25 604	应交税费	11 244	6 835
存货	29 846	15 518	其他应付款	12 741	2 447
一年内到期的非流动资产	0	0	一年内到期的非流动负债	0	0
流动资产合计	201 457	146 196	流动负债合计	57 546	33 123
非流动资产：			非流动负债：		
债权投资	0	0	长期借款	13 836	0
其他债权投资	0	0	应付债券	625	0
长期股权投资	371 059	375 738	递延所得税负债	0	0
固定资产	31 170	29 386	非流动负债合计	14 461	0
无形资产	7 217	7 733	负债合计	72 007	33 123
递延所得税资产	0	0	所有者权益：		
非流动资产合计	409 446	412 857	实收资本	79 765	79 765
			资本公积	317 301	317 301
			盈余公积	67 844	58 620
			未分配利润	73 986	70 244
			所有者权益合计	538 896	525 930
资产总计	610 903	559 053	负债及所有者权益总计	610 903	559 053

表8-2 **资产负债表（报告式）**

编制单位： 年 月 日 单位：元

项目	期末余额	年初余额
资产		
流动资产	×××	×××
长期股权投资	×××	×××
固定资产	×××	×××
无形资产	×××	×××
长期待摊费用	×××	×××
其他非流动资产	×××	×××
资产合计	×××	×××
负债		
流动负债	×××	×××
非流动负债	×××	×××
负债合计	×××	×××
所有者权益（或股东权益）		
实收资本（或股本）	×××	×××
资本公积	×××	×××
盈余公积	×××	×××
未分配利润	×××	×××
所有者权益（或股东权益）合计	×××	×××

本章的举例来自珠江公司20×2年的年报，包括资产负债表、利润表和现金流量表。表8-1所示的是珠江公司20×2年的资产负债表。

2.资产负债表的作用

资产负债表能够揭示企业在报表日的财务状况，既反映企业经营活动的基础，又反映企业的规模和发展潜力，其信息是评价企业偿债能力和筹资能力的重要依据，也是预测企业未来财务状况的出发点，因此也被称为“第一报表”。资产负债表的作用具体表现为：

（1）揭示企业拥有和控制的经济资源及其分布情况。

资产负债表把企业拥有和控制的经济资源——资产，按照其经济性质和用途分为流动资产、长期股权投资、固定资产、无形资产、长期待摊费用、其他非流动资产等类别，在各类别下，再分成若干项目，简明扼要地揭示了企业在某一时点资产的全貌及其占用形态和分布状况。这样，报表阅读者通过表上项目可以一目了然地了解企业资产方面的信息，有利于其分析企业资产的规模、数量、质量以及结构等。

（2）揭示企业的资金来源及资本结构。

企业的资金来源有两方面：一是债权人提供的资金；二是所有者的出资。资本结构（Capital Structure）是指企业资金来源中负债和所有者权益的相对比例，它会影响债权人和所有者的相对风险以及企业的长期偿债能力。资产负债表按照资金来源，把企业的资金分为负债和所有者权益两大类。负债按照偿还时间的长短分列为流动负债和非流动负债，所有者权益按照永久性程度分列为实收资本、资本公积、盈余公积和未分配利润。所以，利用资产负债表可以了解企业的资金来源情况、资本结构、财务风险以及企业利用财务杠杆的能力。

（3）揭示企业的流动性及短期偿债能力。

所谓流动性（Liquidity），又称变现能力，是指资产转换为现金的能力。资产转换为现金所需的时间越短，表明企业的流动性越强。资产负债表上的资产项目是按流动性排列的，负债项目又分成流动负债和非流动负债，因此可以利用资产负债表的流动资产和流动负债部分了解企业的短期偿债能力。

（4）揭示企业的经营绩效。

直接表达企业经营绩效的报表是利润表，但是资产负债表为衡量企业经营效率和相对获利能力提供了基本数据。例如，反映经营效率的存货周转率，反映获利能力的资产报酬率、资本收益率等指标都需要从资产负债表中获取数据。

3.使用资产负债表的注意事项

在使用资产负债表进行财务分析时还有几点值得关注：

（1）现金和其他资产。

虽然资产负债表中的所有资产都用货币表示，但只有现金项目才是真正的“钱”。应收账款表示的是他人欠公司的账款；存货表示企业投放在原材料、半成品和产成品上的资产；固定资产表示企业购置厂房、设备等时所支付的款项减去累计折旧后的净值。非现金资产在未来可以变现，但目前不是现金，而且其可变现量与账面所记载的价值（账面价值）相比，可能增加，也可能会减少。

（2）负债和所有者权益。

资产的要求权分两种：负债和所有者权益。资产负债表必须平衡，因此，所有者权益或净资产就是企业的资产按照其账面价值出售，并按账面价值偿还所有负债后，所有者能得到的剩余价值。如果公司资产减少，一些应收账款成了坏账，在负债不变的情况下，所有者权益就会减少。因此，企业的所有者或公司的股东承担了资产价值变动的风险。

（3）可选择的会计方法。

不同的企业会采用不同的会计方法做账。有些企业在财务报告中用的是一种方法，在纳税或者内部报告中，用的又是另一种方法。例如，加速折旧法和直线折旧法会得出不同的利润数字，同时也会影响固定资产的账面价值。所以，在使用财务报表进行财务分析时，必须清楚财务数据背后所使用的会计方法。

（4）时间维度问题。

资产负债表是对企业在某一时点的财务状况的记录，而利润表是对企业某一时期经营状况的总结。企业的资产负债表每一天都在变化，业务呈明显季节性变化的企业的资产负债表在一年内的变化尤为明显。例如，很多零售商在节日前通常有较多的存货，节后则存货减少，应收账款增加。因此，资产负债表随编制日期的不同而变化。

8.2.2 利润表

利润表（Income Statement），是反映企业在一定会计期间经营成果的财务报表。利润表是一张动态报表，它是根据收入实现原则和配比原则，把一定期间的收入与同一会计期间相关的费用（成本）相配比，计算出企业一定时期的净利润或净亏损。所以，利润表实际上就是一张利润计算表。

1.利润表的内容和格式

利润表应反映的主要内容包括销售收入或业务收入、成本、费用、投资净收益、非常支出（收益）、所得税、净利润等。各国企业的利润表大都含有这些内容，但具体项目的分类归属和多少不一。对于利润表中的净利润应包括哪些内容，分成两种观点：一种称为“当期经营观”；另一种称为“损益满计观”。

“当期经营观”（Current Operation Concept）认为，为了便于本期与前期之间的比较，净利润只能包括本期正常经营所得，而不包括其他所得，即仅将本期经营性的业务成果列入利润表，而前期的损益调整项目以及不属于本期的利润以及收益，不列入利润表中。因此，忽略了本期影响所有者权益的其他项目，往往会使得财务报表的使用者忽视没有列入净利润的其他项目的重要性。

“损益满计观”（All Inclusive Concept）认为，本期利润应包括本期确认的经营性活动、非经营性活动以及前期调整的利润等全部利润项目。因此，对于报告期影响所有者权益的项目，除股利和企业与股东间其他经济业务外，都应列入利润表中，如一些非经常性项目。这样能为财务报表使用者提供更为有用的资料，使之能对这些项目的重要性及其对经营成果的影响作出更好的评价。

我国一般采用“损益满计观”在利润表中反映净利润的情况，但又与一般的“损益满计观”不完全相同，如前期项目、会计政策变更和部分利得与损失的调整是列入所有者权益变动表中的。

对利润表提供信息的要求不同，形成了不同的表格格式。目前，比较普遍的格式有两种，即单步式利润表和多步式利润表。我国一般采用多步式利润表格式。

单步式利润表格式简单，将当期所有收入加在一起，然后将所有的成本、费用（或损失）加在一起，一次计算出当期损益。单步式利润表格式见表8-3。这样的格式令使用者易于理解。但是单步式利润表只是对企业的各种收入和费用做了简单的归类，没有区分成本、费用与收入配比的层次，许多有意义的信息无法得到反映，不能满足使用者的各种需要。

表8-3　　**利润表（单步式）**

编制单位：　　　　年　　月　　　　单位：元

项目	行次	本月数	本年累计数
收入	1		
营业收入	2		
公允价值变动收益	3		
投资收益	4		
营业外收入	5		
收入合计	6		
减：费用	7		
营业成本	8		
税金及附加	9		
管理费用	10		
销售费用	11		
财务费用	12		
公允价值变动损失	13		
投资损失	14		
营业外支出	15		
费用合计	16		
利润总额	17		
减：所得税费用	18		
净利润	19		

多步式利润表中的当期净利润是经过多步计算确定的，通常分四步反映净利润的形成过程。

第一步是计算营业利润：营业利润=主营业务收入-主营业务成本-税金及附加+其他业务利润-销售费用-管理费用-财务费用±投资收益±公允价值变动收益±资产减值损失；

第二步是计算利润总额：利润总额=营业利润+营业外收入-营业外支出；

第三步是计算净利润：净利润=利润总额-所得税费用。

多步式利润表的格式见表8-4。多步式利润表弥补了单步式利润表的诸多不足，其优点在于能清楚地反映出企业净利润的形成步骤，准确地揭示企业净利润各构成要素之间的内在联系，便于对企业生产经营情况进行分析，便于在不同企业之间进行比较，便于报表使用者预测企业今后的盈利能力。

表8-4 **利润表（多步式）**

编制单位：珠江公司 20×2年度 单位：万元

项目	本期数额	上期数额
一、营业收入	262 541	318 216
减：营业成本	228 768	283 430
税金及附加	599	66
销售费用	12 395	4 740
管理费用	13 585	18 127
财务费用	1 313	1 022
加：投资收益	31 678	29 816
公允价值变动收益	0	0
资产减值损失	0	0
二、营业利润	37 559	40 647
加：营业外收入	110	818
减：营业外支出	37	46
三、利润总额	37 632	41 419
减：所得税费用	737	1 714
四、净利润	36 895	39 705
五、每股收益（元/股）	0.46	0.50

2. 利润表的作用

利润是企业经营业绩的综合体现，又是进行利润分配的依据，因此，利润表是财务报表中的主要报表。其作用主要表现在以下几个方面：

（1）可以反映企业的经营成果和获利能力。

经营成果是一个绝对值指标，由一定期间的收入扣抵相关成本费用后的余额来反映，体现着企业资本增值或财富增长的规模，利润表直接揭示了企业一定期间经营成果形成的信息。获利能力是一个相对值指标，是企业运用一定的经济资源获取经营成果的能力，有关获利能力的信息，利润表虽未直接反映，但可以通过分析利润表和其他财务报表提供的资料得到。

（2）有利于考核与评价企业管理人员的经营业绩。

在现代企业制度下，企业的所有权与经营权相分离，因此，如何考核经营管理者的经营业绩，就成为一个重要而又现实的问题，也是企业所有者关心的首要问题。利润表所反映的经营成果，是企业生产经营过程中投入与产出对比的结果，它集中体现了企业在生产、经营、理财、投资等各项经营活动中的管理效率和效益，是一项综合性的信息。通过比较企业前后期的经营成果及其变动情况，比较企业与同行业其他企业的经营成果，可以考核企业管理人员的经营业绩，评价其功过得失，从而总结经验，改善经营管理，提高业绩水平。

（3）可以分析企业未来利润的发展趋势。

某一期经营成果的好坏不足以说明企业长期的业绩，通过多期利润表中相关指标的比较，可以评价企业利润的完成情况，分析企业各项收入、成本、利润的变动规律，从而预测企业未来利润的发展趋势及获利能力，这些信息无论是对于管理层，还是投资者的决策，都是至关重要的。

（4）有助于评估企业取得未来现金流量的风险和不确定性。

通过利润表中各项收入和费用项目的结构和相互之间的关系，可以评估企业未来现金流量的风险和不确定性。例如，将收入分为营业收入和营业外收入，当期营业收入比重越大，以后各期企业获取未来现金流量的风险就越小；反之，则说明企业获取未来现金流量的不确定性增加，风险加大。

【课堂讨论8-2】

东北某上市公司请财务顾问分析公司的报表。顾问发现，该公司的主营业务利润是800万元，而净利润却高达10 900万元。

讨论：该公司的问题在哪里？

3. 使用利润表的注意事项

在使用利润表进行财务分析时还有几点值得注意：

（1）会计利润与现金流量。

利润表中的利润并不完全代表现金流量。因为利润表是按照权责发生制原则编制的，即确认一笔收入但现金尚未收到的时候，利润表中已经将该项计入，支出也是一样。

（2）未能反映的项目。

会计是按收入实现原则确认损益的，对于那些未实现的资产持有损益，会计不予确认。如对持有至到期证券投资的未实现利得，虽然可预见其对企业业绩会产生有利影响，但由于其价值的变化尚未确定，因而不予确认，未列入利润表中。同时，会计确认遵循可计量原则，对于不可计量的项目，会计不予确认，如企业品牌价值的提升等。目前，对于未实现和不可计量的项目的确认和报告框架尚未形成。

（3）会计方法的影响。

无论在理论上还是实务中，对一些收入和费用项目的计量，都允许选择不同的会计方法。同一会计事项采用不同的会计方法，计算出的会计利润会有所不同。即使在经营情况完全相同的情况下，两家企业采用不同的会计方法会报告不同的利润，造成数据之间缺乏可比性。

（4）主观判断的因素。

对于一些需要进行会计估计的收入和费用（或损失）项目的计量，由于受到主观判断的影响，会造成高估或低估。例如，对资产减值的估计，在缺乏可参考的市场价值时，只能依靠人为的主观判断，不同的会计人员在判断上会出现差异。可见，主观判断的不同会直接影响财务报表的结果，从而影响报表使用者的分析。

8.2.3 现金流量表

现金流量表（Statement of Cash Flows）是指反映企业在一定会计期间现金和现金等价物流入和流出情况的报表。会计中利润表的重点在于公司的净收益，而财务管理关注的是现金流量。资产的价值是由其所产生的现金流量所决定的。公司的净收益固然重要，但现金流量更为重要，因为偿还债务、购买资产和支付股利等企业正常运作都缺少不了现金。企业的长期目标应该是投资者的现金流量最大化。资产负债表上的账面资产和利润表中的会计利润并不能代表企业实际可支配的货币资金。因此，现金流量表逐渐取代财务状况变动表，成为第三张主要的财务报表。

1.现金流量表的内容和格式

按照我国《企业会计准则第31号——现金流量表》的规定，现金流量表由主表和附注构成：主表以经营活动、投资活动、筹资活动所产生的现金流量为基本内容，另外包括汇率变动对现金及现金等价物的影响额；附注由现金流量表补充资料（即用间接法将净利润调节为经营活动现金流量）、取得与处置子公司及其他营业单位相关信息、现金及现金等价物三部分组成。

现金的认定是编制现金流量表的基础，但现金流量表实际反映的是不同类型现金的流动情况，即现金流量。我国会计准则将现金流量分为三类，即经营活动、投资活动以及筹资活动所产生的现金流量。其中，经营活动（Operating Activities）是指企业投资活动和筹资活动以外的所有交易和事项；投资活动（Investing Activities）是指企业非流动资产的购建和不包括在现金等价物范围内的投资及其处置活动；筹资活动（Financing Activities）是指导致企业资本及债务规模和构成发生变化的活动。

在这三类现金流量中，经营活动所产生的现金流量是最主要的内容。根据对经营活动现金流量的不同反映方式，现金流量表的编制方法可以分为直接法和间接法两种。按现行的会计处理，利润表中的净收益是按权责发生制确认的，净利润中可能包括未收现的收入和未付现的费用。这样就无法从利润表中直接获得来自经营活动的现金流量。因此，为了计算来自经营活动的净现金流量，必须将权责发生制基础调整为收付实现制基础，直接法和间接法就是其调整的基本方法。

直接法（Direct Method）又称利润表法，它直接分项目列示经营活动对现金流量的影响。这种方法以同期利润表、比较资产负债表以及有关账户的明细资料为依据，以利润表中的各收入、费用项目为起算点，分别调整与经营活动有关的流动资产和流动负债的增减变动，将权责发生制确认的本期各项收支分析调整为以收付实现制为基础的经营活动现金流量，即以实际现金收支表达各项经营活动现金流量，不影响现金流量的收入与费用，以及营业外收支不必调整。

间接法（Indirect Method）又称调整法，是以本期净利润（亏损）为起算点，调整经营活动中不影响现金的收入、费用、营业外收支以及与经营活动有关的流动资产和流动负债的增减变化，来确定经营活动所提供的净现金流量。

直接法能较详细地列示来自经营活动的各项现金流入量与现金流出量，揭示了现金流量与企业经营活动的内在联系。采用直接法有助于报表使用者预测企业未来经营活动产生的现金流量，正确评价企业的偿债能力和变现能力。间接法则有助于分析净利润与经营活动净现金流量的差异，反映了现金流量表与利润表和资产负债表之间的联系，对于真实评估企业业绩、帮助内部管理者进行相关决策都很有价值。我国要求在主表中按直接法揭示经营活动现金流量，在附表中按间接法披露。采用直接法的现金流量表的基本格式见表8-5。

表 8-5　　现金流量表

编制单位：　　　　年　　月　　　　单位：元

项目	本期金额	上期金额
一、经营活动产生的现金流量		
销售商品、提供劳务收到的现金		
收到的税费返回		
收到其他与经营活动有关的现金		
经营活动现金流入小计		
购买商品、接受劳务支付的现金		
支付给职工以及为职工支付的现金		
支付的各项税费		
支付其他与经营活动有关的现金		
经营活动现金流出小计		
经营活动产生的现金流量净额		
二、投资活动产生的现金流量		
收回投资收到的现金		
取得投资收益收到的现金		
处置固定资产、无形资产和其他长期资产收回的现金净额		
处置子公司及其他营业单位收到的现金净额		
收到其他与投资活动有关的现金		
投资活动现金流入小计		
购建固定资产、无形资产和其他长期资产支付的现金		
投资支付的现金		
取得子公司及其他营业单位支付的现金净额		
支付其他与投资活动有关的现金		
投资活动现金流出小计		
投资活动产生的现金流量净额		
三、筹资活动产生的现金流量		
吸收投资收到的现金		
取得借款收到的现金		
收到的其他与筹资活动有关的现金		
筹资活动现金流入小计		
偿还债务支付的现金		
分配股利、利润或偿付利息支付的现金		
支付其他与筹资活动有关的现金		
筹资活动现金流出小计		
筹资活动产生的现金流量净额		
四、汇率变动对现金及现金等价物的影响		

续表

项目	本期金额	上期金额
五、现金及现金等价物净增加额		
加：期初现金及现金等价物余额		
六、期末现金及现金等价物余额		
补　充　资　料		
项目	本期金额	上期金额
1.将净利润调节为经营活动现金流量		
净利润		
加：资产减值准备		
固定资产折旧、油气资产折耗、生产性生物资产折旧		
无形资产摊销		
长期待摊费用摊销		
处置固定资产、无形资产和其他长期资产的损失（减：收益）		
固定资产报废损失（减：收益）		
公允价值变动损失（减：收益）		
财务费用（减：收益）		
投资损失（减：收益）		
递延所得税资产减少（减：增加）		
递延所得税负债增加（减：减少）		
存货的减少（减：增加）		
经营性应收项目的减少（减：增加）		
经营性应付项目的增加（减：减少）		
其他		
经营活动产生的现金流量净额		
2.不涉及现金收支的重大投资和筹资活动		
债务转为资本		
一年内到期的可转换公司债券		
融资租入固定资产		
3.现金及现金等价物净增加情况		
现金的期末余额		
减：现金的期初余额		
加：现金等价物的期末余额		
减：现金等价物的期初余额		
现金及现金等价物净增加额		

表8-6为珠江公司20×2年的现金流量表。

表8-6　　现金流量表

编制单位：珠江公司　　20×2年12月　　单位：万元

项目	金额
一、经营活动产生的现金流量	
销售商品、提供劳务收到的现金	136 332
收到的税费返还	118
收到其他与经营活动有关的现金	911
经营活动现金流入小计	137 361
购买商品、接受劳务支付的现金	96 764
支付给职工以及为职工支付的现金	5 803
支付的各项税费	5 934
支付其他与经营活动有关的现金	27 032
经营活动现金流出小计	135 533
经营活动产生的现金流量净额	1 828
二、投资活动产生的现金流量	
收回投资收到的现金	
取得投资收益收到的现金	16 246
处置固定资产、无形资产和其他长期资产收回的现金净额	8 692
收到其他与投资活动有关的现金	
投资活动现金流入小计	24 938
购建固定资产、无形资产和其他长期资产支付的现金	31 632
投资支付的现金	
支付其他与投资活动有关的现金	
投资活动现金流出小计	31 632
投资活动产生的现金流量净额	-6 694
三、筹资活动产生的现金流量	
吸收投资收到的现金	
取得借款收到的现金	54 836
收到其他与筹资活动有关的现金	2 523
筹资活动现金流入小计	57 359
偿还债务所支付的现金	30 000
分配股利、利润或偿付利息所支付的现金	17 890
支付其他与筹资活动有关的现金	
筹资活动现金流出小计	47 890
筹资活动产生的现金流量净额	9 469
四、汇率变动对现金及现金等价物的影响	
五、现金及现金等价物净增加额	4 603
加：期初现金及现金等价物余额	21 439
六、期末现金及现金等价物余额	26 042

2. 现金流量表的作用

现金流量表所提供的是一个企业在一定期间现金流入与现金流出的基本信息，它对于评价企业产生未来净现金流量的能力、偿还债务以及支付股利的能力、企业外部筹资的需求、净收益与现金收支之间的差异，以及企业现金和非现金筹资与投资活动等都有着十分重要的意义。具体而言，现金流量表具有以下作用：

（1）有利于分析、评价和预测企业产生未来现金流量的能力。

通过现金流量表可以揭示过去现金流入与流出及现金流量净额变动的原因，分析来自经营活动的净收益和现金净流量之间、投资和筹资活动与现金净流量之间的关系。这些以现金流量为基础的信息既有利于估量企业生成现金及现金等价物的能力，评价和比较不同企业未来现金流量的现值，又可以评价企业的财务结构以及企业为适应外部经济环境变化而对其现金流量金额、时间和不确定性进行调整的能力。

（2）有利于分析、评价和预测企业偿还债务和支付股利的能力。

评价企业是否具有偿还债务和发放股利的能力，最直接的方法就是分析企业的经营活动现金流量。企业经营活动的净现金流量代表企业自我创造现金的能力。虽然企业可以通过对外筹资取得现金，但债务本息的偿还最终取决于企业经营活动的净现金流入。因此，经营活动的净现金流入占总现金流入的比例越高，表明企业的财务基础越稳固、支付能力越强。

（3）有利于分析、评价和预测企业经营净收益与经营活动产生净现金流量之间差异的原因。

资产负债表说明的是某一特定时日的资产和权益变动的结果，并不表明其变动的过程和原因；利润表所提供的是本期经营的结果，这一结果同企业经营活动所取得的净现金流入并不吻合。因此，要评价、分析企业经营净收益与经营活动产生净现金流量的差异及其原因，只能借助现金流量表，这样可以使得投资者、债权人等更合理地预测企业未来的现金流量，评价净收益的可靠性。

（4）有利于分析、评价和预测企业现金和非现金筹资、投资活动的有效性。

通过对现金流量表中筹资和投资活动现金流量信息的分析，可以评价企业筹资和投资活动的有效性、企业筹资使用的效果以及企业投资的回报率。这些信息有助于财务报表的外部使用者更好地评价企业经营者的业绩和能力，有助于管理者更有效地计划和使用现金，提高现金的使用效率。

3. 使用现金流量表的注意事项

在使用现金流量表进行财务分析时还要注意几点：

（1）现金流量表的概念和原则。

要正确理解现金流量表，必须明确“现金”的概念和报表编制的原则。在现金流量表中提及现金时，除非同时提及现金等价物，均包括现金和现金等价物。现金（Cash）是指企业库存现金以及可以随时用于支付的存款。现金等价物

（Cash Equivalents）是指企业持有的期限短、流动性强、易于转换为已知金额现金、价值变动风险很小的投资。另外，传统的记账基础是权责发生制。但在编制现金流量表时，将收入和费用计入实际收付期，即将权责发生制转换为收付实现制。

（2）国内外现金流量表的差异。

我国新企业会计准则下的现金流量表与国外的现金流量表在分类和格式上仍有一定差异。即使都将现金流量分为三类，但每一类所包括的具体内容仍然存在差异。我国将收到的股利和利息归为投资活动现金流量，支付的股利和利息归为筹资活动现金流量，而美国将它们都归为经营活动现金流量。国际会计准则允许企业自由选择。在格式上，国际会计准则和美国都鼓励采用直接法，但同时也允许采用间接法。

（3）现金流出。

一般认为，企业现金流入越多，流出越少，对企业越有利。实际上，这种理解是片面的。企业在投资活动中发生的各项现金支出，实际上反映了其为拓展业务所做的努力。尤其对于正处于成长期的企业，大量的现金流出是十分必要的。有时由于大量的现金流出会导致企业投资活动乃至企业整体现金流量净额出现负数的情况，也是正常的。因此，对现金净流出的企业，在分析时要深入了解、具体对待。

（4）非现金性项目。

有些成本和费用项目会减少利润，但没有现金的流出，如固定资产折旧、无形资产摊销等。折旧和摊销是非现金费用，但是由于税法允许其冲减应税收入，因此，在企业有盈利的情况下，可以减少应纳税额，也就是说，折旧和摊销会以减少纳税的方式减少现金流出。

无论是资产负债表、利润表还是现金流量表，在财务分析中都发挥着非常重要的作用，但单独一张报表都不能作为财务分析的唯一依据，而应该将所有报表以及其他资料结合在一起共同分析，才能了解企业的全面情况，得出正确的结论。

【课堂讨论8-3】

五矿发展2019年年报显示，2019年五矿发展每股收益0.023元，每股经营现金流量1.357元，2018年五矿发展每股收益-0.886元，每股经营现金流量-2.215元。

讨论：在财务管理中（在股票估价中），净利润与现金流量哪个更重要？

8.2.4 财务报表之间的关系

资产负债表、利润表和现金流量表之间存在密切的钩稽关系。利润表上的

“净利润”加上年初未分配利润，再减去提取的盈余公积等项目就等同于资产负债表上的“未分配利润”；利润表上的“净利润”通过加减一系列不影响现金流量的项目也可以得出现金流量表上的“现金及现金等价物净增加额”；在一定的条件下，现金流量表上的“现金及现金等价物净增加额”数值等于资产负债表“货币资金”的期末数与期初数的差额。下文的图8-2简要列示了这三张报表的关系。

资产负债表、利润表、现金流量表三张报表分别描述了企业财务状况、经营成果以及现金流量状况，财务分析要达到了解过去、评价现状、预测未来的目的，就不能仅仅局限于对单一报表的理解，必须综合运用三张报表相互核对的财务关系，对企业的总体情况进行综合分析，这样才可以避免陷入“只见树木，不见森林”的困境。

综上，财务报表是财务分析的主要来源，对三张财务报表以及报表间内在钩稽关系的解读，有利于理解、分析项目及数据的含义及作用。

8.3 财务报表分析

8.3.1 财务报表分析方法

财务报表分析（Financial Statement Analysis）是以财务报表中所包含的财务信息为主要分析数据的来源，通过使用适当的分析方法，对企业的财务状况或经营成果等方面进行分析评判，并将分析的结果作为相关决策制定的基础。财务报表分析是财务分析最重要的组成部分，也是财务分析最基本的形式。

“工欲善其事，必先利其器”，在财务分析过程中，为了揭示财务数据之间的重要联系以获取有助于决策的信息，必须借助于一定的技术方法对财务报表的信息进行再加工。财务报表分析包括了定性分析和定量分析。定性分析是指分析人员根据自己的知识、经验以及对企业内部情况、外部环境的了解程度所作出的非量化的分析和评价。定量分析是指分析人员运用一定的数学方法和分析工具、分析技巧对有关指标所做的量化分析。这里主要介绍财务报表分析中的定量分析方法。

1. 比率分析法

比率分析法（Ratio Analysis）是将影响财务状况的两个相关因素联系起来，通过计算比率反映它们之间的关系，借以评价企业财务状况和经营成果的一种财务分析方法，也就是利用相对数的形式来对企业的财务状况与经营成果进行考察。运用相对数进行比较，排除了规模的影响，而且具有简单、明了、可比性强的特点，因此在实际的财务分析中被广泛运用。但是，必须注意比率分析法的局限性，比率分析法使用历史数据，对预测未来仅有参考价值，并非绝对合理可靠；由于不同企业使用的会计制度可能不同，在不同企业之间比较时必须考虑会计政策差异对可比性的影响。

通常来讲，比率分析法包括结构比率分析和相关比率分析。结构比率分析就是通过个体指标与总体指标的对比，计算出个体指标占总体指标的比重，分析构成项目的变化，掌握经济活动的特点及其变化趋势。而相关比率分析是指通过不同的但又相互联系的指标之间的对比，计算出另一经济含义的指标。在分析时应该确定不同指标之间客观存在的相互关系，比如净资产收益率是反映企业盈利能力的重要指标，该指标是通过净利润与企业净资产进行对比而得到的。但值得注意的是，单个的比率并不能很好地说明问题，只有将比率进行横向及纵向对比，才能较好地发挥比率分析方法的优势。一般来讲，相关比率分析是比率分析方法的典型，在财务分析中占有重要的地位，因此本章将着重介绍这一方法在财务分析中的应用。

2.比较分析法

比较分析法（Comparative Analysis）是通过经济指标的对比来揭示经济指标间数量差异的一种最基本的分析方法，是其他分析方法的基础。决策依赖于评价，而评价则建立在比较的基础之上。通过比较发现矛盾，进而分析矛盾，从而有助于解决矛盾。

如果按照比较的对象来划分，比较分析法可以分为趋势分析（也叫纵向分析）、横向分析和差异分析三种。将同一企业不同时期的状况进行对比以了解其发展趋势就属于趋势分析；通过同一时期不同企业间经济指标的对比以发现差距就属于横向比较分析；与计划、预算相比以了解计划或预算的完成情况就属于差异分析。

如果按比较的内容分，比较分析法又可以具体划分为比较会计要素总量、比较结构百分比和比较财务比率三种。比较会计要素总量，就是比较报表项目的总金额，从绝对值的角度比较财务要素的增减额变化；比较结构百分比，就是将资产负债表、利润表、现金流量表转换为结构百分比报表，以发现存在问题的相关项目，揭示进一步分析的方向，比如比较同一企业不同时期流动资产占总资产的比重，以揭示企业流动性的变化趋势；比较财务比率，就是比较各会计要素的相关关系，反映不同比较对象的差异，财务能力的分析主要采用这种方法以比较不同实体之间的差异。

比较分析法的运用，最重要的是遵循可比性的原则，相比较的指标在内容、时间、计算方法和计价标准等口径上要保持一致。

3.趋势分析法

趋势分析法（Trend Analysis）是将两期或者连续数期财务报告中的相同指标进行对比，确定其增减变动的方向、数额和幅度，以说明企业财务状况或经营成果的变动趋势的一种方法。具体有以下几种趋势分析：

（1）定基趋势分析。

定基趋势分析是以某一时期的数值为固定的基期数值而计算出来的动态比率。其计算公式为：

$$定基趋势比率 = \frac{计算期某指标值}{固定期同指标值} \times 100\%$$

（2）环比趋势分析。

环比趋势分析是以每一分析期的前期数为基期数值而计算出来的动态比率。其计算公式为：

$$环比趋势比率 = \frac{计算期某指标值}{上期同指标值} \times 100\%$$

（3）平均趋势分析。

平均趋势分析是指计算连续数期某财务指标的平均趋势比率以反映该指标平均变动水平的方法。其计算公式为：

$$平均趋势比率 = \sqrt[期数]{\frac{最后一期某指标值}{基期同指标值}} \times 100\%$$

或 $$平均趋势比率 = \sqrt[期数]{各期环比趋势比率的乘积} \times 100\%$$

运用趋势分析法应该注意基期的选择要具有代表性、正常性和可比性，期数的选取也要有意义，并要削减偶然事件对财务数据的影响，当会计方法改变时注意要先调整再分析。

4.因素分析法

因素分析法（Factor Analysis）是依据分析指标与其影响因素之间的关系，按照一定的程序和方法，确定各因素对分析指标差异影响程度的一种技术方法。常见的因素分析法有连环替代法和差异分析法两种。

连环替代法是因素分析法的基本形式，它根据分析的目标和财务指标的构成，将分析指标分解为各个可以计量的因素，并根据各个因素之间的依存关系，顺次用各因素的比较值（通常即实际值）替代基准值（通常即标准值或计划值），据以测定各因素对分析指标的影响。

差异分析法是连环替代法的一种简化形式，它先计算出各因素的实际数和标准数的差额，然后仍按一定的替代程序直接计算出各因素脱离标准对分析对象的影响，但是各因素影响的先后顺序也要按照它们的依存关系来确定。

因素分析法是财务分析中的一种重要方法，在财务分析的综合评价过程中得到了广泛的应用，也应该得到广泛的应用。杜邦分析法是这种方法的一个很好的例子。

总体来说，各种财务分析的基本方法在财务分析的整个过程中都有其不同的作用，比如在财务能力的描述与分析过程中会着重运用相关比率的比率分析法，在财务的综合分析与评价过程中将着重应用因素分析法，而比较分析法和趋势分析法则贯穿于财务分析的整个过程，以体现同一项目在横向与纵向方面的差异。因此，在进行具体分析时，应根据不同的目的和需要选择合适的财务报表分析方法，尤其要善于将多种方法加以综合运用，从不同的角度对企业的财务状况进行全面、透彻的分析和说明，以达到了解企业过去、评价企业现状、预测企业未来的分析目的。

8.3.2 比率分析

比率分析法是财务报表分析中最常用和最重要的分析方法，往往是财务分析的第一步。财务比率显示了同一企业或不同企业间财务报表账目之间的关系，通过将财务数据转化为比率，可以对不同公司和不同期间的财务状况进行分析比较。根据比率分析的原理，几乎任何两个或多个财务数据之间都能形成一定的比率关系，只不过是财务数据之间相互关系的强弱有所不同。因此，财务报表的使用者可以根据具体的需要，设计和计算财务比率。这里介绍的是财务分析中最为常用和经典的财务比率，分别反映了企业的流动性、长期偿债能力、资产管理效率、盈利能力和市场价值五个重要的方面。本节以珠江公司20×2年的财务报表（见表8-1、表8-4和表8-6）为例，说明每一大类中各个具体指标的定义、计算方法和意义。

1.企业盈利能力分析

盈利能力通常是指企业在一定时期内赚取利润的能力。盈利能力体现了企业运用其所支配的经济资源，开展某种经营活动，从中赚取利润的能力。企业的经营活动是否具有较强的盈利能力，对企业的生存发展至关重要。

企业的盈利能力对企业的所有利益关系人来说都是非常重要的，但不同使用者对盈利能力分析有不同的意义。对企业的经理人员而言，进行盈利能力分析可以利用盈利能力相关指标反映和衡量企业的经营业绩，借以评价自身工作的优劣并发现经营管理过程中存在的问题，进而采取相应的改进措施。对于企业的投资者而言，良好的盈利能力意味着投资者有相对较高的投资报酬，盈利能力的分析有助于投资者作出相应的投资决策。对企业的债权人而言，企业如果具有良好的盈利能力，其偿债能力就有了强有力的保障。

反映企业盈利能力的比率主要有：销售毛利率、销售净利率、总资产净利率、净资产收益率、每股收益以及市盈率。

（1）销售毛利率。

销售毛利率（Gross Margin）是企业一段时期的销售毛利占销售收入的百分比，表示每一元销售收入中扣除销售成本后，可以用于支付期间费用和贡献于利润的比例。销售毛利率反映了企业主要经营业务的获利能力，其计算公式为：

$$销售毛利率 = \frac{销售收入 - 销售成本}{销售收入} \times 100\%$$

销售毛利率是企业销售净利率的基础和保障，没有一定的毛利率水平就不可能盈利。如果企业的销售毛利率很高，而销售净利率并不理想，有可能反映了企业在期间费用方面还存在很大改善的空间。

【例8-1】 根据表8-4的有关数据，计算珠江公司20×1年与20×2年的销售毛利率如下：

$$20 \times 1年的销售毛利率 = \frac{318\ 216 - 283\ 430}{318\ 216} \times 100\% = 10.93\%$$

$$20 \times 2年的销售毛利率 = \frac{262\ 541 - 228\ 768}{262\ 541} \times 100\% = 12.86\%$$

从以上结果可以看出，珠江公司20×2年的销售毛利率比20×1年有所上升，表明销售收入所创造出来的毛利在弥补期间费用以及形成净利润方面的能力有提高的迹象。

（2）销售净利率。

销售净利率（Profit Margin）是企业一段时期的净利润占销售收入的百分比，表明企业每一元的销售收入所带来的净利润。该指标越高，说明企业的盈利能力越强，反之越弱。销售净利率反映了企业最终的获利能力，其计算公式如下：

$$销售净利率 = \frac{净利润}{销售收入} \times 100\%$$

其中，净利润数据来源于企业的利润表，销售收入数据对应于该表的主营业务收入。从指标的相互关系看，销售净利率与企业的净利润成正比关系，与销售收入成反比关系。企业若要保持或提高销售净利率，就必须在增加销售收入的同时减少各项成本费用以提高净利润。因此，企业必须重视在生产经营的每一个环节中开源节流，以达到提高盈利水平的目标。

在运用该指标的时候必须注意，净利润这一数据的得出是企业主营业务利润和一系列的期间费用，其他业务、营业外业务产生的收入、费用相加减的结果，有可能净利润并非由主营业务创造的，这时候就要分析企业利润的构成。如果在净利润的构成中其他业务利润和投资收益等项目贡献比较大，即使销售净利率很乐观，也不能断定企业的盈利能力就很好，毕竟企业的生存与持续发展要依赖企业的主营业务，偶然的巨额回报并不意味着企业拥有良好的、持续的盈利能力。

【例8-2】 根据表8-4的有关数据，计算珠江公司20×1年和20×2年的销售净利率如下：

$$20 \times 1年的销售净利率 = \frac{39\ 705}{318\ 216} \times 100\% = 12.48\%$$

$$20 \times 2年的销售净利率 = \frac{36\ 895}{262\ 541} \times 100\% = 14.05\%$$

单单从该结果来看，珠江公司20×2年的销售净利率比20×1年有了比较明显的提高，盈利能力增强，但要综合分析就要结合其他相关的指标。

（3）总资产收益率。

总资产收益率（Return on Assets，ROA）又称总资产净利率，是企业一段时期的净利润占同期平均资产总额的百分比，表明企业每一元的总资产所产生的净利润。该指标越高，说明企业总资产的盈利能力越强，反之越弱。总资产收益率反映企业拥有的全部经济资源的获利能力，表明企业资产的综合运用效果。其计算公式如下：

$$总资产收益率 = \frac{净利润}{平均资产总额} \times 100\%$$

$$平均资产总额 = \frac{期初资产总额 + 期末资产总额}{2}$$

其中，净利润的数据来源于企业的利润表，期初资产总额、期末资产总额的数据分别来源于企业资产负债表对应的数据。运用该指标时应该注意，净利润是一个时期指标，而资产总额则是一个时点指标，因此必须将资产总额这一时点指标相应转变为时期指标，也就是以平均资产总额的数据来代替时点的资产总额数据，以保持分子与分母的可比性。在许多比率的运用中都必须注意这种情况。

【例 8-3】　根据表 8-1 与表 8-4 及有关数据，企业 20×1 年初资产总额为 571 144 万元，计算珠江公司 20×1 年和 20×2 年的总资产净利率如下：

$$20 \times 1年的总资产收益率 = \frac{39\ 705}{(571\ 144 + 559\ 053) \div 2} \times 100\% = 7.03\%$$

$$20 \times 2年的总资产收益率 = \frac{36\ 895}{(559\ 053 + 610\ 903) \div 2} \times 100\% = 6.31\%$$

从这个结果来看，珠江公司的总资产净利率20×2年比20×1年有所下降，表明其20×2年的资产利用效果及资产盈利能力略微差于20×1年。

（4）净资产收益率。

净资产收益率（Return on Equity，ROE）是企业一段时期的净利润占同期平均净资产的百分比，表明企业使用每一元所有者资本所带来的净利润。该指标越高，表明企业权益资本的盈利能力越强，所有者的收益越高；反之越弱或越低。净资产收益率反映企业所有者投入的资本获取利润的能力，具有较强的综合性。一般说来，企业的经营者、投资者与债权人都会对该指标给予充分的关注。其计算公式如下：

$$净资产收益率 = \frac{净利润}{平均净资产} \times 100\%$$

$$平均净资产 = \frac{期初净资产 + 期末净资产}{2}$$

与计算总资产净利率指标的数据来源相类似，该指标的分子数据来源于利润表，分母数据来源于资产负债表中所有者权益合计对应的数据。同时，为了保持分子与分母之间的可比性，必须将分母的净资产转变为平均净资产。

【例 8-4】 根据表 8-1 与表 8-4 及有关数据，20×1 年年初净资产为 493 218 万元，那么珠江公司 20×1 年与 20×2 年的净资产收益率为：

$$20\times1\text{年的净资产收益率}=\frac{39\,705}{\frac{493\,218+525\,930}{2}}\times100\%=7.79\%$$

$$20\times2\text{年的净资产收益率}=\frac{36\,895}{\frac{525\,930+538\,896}{2}}\times100\%=6.93\%$$

根据以上结果，珠江公司 20×2 年的净资产收益率比 20×1 年有轻微的下降，显示了所有者投入资本的盈利水平稍微下降。如果结合分子与分母的绝对值变动粗略来看，该公司 20×2 年的净利润轻微下降，而平均净资产却轻微上升，其共同作用使得净资产收益率有了一定程度的下降。

（5）每股收益。

每股收益（Earnings per Share，EPS），是指普通股每股所获得的净利润，又称为每股净利润或每股盈余，反映企业净利润与发行在外的普通股股数的比例关系，表明投资者每持有企业一份普通股股票所获得的净利润。该指标越大，说明企业每股的盈利能力越高；反之越低。每股收益会对企业在资本市场上的股价走向产生重要影响，投资者对该指标非常关注。

其计算公式如下：

$$\text{每股收益}=\frac{\text{净利润}-\text{优先股股利}}{\text{当期发行在外普通股股数的加权平均数}}$$

其中，当期发行在外普通股股数的加权平均数的计算公式如下：

$$\text{当期发行在外普通股股数的加权平均数}=\text{期初发行在外普通股股数}+\text{当期新发行普通股股数}\times\frac{\text{已发行时间}}{\text{报告期时间}}-\text{当期回购普通股股数}\times\frac{\text{已回购时间}}{\text{报告期时间}}$$

该指标的数据不能从企业的三张财务报表中直接获取，还必须关注企业的报表附注中相关会计项目注释。由于优先股股东对股利分配一般具有优先权，因此在计算普通股每股收益时应当预先扣除优先股股利。如果本期内并没有普通股股数的变动，可以直接采用普通股股数作为分母。而如果普通股股数发生变动，则公式中分母采用发行在外的普通股股数的加权平均数，这是因为本期发行在外的普通股股数只能在增加以后这一段时期内产生收益，减少的普通股股数在减少以前的期间内产生收益，所以必须采用加权平均数来计算以合理反映发行在外的普通股每股享受的盈余。具体计算时可以用月份、季度、天数来作权数。比如某企业 20×2 年初发行在外的普通股股数为 20 万股，该年 7 月 1 日又增发了 6 万股，并且该年内未发行其他股票，也没有退股的事项，那么该年度发行在外普通股的加权平均数应为23万股（20+6×6÷12）。

【例8-5】 根据表8-1和表8-4及有关数据，珠江公司共有普通股79 764.83万股，期间没有发生普通股增减变动，同时并未发行优先股，则20×1年度与20×2年度的每股收益如下：

$$20\times1\text{年度的每股收益}=\frac{39\,705}{79\,764.83}=0.50\text{（元/股）}$$

$$20\times2\text{年度的每股收益}=\frac{36\,895}{79\,764.83}=0.46\text{（元/股）}$$

从以上结果可以看到，珠江公司的每股收益也略微下降，显示该公司的盈利水平并没有提高的迹象。目前每股收益已经成为资本市场上非常重要的一项指标，直接反映企业的获利能力。在其他条件不变的情况下，每股收益越高，企业的获利能力就越强，股价也会相应提高。

（6）市盈率。

市盈率（P/E Ratio），也叫价格与收益比率，是普通股每股市场价格与当期每股收益的比值，反映了投资者为获得每一元利润所愿意投资的金额。市盈率可以用来判断企业股票与其他企业股票相比较时潜在的价值。其计算公式如下：

$$\text{市盈率}=\frac{\text{普通股每股市价}}{\text{每股收益}}$$

该指标的分母每股收益可以利用财务报表中的扣除优先股股利后的净利润与普通股股数计算得到，分子普通股每股市价数据除了可以在财务报表附注中得到以外，还可以在证券市场的公开资料中得到。

市盈率表明上市公司普通股一元的收益在股票市场上的价值。通过考察一个企业在几年内该指标的数值，能够分析该企业盈利能力的稳定性，同时也可以在一定程度上分析企业管理部门的经营能力以及企业潜在的成长能力。此外，该指标还反映了目前的股票价格对投资者的吸引力，结合企业所在行业的具体情况比较同一行业内部不同企业的市盈率，对投资者选择投资目标具有一定的帮助。一般说来，市盈率越高，新投资者为谋取既定投资收益所花费的代价越大，而市盈率越低，说明企业股票价格的上升空间越大，对投资者的吸引力就越强。

市盈率一直以来都受到资本市场的广泛关注，但是也必须注意其局限性：一是该比率是以某一时点的股票价格与某一时期的每股收益进行比较，两者在时间上的差异会对投资分析有影响；二是该指标不适宜用于不同行业的比较；三是净利润的高低受公司的会计政策的影响，继而会影响公司的市盈率，从而使不同公司之间的比较受到限制；四是市盈率的高低受市价变动的影响，因此应当观察该指标的长期趋势。

【例8-6】 承例8-5，珠江公司20×1年和20×2年年末的普通股价格分别为

5.45元/股和5.28元/股，则20×1年和20×2年的市盈率计算如下：

$$20\times1\text{年的市盈率}=\frac{5.45}{0.50}=10.9\text{（倍）}$$

$$20\times2\text{年的市盈率}=\frac{5.28}{0.46}=11.48\text{（倍）}$$

从以上结果来看，珠江公司的市盈率并没有出现明显的变化，投资者必须结合该公司所处行业和其他企业的情况综合分析才可以作出有效的决策。

2.企业营运能力分析

企业营运能力主要指企业在资产管理方面的能力，以分析企业所拥有资产的周转速度为主。拥有一定经济资源的企业，只有将这些经济资源不断投入到企业的运作当中，使之有效率地周转起来，才可以使这些经济资源最大限度地产生效益。正如人们常说的“货如轮转”，企业的资产在生产经营过程中运转得越快，就说明企业利用经济资源的效率越高，企业的营运能力越好，企业整体资产管理的水平越高。企业的营运能力与企业的盈利能力、偿债能力、现金管理能力、发展能力都密切相关。分析营运能力主要考虑各项资产的周转率指标。

（1）存货周转率。

存货周转率（Inventory Turnover）是指企业在一定时期内存货占用资金可周转的次数，或者是存货每周转一次所需要的天数。它是反映存货周转速度的指标，也是衡量企业在采购、生产、销售各环节管理状况的综合性指标。存货周转率越高，说明企业存货转化为销售收入的时间越短，存货的管理效率越高；存货周转率越低，说明企业存货转化为销售收入的时间越长，存货的管理效率越低。其计算公式如下：

$$\text{存货周转率}=\frac{\text{销售成本}}{\text{存货平均余额}}$$

$$\text{存货平均余额}=\frac{\text{期初存货余额}+\text{期末存货余额}}{2}$$

$$\text{存货周转天数}=\frac{360}{\text{存货周转率}}=\frac{360}{\frac{\text{销售成本}}{\text{存货平均余额}}}$$

$$=\frac{\text{存货平均余额}\times360}{\text{销售成本}}$$

公式中的存货余额数据来源于资产负债表，销售成本来源于利润表。正如前面计算总资产收益率要计算平均资产余额一样，该指标的销售成本也是一个时期指标，计算时要将期末存货余额这一时点指标转化为期初和期末余额的平均数，从而使得分子和分母具有可比性。此外，一般在财务分析中，为了计算的简便和提高可比性，假定一年的固定天数为360天。

存货周转速度越快，占用的资金就越少，流动性也就越强，因此，提高存货周转率可以提高企业资产的变现能力。通常，存货在企业流动资产中所占的比重较大，是整个企业资产管理的重要内容。存货周转率是衡量企业存货管理水平的指标，不仅反映了企业的短期偿债能力，也反映了企业资产管理和营运的效率。

一般来说，较高的存货周转率表明企业拥有良好的存货管理能力和存货变现能力，追求高的存货周转率必须要做好企业内外部存货流程的安排，在购货环节保证有良好的供货源，生产环节畅通，销售环节产品适销对路，供产销环环相扣，才可以提高存货的营运能力。在分析企业的存货周转率时季节性销售的影响较为突出，比如工业中的空调产业一般会在上半年生产以适应下半年的销售需要，如果产销对路的话就会导致空调生产企业的年初和年末的存货数额比较低，使得企业的年度存货周转率提高，这样的分析对于企业管理存货并不具有太大的意义，因此，必须深入到存货变动迅速的期间内去考虑存货周转率才可以发现问题。此外，还必须结合企业存货的结构分析才能更好地分析企业管理存货的能力，比如要具体分析存货的保存期限，过期的存货会给企业造成损失，所以要具体分析企业存货的结构。

【例8-7】 根据表8-1和表8-4及有关数据，珠江公司20×1年年初的存货余额为13 683万元，那么珠江公司20×1年与20×2年的存货周转率指标计算如下：

$$20\times1\text{年的存货周转率}=\frac{283\ 430}{\frac{13\ 683+15\ 518}{2}}=19.41\text{（次）}$$

$$20\times1\text{年的存货周转天数}=\frac{360}{19.41}=18.55\text{（天）}$$

$$20\times2\text{年的存货周转率}=\frac{228\ 768}{\frac{29\ 846+15\ 518}{2}}=10.09\text{（次）}$$

$$20\times2\text{年的存货周转天数}=\frac{360}{10.09}=35.68\text{（天）}$$

从以上结果可以看出，珠江公司20×2年的存货周转率存在明显的下降，在存货管理方面出现较大的问题。但是还要结合公司所处行业的大环境来综合分析，如果确实是企业内部存货管理的问题，就要切实加强管理，使存货的流转更为顺畅和快捷。

（2）应收账款周转率。

应收账款周转率（Accounts Receivable Turnover）是反映企业应收账款回收速度和管理效率的指标，表示企业在年度内应收账款转化为现金的平均次数。应收账款周转天数表示企业从产生应收账款到收到现金所需要的平均天数，也叫平均应收账款回收期或平均收现期。其计算公式如下：

$$应收账款周转率=\frac{销售收入}{应收账款平均余额}=\frac{销售收入}{\frac{期初应收账款余额+期末应收账款余额}{2}}$$

$$应收账款周转天数=\frac{360}{应收账款周转率}=\frac{应收账款平均余额\times 360}{销售收入}$$

公式中的销售收入来源于利润表，应收账款余额来源于资产负债表。从理论上说，为保证分子和分母计算口径的一致性，应收账款周转率公式中的销售收入应该仅指赊销收入净额，但由于在财务报表上难以取得赊销收入净额的数据，所以在实际使用中，把现金销售看作收款时间为一天的赊销，用销售收入净额代替赊销收入净额进行计算。只要保持一贯性，使用销售收入净额也不会影响其分析和利用价值。销售收入净额等于销售收入扣除销售退回、折让和折扣之后的余额。

一般来说，应收账款周转率越高，平均收账期越短，说明企业应收账款的回收越快，资金滞留在应收账款上的数量越少，资金使用效率越高；否则，不仅会大量占用资金，影响资金的周转，而且会增加产生坏账、呆账的可能，导致企业资金的损失。与存货相似，应收账款在流动资产中的地位也十分重要，对应收账款的有效管理，可以提高企业的资金使用效率，增强企业的短期偿债能力，还可以改善企业销售收入的质量。

使用该指标时应该注意以下两点：一是应收账款的收回与企业的赊销政策、信用政策、付款条件等问题密切相关，如果过分要求顾客付现，很可能会影响产品的销售情况。因此，企业必须根据行业特点以及本企业可以承受的信用政策来对应收账款周转率进行微调，使之达到最佳水平。二是应收账款是企业的顾客群以赊购的方式购买本企业的产品时产生的，在使用该指标时应该密切注意企业产品销售的特点。季节性销售、常年销售、以现金销售为主的销售方式与以赊销为主的销售方式之间的应收账款周转率并不具有可比性。比如，超市企业的应收账款周转率与重工业企业的应收账款周转率之间并不具有可比性，超市企业以现金销售为主，而重工业企业大部分存在赊销或分期付款的情况。因此，在使用该指标时必须切实联系该企业及其所在行业的特点来分析，这样才可以更好地运用该指标。

【例 8-8】 根据表 8-1 和表 8-4 及有关数据，珠江公司 20×1 年年初的应收账款余额为 34 759 万元，那么该公司 20×1 年与 20×2 年的应收账款周转率指标计算如下：

$$20\times 1年的应收账款周转率=\frac{318\ 216}{\frac{34\ 759+30\ 412}{2}}=9.77（次）$$

$$20\times1\text{年的应收账款周转天数}=\frac{360}{9.77}=36.85\text{（天）}$$

$$20\times2\text{年的应收账款周转率}=\frac{262\,541}{\frac{30\,412+16\,963}{2}}=11.08\text{（次）}$$

$$20\times2\text{年的应收账款周转天数}=\frac{360}{11.08}=32.49\text{（天）}$$

从以上结果可以了解到，由于珠江公司20×2年年末的应收账款余额有明显的下降，从而导致了珠江公司的应收账款周转率有一定的上升，应收账款周转天数也平均缩短了近4天，表明在20×2年度珠江公司提高了收现的能力，但是还必须联系企业的销售收入变动情况进行综合分析，挖掘销售收入变动对应收账款周转率的影响，考虑是否存在企业信用政策变动等原因。

（3）营业周期。

营业周期是指从取得存货开始到销售产品并收回现金为止的这段时间。营业周期的长短取决于存货周转天数和应收账款周转天数。一般情况下，营业周期短，说明资金周转速度快；营业周期长，说明资金周转速度慢。其计算公式如下：

营业周期=存货周转天数+应收账款周转天数

运用该指标进行不同企业的比较时关键在于考虑行业因素的影响，不同行业的营业周期具有明显的区别。比如，造船业企业与食品加工业企业的营业周期就存在很大差别，即使是食品加工业企业内部不同类型的食品加工也存在较大的差别，比如面点制品企业与酿酒企业的营业周期就存在很大的差别。因此，该指标一般作为分析企业营运能力的笼统指标，从时间上分析企业营业周期的长短，更适合于同一企业不同时期的比较与分析，而在分析企业营运能力时还必须结合其他指标进行综合分析。

【例8-9】 根据珠江公司20×1年和20×2年的存货周转天数和应收账款周转天数可以得出该公司这两年的营业周期为：

20×1年的营业周期=18.55+36.85=55.40（天）

20×2年的营业周期=35.68+32.49=68.17（天）

总体来讲，珠江公司20×2年的营业周期比20×1年增加了近13天，也就是说该公司20×2年比20×1年需要更多的时间（13天）来将存货变成现金，20×2年的资金周转速度减缓。即使该公司20×2年的应收账款周转天数有所减少，但是由于其存货周转天数明显增多，导致整个营业周期增长。因此，该公司必须改善存货的管理水平，才可以提高其资金周转速度。

（4）流动资产周转率。

流动资产周转率（Current Asset Turnover）是企业一段时期的销售收入（主营业务收入）与平均流动资产的比值。它是反映企业流动资产管理能力的指标。

其计算公式如下：

$$流动资产周转率=\frac{销售收入}{流动资产平均余额}$$

$$=\frac{销售收入}{\frac{期初流动资产余额+期末流动资产余额}{2}}$$

该指标数据可以在企业的资产负债表以及利润表中获得。在一个合理的范围内，企业的流动资产周转越快，企业的流动资产营运能力就越好，企业的流动资产产生的经济效益越多。同时，流动资产周转速度越快，会形成一种相对节约流动资产的效果，等于在某个时段相对扩大了流动资产的投入，增强了企业的营运能力；而流动资产周转速度慢则需要不断补充流动资金，造成资金的浪费，降低了资产的使用效果。

【例 8-10】 根据表 8-1 和表 8-4 及有关数据，珠江公司 20×1 年年初的流动资产余额是 145 834 万元，那么珠江公司 20×1 年和 20×2 年的流动资产周转率如下：

$$20\times1年的流动资产周转率=\frac{318\ 216}{\frac{145\ 834+146\ 196}{2}}=2.18（次）$$

$$20\times2年的流动资产周转率=\frac{262\ 541}{\frac{146\ 196+201\ 457}{2}}=1.51（次）$$

从以上结果可以看出，珠江公司的流动资产周转率有一定程度的下降，表明该公司管理流动资产的能力也有降低的趋势。结合前面的存货周转率和应收账款周转率的分析，存货和应收账款是流动资产的重要组成部分，正是由于该公司的存货管理水平的下降，导致该公司管理流动资产的水平也下降。

（5）总资产周转率。

总资产周转率（Total Asset Turnover）是企业一段时期的销售收入（主营业务收入）与平均资产总额的比值，它是反映企业全部资产管理能力的指标。该指标越大，说明企业总资产的使用效率越高；反之越低。其计算公式如下：

$$总资产周转率=\frac{销售收入}{平均资产总额}=\frac{销售收入}{\frac{期初资产余额+期末资产余额}{2}}$$

总资产周转率反映了企业全部资产在一个会计期间内的周转次数以及企业在运转全部资产方面的效率。在应用该指标进行分析时同样要注意诸如行业、季节性销售等其他影响营运能力指标的因素。

此外，可以将总资产周转率的计算公式进行如下分解：

$$总资产周转率=\frac{销售收入}{平均资产总额}$$

$$=\frac{销售收入}{流动资产平均余额}\times\frac{流动资产平均余额}{平均资产总额}$$

$$=流动资产周转率\times流动资产占总资产的比重$$

可见，总资产周转率的变动取决于流动资产周转率和流动资产占总资产的比重两个因素。要提高总资产周转率，一方面可以提高流动资产周转率，提高销售收入，减少流动资产的平均占用额；另一方面可以调整资产内部结构，提高流动资产占总资产的比重，也就是提高资产的总体流动性。

【例8-11】 根据表8-1和表8-4及有关数据，珠江公司20×1年年初的资产余额是571 144万元，那么该公司20×1年和20×2年的总资产周转率计算如下：

$$20\times1年的总资产周转率=\frac{318\ 216}{\frac{571\ 144+559\ 053}{2}}=0.56（次）$$

$$20\times2年的总资产周转率=\frac{262\ 541}{\frac{559\ 053+610\ 903}{2}}=0.45（次）$$

从以上结果可以看出，珠江公司20×2年的总资产周转率比20×1年有一定程度的下降，表明在20×2年珠江公司的总资产营运能力水平有所下降。结合该公司的流动资产周转率分析，可以发现该公司20×2年的流动资产周转率比20×1年有明显的下降（20×1、20×2年的流动资产周转率分别为2.18次和及1.51次），而20×2年的流动资产占总资产的比重的轻微上升抵消了流动资产周转率明显下降的部分影响（20×1年以及20×2年的流动资产占总资产的比重分别为0.26以及0.33），但是在总体上20×2年的总资产周转率比20×1年低。

3.企业偿债能力分析

企业的偿债能力是指企业所拥有的经济资源可以偿还到期债务的能力，维持适当的偿债能力是企业生存和发展的需要。企业的负债是企业所承担的能以货币计量、需以资产或劳务偿付的债务，分为流动负债和非流动负债两种。流动负债是将在1年或者超过1年的一个营业周期内偿还的债务，包括短期借款、应收账款、预收账款、应付职工薪酬、应交税费等项目。一般来说，流动负债应该由企业流动性较强的资产来偿还和保障。非流动负债是偿还期在1年或超过1年的一个营业周期以上的债务，包括长期借款、应付债券、长期应付款等项目，具有金额大、偿还期长的特点，一般需要由长期资产作为保障。因此，企业的偿债能力分析通常可以分为短期偿债能力分析和长期偿债能力分析两种。

短期偿债能力由企业近期可以转变为现金的流动资产的数量决定。由于偿还短期债务必须及时支付现金，所以企业的流动性反映了企业的短期偿债能力。衡量企业流动性和短期偿债能力的财务比率主要有营运资金、流动比率、速动比率和现金比率。

长期偿债能力，既取决于企业长期的盈利能力，也受到企业资本结构的显著影响。资本结构就是指企业不同种类资金来源的比例关系，也就是债务资金与所有者权益资金之间的比例关系。由于未来长期的现金流量受众多不确定因素的影响而难以估计，因而偿债能力的分析侧重于对企业资本结构的分析。衡量企业长期偿债能力的比率主要有资产负债率、产权比率、所有者权益比率和利息保障倍数。

（1）营运资金。

营运资金主要反映企业的流动资产在抵补流动负债后的余额。其计算公式如下：

营运资金=流动资产-流动负债

一般说来，企业流动负债的偿还通常由流动资产来保障，营运资金越多，表明企业在偿还流动负债后可控制的资金就越多，企业的短期偿债能力就越强。如果营运资金为负数，则表明企业在偿付短期内到期的债务本金和利息方面存在很大的困难。营运资金作为一个绝对数指标，由于不同企业间规模的巨大差异，难以在不同企业间进行恰当比较，因此必须运用其他相对数指标来进行具体分析，在分析企业偿债能力时该指标一般起到辅助性作用。

【例8-12】 根据表8-1和表8-4及有关数据，珠江公司20×1年年末和20×2年年末的营运资金情况如下：

20×1年年末的营运资金=146 196-33 123=113 073（万元）

20×2年年末的营运资金=201 457-57 546=143 911（万元）

从以上结果来看，珠江公司20×1年年末和20×2年年末的营运资金状况良好，企业在20×2年年末可以控制更多的营运资金。

（2）流动比率。

流动比率（Current Ratio）是流动资产与流动负债之间的比值，表明企业每一元的流动负债有多少流动资产作为偿付担保，反映企业流动资产在短期负债到期以前可变现并用于偿还流动负债的能力。其计算公式如下：

$$流动比率=\frac{流动资产}{流动负债}$$

一般情况下，流动比率越高，表明企业短期偿债能力越强，债权人的权益越有保证；反之，流动比率越低，则企业不能偿还到期流动负债的风险就越大。但这并不是说企业的流动比率越高越好，如果流动比率过高，说明企业不能有效地利用流动资产，对流动资产的管理能力较低。一般认为，企业流动比率为2较为合理。这是因为在流动资产中变现能力最差的存货等金额，约占流动资产总额的一半，剩下的流动性较强的流动资产至少要等于流动负债，企业的短期偿债能力才会有保证。

运用流动比率时，必须注意以下几个问题：

①虽然流动比率越高，企业用于偿还短期债务的流动资产保证程度越强，但

这并不等于说企业已有足够的现金或存款用来偿债。流动比率高，说明企业短期偿债能力强，但在流动资产中可能存在滞销或积压的存货，也可能是由于应收账款长期收不回来，而这些情况的存在又恰恰削弱了企业的偿债能力，或不能真实反映企业的短期偿债能力，因此，需要仔细审查流动资产和流动负债的明细构成项目，并结合速动比率、现金比率等指标进行分析，才能正确认识企业的短期偿债能力。

②从债权人的角度看，自然希望流动比率越高越好，比率越高就表明债权人借出的资金越有保障。但从企业经营管理的角度看，过高的流动比率通常意味着企业闲置现金的持有量过多，必然造成成本的增加和获利能力的降低。因此，企业应尽可能将流动比率维持在不使货币资金闲置的水平。

③流动比率是否合理，不同的企业以及同一企业不同时期的评价标准是不同的。不同的行业，由于其生产经营周期长短不一或存在季节性因素，评定流动比率的标准也不一样。一般而言，生产经营周期越短，表明无须储存大量存货，故其流动比率可相应降低。因此，需要将企业的流动比率与行业的平均水平以及本企业的历史水平联系起来分析，才能合理判断比率是否恰当。

④在分析流动比率时应剔除一些虚假因素的影响。例如，某企业年度快终了时的流动资产为300万元，流动负债为200万元，则流动比率=300÷200=1.5；年末还款100万元并于下年年初再借回100万元，则流动比率=（300−100）÷（200−100）=2。因此，在分析时，最好掌握企业年度内各月份的财务报表，这样可以较真实地得到企业的流动比率。

由此可见，单从流动比率判断企业的短期偿债能力有一定的局限性，需要仔细审查流动资产和流动负债的明细构成项目，并结合其他比率指标进行分析才能作出比较客观的判断。

【例 8-13】 根据表 8-1 的有关数据，珠江公司 20×1 年年末和 20×2 年年末的流动比率计算如下：

$$20\times1\text{年年末的流动比率}=\frac{146\ 196}{33\ 123}=4.41$$

$$20\times2\text{年年末的流动比率}=\frac{201\ 457}{57\ 546}=3.50$$

从以上结果可以看出，珠江公司 20×1 年和 20×2 年年末的流动比率都超过标准数值 2，企业的短期偿债能力良好，但是 20×2 年年末的流动比率有所下降，短期偿债能力有所降低。结合营运资金这一指标具体分析可看出两个指标的分析结果是不同的，如果采用营运资金这一指标进行比较会得到珠江公司 20×2 年年末偿债能力更好的结果，而采用流动比率分析得到的结果恰恰相反。采用流动比率分析的结果更为合理，原因如下：营运资金是绝对数的指标，不适用于不同规模的企业或同一企业不同时期的比较，当流动资产和流动负债等额增加时营运资金不变，而当流动资产的增加数大于流动负债的增加数时营运资金增加，但这并不意味着企业偿债能力的改善，因为存在企业营运资金的增加而流动比率反而下降的情况，这是绝对数指标和相对数指标的最主要差别所造成的。营运资金仅表示企业的流动资产在偿付完所有流动负债后企业所拥有的数额，采用流动比率反映企业的偿债能力比营运资金更合理。

（3）速动比率。

速动比率（Quick Ratio），也叫酸性测试比率（Acid-test Ratio），反映企业在扣除变现能力较差的流动资产项目后余下的流动资产数额对企业流动负债的保障能力。

速动资产（Quick Asset）是指企业变现能力较强的流动资产，主要包括货币资金、交易性金融资产、应收账款、应收票据等。之所以计算速动比率，是因为流动资产各项目的变现能力不同，流动资产中有一部分不能或不易变现，如存货、其他应收款等。所以，将这些项目从流动资产总额中减去后计算出速动比率，能更为准确地反映企业的短期偿债能力。由于其他应收款等项目在企业实际经营过程中不经常存在或所占的比重不大，所以一般情况下将剔除存货后的流动资产看作是速动资产。速动比率的计算公式如下：

$$速动比率 = \frac{流动资产 - 存货}{流动负债}$$

一般认为，企业的速动比率在1左右比较合适，但行业、销售方式等因素会造成企业间速动比率的差异。例如，房地产企业由于存在大量价值很高的房产作为存货，其速动比率通常较低。为了正确判断企业的短期偿债能力，在计算速动比率之前，应计算出应收账款周转指标。这是为了确认应收账款的变现能力是否存在问题。应收账款变现速度的快慢、坏账发生的多少都会对企业短期偿债能力产生影响。

除了流动比率、速动比率之外，报表使用者还应特别关注影响短期偿债能力的表外信息，例如，企业是否有未使用的银行贷款限额、企业声誉如何，能否很快地通过增加发行债券和股票获取资金以满足短期偿债的需要，企业是否存在未做记录的或有负债等。

【例8-14】 根据表8-1的有关数据，珠江公司20×1年年末和20×2年年末的速动比率计算如下（采用速动资产等于流动资产减去存货的方法）：

$$20 \times 1年年末的速动比率 = \frac{146\ 196 - 15\ 518}{33\ 123} = 3.95$$

$$20 \times 2年年末的速动比率 = \frac{201\ 457 - 29\ 846}{57\ 546} = 2.98$$

从该结果可以看出，珠江公司这两年的速动比率都高于1的理论标准，同时20×2年年末的短期偿债能力弱于20×1年年末，这与通过流动比率分析到的结果是相吻合的。

（4）现金比率。

现金比率是指企业现金类资产与流动负债的比值。现金类资产包括企业所拥有的货币资金和持有的易于变现的有价证券。现金比率是评价公司短期偿债能力强弱最可信的指标，其主要作用在于评价公司在最坏情况下的短期偿债能力。该指标越高，说明公司的短期偿债能力越强；反之则越低。其计算公式为：

$$现金比率=\frac{货币资金+交易性金融资产}{流动负债}$$

在企业的流动资产中，货币资金及交易性金融资产的变现能力最强，如无意外，可以百分之百地保证相等数额的短期负债的偿还。因此，较之流动比率或速动比率，以现金比率来衡量公司短期偿债能力更为保险。但是，也不能认为这个比率越高越好，因为该比率过高也可能是由于企业拥有大量不能盈利的现金和银行存款所致，这就意味着企业流动资产未能得到有效的运用，而保持着大量现金类资产，会导致机会成本的增加。因此，偿债风险与机会成本的约束，要求公司必须选择一个合理的现金比率，既保证短期债务偿还的现金需要，又尽可能降低过多持有现金的机会成本。一般来说，现金比率在0.2以上为好。

【例8-15】　根据表8-1的有关数据，珠江公司20×1年年末和20×2年年末的现金比率计算如下：

$$20\times1年年末的现金比率=\frac{21\,439+0}{33\,123}=0.65$$

$$20\times2年年末的现金比率=\frac{26\,042+0}{57\,546}=0.45$$

通过计算表明，该企业连续两年的现金比率均在0.2以上，说明该企业具有很强的立即支付的能力。

（5）资产负债率。

资产负债率（Debt Ratio），又称为负债比率，表示为企业总负债与总资产的比值，主要反映在企业的总资产当中有多少比例的资产是通过负债提供的，以及企业资产对债权人收回本金和利息的保障程度，是衡量企业长期偿债能力的重要指标。其计算公式如下：

$$资产负债率=\frac{负债总额}{资产总额}\times100\%$$

通常，资产负债率的值在0到100%之间。企业的资产负债率为0，说明企业没有任何债务，不会面临任何财务风险，但也完全失去了财务杠杆的利益。企业的资产负债率为100%，说明企业全部举债经营，处于最大的财务风险之中。如果企业的资产负债率大于100%，说明企业已经处于资不抵债的境地。按照一般经验，资产负债率一般不高于50%，有利于风险和收益的平衡。

资产负债率反映企业负债经营的比例，体现了债权人、股东和管理者三方的利益权衡。对于债权人来说，资产负债率越低，表明企业债务偿还的稳定性、安全性越大，收回本金和利息的风险就越低，企业的长期偿债能力越强。而对于投资者来说，资产负债率则不是越低越好，投资者最关心的是投资收益率，在全部资产的投资收益率高于借款的资金成本时企业适当地负债经营将会产生财务上的杠杆作用，使企业创造更大的财富。而当投资收益率低于借款的资金成本时企业的经营风险就会增大，这同时会影响投资者的投资收益。对于经营者来说，借款一方面可以筹集资金进行投资以扩大企业的规模，也可以利用财务杠杆作用增强投资的获利能力；另一方面会增加企业偿还到期债务本息的压力，增加企业的财务风险。在公司提高盈利能力的前提下，搞好负债经营对于企业来说是很有利的。因此，资产负债率的控制必须根据本企业的特点确定在一个企业可以接受的水平之上，以求得风险和收益的最佳组合。

【例 8-16】 根据表 8-1 的有关数据，珠江公司 20×1 年年末和 20×2 年年末的资产负债率计算如下：

$$20\times1\text{年年末的资产负债率}=\frac{33\ 123}{559\ 053}\times100\%=5.92\%$$

$$20\times2\text{年年末的资产负债率}=\frac{72\ 007}{610\ 903}\times100\%=11.79\%$$

从以上结果可以看出，珠江公司的资产负债率指标远低于50%，在这两年内公司拥有的资产对于企业的负债有很强的保障能力。在20×1年年末，公司没有长期债务，仅担负33 123万元的流动负债，而在20×2年增加了14 461万元的长期债务。从另一个侧面看，珠江公司可能没有最大限度地利用负债经营的好处，相对于股权筹资而言，债务筹集资金的成本还是相对较低的。如果拥有具有投资潜力的项目并希望筹集资金时，珠江公司应该适当根据自身经营特点增加债务筹资的份额，充分利用负债的财务杠杆作用。

（6）产权比率。

产权比率也叫负债权益比（Equity Ratio）或净资产负债率，反映的是企业所有者权益可以弥补全部负债的能力，表示为负债总额与所有者权益总额的比值。其计算公式如下：

$$\text{产权比率}=\frac{\text{负债总额}}{\text{所有者权益总额}}\times100\%$$

产权比率反映在企业资本总额当中，由债权人提供的资本与股东提供的资本之间的相对关系，也就是企业在清算时对债权人权益的保障程度，同时也反映了企业的基本财务结构是否处于稳定的状况。与资产负债率一样，如果产权比率过高，说明企业面临较高的财务风险；反之，则财务风险较低。

从债权人的角度来看，产权比率越低越好，因为产权比率越低就表示所有者权益对企业偿还债务的保障程度越高，债权人收回本息的风险就越低。从企业投资者和经营者的角度来看，过低的产权比率也预示着企业并没有很好地运用负债经营的好处，适当地负债经营有利于企业扩大规模和取得财务杠杆利益。从理论上讲，如果资产负债率的最佳标准是50%，那么产权比率为100%最适宜。

产权比率与资产负债率对评价企业偿债能力的作用基本相同，主要区别是：资产负债率侧重于分析债务偿付安全性的物质保障程度，产权比率则侧重于揭示财务结构的稳健程度以及权益资本对偿债风险的承受能力。

【例8-17】　根据表8-1的有关数据，计算珠江公司20×1年年末和20×2年年末的产权比率如下：

$$20\times1\text{年年末的产权比率}=\frac{33\ 123}{525\ 930}\times100\%=6.30\%$$

$$20\times2\text{年年末的产权比率}=\frac{72\ 007}{538\ 896}\times100\%=13.36\%$$

从以上结果可以看出，珠江公司的产权比率处于较低的水平，公司的长期偿债能力很强。这与资产负债率分析的结果是一致的，该公司的负债经营还有潜力可挖。

（7）所有者权益比率。

所有者权益比率是企业所有者权益与总资产的比值，表明企业总资产中所有者投入资本的比重，侧面反映了企业资产对债权人的保障程度。该指标越大，说明企业所有者权益所占的比例越高，负债所占的比例越低，对企业债权人的保障程度越高；反之，企业债权人的保障程度越低。其计算公式如下：

$$\text{所有者权益比率}=\frac{\text{所有者权益总额}}{\text{资产总额}}\times100\%$$

从以上的计算公式看出，因为“资产=负债+所有者权益”，所以资产负债率和所有者权益比率之和为1。所有者权益比率提高，资产负债率降低，就意味着企业的财务风险降低，长期偿债能力增强。

【例8-18】　根据表8-1的有关数据，计算珠江公司20×1年年末和20×2年年末的所有者权益比率如下：

$$20\times1\text{年年末的所有者权益比率}=\frac{525\ 930}{559\ 053}\times100\%=94.08\%$$

$$20\times2\text{年年末的所有者权益比率}=\frac{538\ 896}{610\ 903}\times100\%=88.21\%$$

从以上结果可以看出，珠江公司的资产总额主要由所有者投入的资本形成，财务风险较低，长期偿债能力较强。

值得指出的是，所有者权益比率的倒数叫作权益乘数。权益乘数表示企业的资产总额相当于所有者权益的倍数。权益乘数越大，说明企业所有者权益占资产总额的比例越低，企业的负债经营程度越高，企业的财务风险越大；反之，说明企业所有者权益占资产总额的比例越高，企业的负债经营程度越低，企业的财务风险越小。其计算公式是：

$$权益乘数=\frac{1}{所有者权益比率}=\frac{资产总额}{所有者权益总额}$$

权益乘数在财务分析中是一个重要的指标，是杜邦分析体系中的重要组成部分，在后续的章节中会做详细的介绍。

【例 8-19】　根据表 8-1 的有关数据，计算珠江公司 20×1 年年末和 20×2 年年末的权益乘数如下：

$$20\times1年年末的权益乘数=\frac{559\ 053}{525\ 930}=1.06$$

$$20\times2年年末的权益乘数=\frac{610\ 903}{538\ 896}=1.13$$

从以上结果可以看出，资产总额主要由所有者投入的资本形成，公司的负债经营程度较低，财务风险比较小，具有比较好的长期偿债能力。

（8）利息保障倍数。

利息保障倍数（Times Interest Earned），也叫已获利息倍数、利息赚取倍数，是企业息税前利润与利息费用的比值，反映企业支付借款利息能力的高低。该指标越大，说明企业利息支付能力越强；反之越弱。其计算公式如下：

$$利息保障倍数=\frac{息税前利润}{利息费用}$$

公式中的“息税前利润”等于缴纳所得税之前的利润总额与企业利息费用之和；利息费用包括企业本期发生的所有应付利息，即应计入财务费用的利息和已经资本化的利息。因我国现行利润表中的利息费用包含在财务费用项目中，所以报表使用者在计算利息保障倍数时，通常只能使用利润总额和财务费用来估计息税前利润和利息费用。

【例 8-20】　根据表 8-4 及有关数据，珠江公司 20×1 年同 20×2 年的利息费用分别是 1 022 万元和 1 313 万元，没有资本化的利息，那么计算这两年珠江公司的利息保障倍数如下：

$$20\times1年的利息保障倍数=\frac{41\ 419+1\ 022}{1\ 022}=41.53$$

$$20\times2年的利息保障倍数=\frac{37\ 632+1\ 313}{1\ 313}=29.66$$

从以上结果看出，尽管珠江公司 20×2 年的利息保障倍数比 20×1 年有明显的下降，但是总体上讲这两年的利息保障倍数相当乐观，公司有充足的利润来弥补应付的利息，公司的长期偿债能力很好。但是结合企业相对低的资产负债率来分析，企业的负债规模本身就不大，也就是说企业的利息支出在企业的费用中所占比重不大，相对于企业增长的盈利能力来说，企业并不存在偿付利息的压力。

【课堂讨论8-4】

粤强公司申请200万元的一年期短期贷款用于其在外省的业务扩展。在对粤强公司的贷款分析中，你计算出该公司的流动比率为4：1，其中有近160万元的流动资产。同行业竞争者的平均流动比率是1.9：1。

讨论：

（1）假设你是银行家，根据这些有限的信息，你对粤强公司的贷款申请会持什么意见？

（2）如果粤强公司申请的是10年期的长期贷款，你的决定会有什么不同吗？

4.企业现金能力分析

现金能力是指企业经营活动产生现金的能力。在当今社会激烈的市场竞争中，“现金为王”的观念已被企业所接受，在企业的日常运营当中，每一个环节都需要现金的支持。企业从购买原材料、投入生产直到最后产品销售、收回现金，才可以说是真正实现盈利。在会计的权责发生制原则下，收入的确认基于以下四个条件：一是企业已将商品所有权上的主要风险和报酬转移给买方；二是企业既没有保留通常与所有权相联系的继续管理权，也没有对已售出的商品实施控制；三是与交易相关的经济利益能够流入企业；四是相关的收入和成本能够可靠地计量。只要符合这四个条件，企业就可以确认收入。但是在现实的企业中，在账面上有巨额利润的企业都会存在破产的危机，难道单单是因为其在会计上做假吗？其实这可能是企业管理者没有重视现金理念所造成的。企业只有收到现金才可以说是真正实现盈利，如果没有收到现金，利润表中即使有巨额的净利润，也只能是“纸上利润”，对企业的可持续发展没有一点的好处。因此，现金能力是企业经营活动产生的现金流对整个企业运营的保障能力。

企业的现金流就好比一个人身体中的血液，只有循环周转顺畅，能够自我造血和修复，才可以提高人体的免疫力，维持生命的延续。同样，一个企业只有通过自身的生产经营活动产生出正的现金净流量，才可以提高抵御风险的能力，并能够实现真正的盈利，为股东创造财富。对于投资者来说，企业具有良好的现金能力，才能开展一系列的生产经营和投资活动，才有现金来支付股利给投资者。对于债权人来说，企业的现金流顺畅，才可以保证企业最后的还本付息，因为债务的偿付是通过现金而非账面上的利润来完成的。对于经营者来说，企业的现金流顺畅意味着产供销环节的协调，大额的经营现金净流入可以提高企业抵御风险的能力。

企业现金能力分析主要包括现金到期债务比、现金债务总额比、销售现金比率、每股营业现金净流量等几个比率。

（1）现金到期债务比。

现金到期债务比反映企业的经营活动现金流量净额对本期到期债务偿还的保障程度，是从现金的角度来衡量企业资产流动性的指标。真正能用于偿债的是企业的现金流量，企业只有通过自身的经营活动产生足够的现金净流入，才可以真正地满足企业偿还债务的需要并为企业的债权人提供保障。其计算公式为：

$$现金到期债务比 = \frac{经营活动现金流量净额}{本期到期债务}$$

公式中的分子经营活动现金流量净额数据来源于企业的现金流量表，而分母本期到期债务数据来源于企业的资产负债表，是指本期到期的长期债务和本期的应付票据，通常这两种债务是不能展期的，必须如数偿还。具体数值可以根据资产负债表中的一年内到期的非流动负债与本期应付票据之和来计算。其实，在企业偿债能力的描述与分析中应用到的现金比率也可以用来衡量企业现金的流动性，实质上也反映了企业经营活动产生的现金流量净额对企业债务的保障能力。

由于珠江公司的资产负债表中20×1年与20×2年的本期到期债务和应付票据均为0，计算该比率是没有意义的。

（2）现金债务总额比。

现金债务总额比反映企业经营活动现金流量净额对企业债务总额的保障程度，这个比率越高，企业承担债务的能力就越强。其计算公式是：

$$现金债务总额比 = \frac{经营活动现金流量净额}{债务总额}$$

在计算该比率时债务总额应该取平均值，使得债务总额数据变成时期指标，保持比率的合理性。但是应该看到，该指标中分子经营活动现金流量净额是在一个会计期间内产生的数据，而分母债务总额则有可能包括在未来几个会计期间内负担的债务。从这个角度考虑，只有经营活动现金流量净额在未来持续增长，才可以真正地对债务总额起到保障作用，可以考虑对该比率做趋势分析以分析在一个较长时期内企业现金能力对债务偿付的保障程度。

【例8-21】 根据表8-1与表8-6及有关数据，珠江公司20×1年年初的债务总额为77 926万元、经营活动现金流量净额为15 468万元，计算珠江公司20×1年与20×2年的现金债务总额比如下：

$$20\times1年的现金债务总额比 = \frac{15\,468}{\frac{77\,926+33\,123}{2}} = 0.28$$

$$20\times2年的现金债务总额比 = \frac{1\,828}{\frac{33\,123+72\,007}{2}} = 0.03$$

从以上的结果可以看出，珠江公司20×2年的现金债务总额比有明显的下降，每1元的债务只有0.03元的经营活动现金流量净额做保障，企业依靠自身产生现金流入来偿还债务的压力比较大。但是如果对两个年度比率的分子与分母数额进行比较，可以发现其主要是因为20×2年的经营活动现金流量净额比20×1年明显减少，这就要找出深层次的原因。根据珠江公司20×2年度的现金流量表整理出表8-7中的数据。

表8-7　珠江公司经营活动现金流量净额变动分析表　单位：万元

项目	20×2年	20×1年	变动额
销售商品、提供劳务收到的现金	136 332	131 283	5 049
收到的税费返还	118		118
收到其他与经营活动有关的现金	911	1 026	-115
经营活动现金流入小计	137 361	132 309	5 052
购买商品、接受劳务支付的现金	96 764	106 391	-9 627
支付给职工以及为职工支付的现金	5 803	4 758	1 045
支付的各项税费	5 934	2 564	3 370
支付其他与经营活动有关的现金	27 032	3 128	23 904
经营活动现金流出小计	135 533	116 841	18 692
经营活动产生的现金流量净额	1 828	15 468	-13 640

经营活动产生的现金流量净额等于现金流入小计减去现金流出小计。从表8-7中可以看出，由于20×2年的现金流入小计比20×1年增加了5 052万元，而现金流出小计却比20×1年增加了18 692万元，两者共同使得现金流量净额减少了13 640万元。具体分析每个项目还可以发现其中具体的原因，最明显的变动就是支付其他与经营活动有关的现金数据的变动，企业要着重找出其变动的主要原因，以解决这个问题，提高企业经营活动产生的现金流量净额。

（3）销售现金比率。

销售现金比率衡量企业每实现1元的销售收入实际上可以收到多少经营活动现金流量净额。其计算公式为：

$$销售现金比率=\frac{经营活动现金流量净额}{销售收入}$$

该指标中销售收入数据来源于利润表中主营业务收入项目的数据。该指标越大，表明企业经营活动产生的现金净流入能力越强。

【例8-22】　根据表8-4与表8-7的有关数据，珠江公司20×1年与20×2年的销售现金比率计算如下：

$$20\times1年的销售现金比率=\frac{15\ 468}{318\ 216}=0.049$$

$$20\times2\text{年的销售现金比率}=\frac{1\ 828}{262\ 541}=0.007$$

从以上结果可以看出，由于珠江公司20×2年经营活动现金流量净额变动的重大影响，导致了销售现金比率即使在分母销售收入下降的情况下也明显下降，表明企业每实现1元的销售收入能实现的经营活动现金净流入减少。

（4）每股营业现金净流量。

每股营业现金净流量主要反映企业每一股的普通股享有的经营活动现金净额数值。其计算公式为：

$$\text{每股营业现金净流量}=\frac{\text{经营活动现金流量净额}}{\text{普通股股数}}$$

该指标反映了企业最大的分派股利的能力，超过这一限度，企业就必须通过借款等其他途径筹集资金来分红。如果公司分析期内普通股股数存在变动的情况，公式的分母必须采用加权平均的数据。

【例8-23】 珠江公司20×1年与20×2年的普通股股数为79 764.83万股，期间没有发生增减变动，那么该公司这两年的每股营业现金净流量的计算如下：

$$20\times1\text{年的每股营业现金净流量}=\frac{15\ 468}{79\ 764.83}=0.194\text{（元/股）}$$

$$20\times2\text{年的每股营业现金净流量}=\frac{1\ 828}{79\ 764.83}=0.023\text{（元/股）}$$

从以上结果可以看出，由于珠江公司20×2年的经营活动现金流量净额有明显的下降，导致20×2年的每股营业现金净流量也有明显的下降。

5.企业发展能力分析

企业发展能力是企业未来生产经营的发展趋势、发展水平以及企业在持续发展中的整体协调能力。企业发展能力分析的目的主要体现在两个层面：一是传统领域的资产、销售额与利润等的增长，体现在企业规模的扩大以及企业整体的发展趋势与发展水平。对于这方面的分析着重从动态角度预测企业未来各方面的变化，力图通过比率分析揭示企业的资产、销售收入以及利润等的发展趋势以及发展水平。二是企业与各利益相关者的协调发展，反映企业在一个协调的环境中实现其发展目标，体现在企业如何构架这种协调平衡的发展环境方面。一般意义的利益相关者主要包括投资者、债权人、管理者、员工、顾客、供应商、政府以及社区，企业的经营离不开投资人、债权人以及管理者，企业在社会大环境中开展生产经营活动，其产供销环节就与员工、顾客以及供应商产生密切的联系，企业要塑造良好社会公民的形象就必须依法纳税以及积极参与公益活动，这必然又与政府和社区产生联系。与利益相关者关系的协调从而营造一个和谐的发展环境是企业发展能力的一个重要体现。该部分发展能力的分析主要集中在企业协调各利益相关者关系过程中的各种投入。

值得注意的是，企业的发展能力是盈利能力、偿债能力、营运能力和现金能力的综合体现。企业的发展不但体现了其资产、销售、收益的发展，还体现了一种协调发展能力。这种协调不仅体现在企业与各利益相关者之间的协调，更体现在企业各个财务能力的综合协调。企业只有在全局上得到发展，才能避免陷入顾此失彼的困境。因此，企业必须在战略角度对整个发展方向进行总体部署、运筹帷幄，才可以实现真正意义上的可持续发展。

企业发展能力分析的主要比率包括资产增长率、资本积累率、销售增长率、收益增长率、资本保值增值率等。

（1）资产增长率。

在经营效益和资产周转次数不变的情况下，企业的新增利润主要来源于新增的资产，因此企业的发展能力首先体现在企业投资规模的增加上。一个健康成长的企业其投资规模应该呈现不断增加的趋势。资产增长率是用来衡量企业资产规模增长幅度的财务指标，资产增长率为正数，表明企业本年度的资产规模增加；资产增长率为负数，则表明企业本年度的资产规模减小；资产增长率为零，表明企业本年度的资产规模既没有增加也没有减少。该指标的计算公式如下：

$$资产增长率=\frac{本年度资产增加额}{上年资产总额}\times 100\%$$

本年度资产增加额为期末资产总额减去期初资产总额，这两者的数据都可以在资产负债表上查到。利用该指标分析企业在资产方面的发展能力时应该注意以下问题：一是分析企业的资产增长幅度是否恰当。资产规模并非越大越好，必须与企业生产经营的内外部环境相适应，同时配合企业的销售、利润增长幅度分析来判断。只有当销售增长率和利润增长率高于资产增长率时，这种资产的增长才是效益型增长，才是恰当的、正常的。二是分析企业资产增长的主要来源。企业资产的来源有负债和所有者权益两个方面，适当地举债经营有利于企业利用财务杠杆的作用，为企业创造更大的财富。要结合企业的资本结构和抵御风险的能力，具体分析企业资产增长来源的合理性。三是分析企业资产增长的趋势是否稳定。一个健康成长的企业其资产规模应该是逐年增长的，如果规模的变动无规律可循，则表明企业的经营业务很不稳定，同时也说明企业并没有良好的增长能力。

【例 8-24】 珠江公司20×1年年初、20×2年年初、20×2年年末的资产总额分别为571 144万元、559 053万元、610 903万元，计算该公司20×1年与20×2年的资产增长率如下：

$$20\times 1年的资产增长率=\frac{559\,053-571\,144}{571\,144}\times 100\%=-2.12\%$$

$$20\times 2年的资产增长率=\frac{610\,903-559\,053}{559\,053}\times 100\%=9.27\%$$

单从这两个结果可以看出，珠江公司的资产增长率波动较大，表明企业的经营政策在这两年内很不稳定，因此必须加强对这一问题的关注。

（2）资本积累率。

资本积累率是衡量企业所有者权益增长幅度的指标，其计算公式如下：

$$资本积累率 = \frac{本年所有者权益增加额}{年初所有者权益总额} \times 100\%$$

资本积累率是分析资产增长率的辅助性指标，在某个范围内，资本积累率越高，表明企业本年度所有者权益增加得越多，可以反映企业资产增长状况良好；反之，资本积累率越低，表明企业本年度所有者权益增加得较少，反映企业资产增长状况欠佳。

【例 8-25】 珠江公司20×1年年初、20×2年年初、20×2年年末的所有者权益总额为493 218万元、525 930万元、538 896万元，计算20×1年与20×2年的资本积累率如下：

$$20 \times 1年的资本积累率 = \frac{525\,930 - 493\,218}{493\,218} \times 100\% = 6.63\%$$

$$20 \times 2年的资本积累率 = \frac{538\,896 - 525\,930}{525\,930} \times 100\% = 2.47\%$$

从以上结果可以看出，珠江公司20×1年的资本积累率高于资产增长率，而20×2年的资本积累率则低于资产增长率，表明20×2年的资产增加来源主要为负债而非所有者权益，该问题必须与企业资本结构变动一并考虑。结合前面的偿债能力分析可以得知珠江公司的资产负债率比较低。20×2年资产的增长主要来源于负债的增长，反映企业在负债经营方面有对应的举措。

（3）销售增长率。

市场是企业生存和发展的空间，企业良好的销售势头意味着企业产品的市场份额不断扩大，企业的整体成长性增强。因此，销售增长率也是反映企业发展能力的基本指标。其计算公式如下：

$$销售增长率 = \frac{本年销售增长额}{上年销售总额} \times 100\%$$

公式中的销售总额采用利润表中的销售净额数，也就是营业收入扣减折扣、折让和销售退回后的净额。一般而言，处于成长期的企业销售会持续增长，表明企业的竞争力不断改进和增强。

在分析该指标时应该注意以下几个问题：第一，配合企业的资产增长率和利润增长率的分析，判断企业销售增长的效益性。只有在销售增长率高于资产增长率的情况下的增长才是效益性的增长，说明销售的增长并不依赖于资产的增长来取得。如果利润增长率高于销售增长率，就更加说明企业在开源节流、扩大销售、减少成本方面取得实效。第二，在分析该比率时要注意进行同一企业不同时期的比较，发现企业销售变动的趋势，排除偶然因素与非正常因素的影响，才可以对企业在销售方面的发展能力做中肯的评估。第三，如果掌握企业各产品的销售状况，可以进一步分析各产品的销售增长率。一个有持续增长能力的企业，其产品组合应该处于产品生命周期的不同阶段，在销售增长率上呈现不均衡的状况，形成“成熟一代、生产一代、储备一代、开发一代”的产品组合结构，这样对企业的整体发展才是有利的。

【例 8-26】 根据珠江公司的有关数据，该公司20×0年度、20×1年度、20×2年度的营业收入净额分别为273 989万元、305 764万元、253 498万元，珠江公司20×1年度和20×2年度的销售增长率计算如下：

$$20\times1\text{年的销售增长率}=\frac{305\ 764-273\ 989}{273\ 989}\times100\%=11.60\%$$

$$20\times2\text{年的销售增长率}=\frac{253\ 498-305\ 764}{305\ 764}\times100\%=-17.09\%$$

从以上的结果可以看出，珠江公司这两年的销售增长率如同资产增长率一样，波动较大，与资产增长率进行对比可知，20×1年的销售增长属于效益性的增长，而20×2年在资产大幅度增加的情况下销售额却明显减少，必须查明出现该问题的原因，分析企业的销售环节和资产管理能力是否出现问题。

（4）收益增长率。

收益增长率是衡量企业收益增长幅度的比率。企业只有创造出利润才有存在的可能性和必要性，因此分析企业的收益增长率也是分析企业发展能力的重要方面。收益具体可以采用主营业务利润和净利润两个指标，同样，收益增长率能表示为主营业务利润增长率和净利润增长率两种。其计算公式如下：

$$\text{主营业务利润增长率}=\frac{\text{本年主营业务利润增长额}}{\text{上年主营业务利润}}\times100\%$$

$$\text{净利润增长率}=\frac{\text{本年净利润增长额}}{\text{上年净利润}}\times100\%$$

在分析这两个指标的时候必须考虑以下几个问题：第一，应该联系企业的销售增长率进行分析，如果收益增长率大于销售增长率，表明企业的产品正处于成长期，盈利能力有所增强；第二，要进行收益增长率的趋势分析，以排除偶然性因素的影响，这样才可以对企业在收益方面的发展能力做中肯的分析。

【例 8-27】 珠江公司20×0年度、20×1年度、20×2年度的主营业务利润分别为36 158万元、33 359万元、32 011万元，这三个年度的净利润分别为61 784万元、39 705万元、36 895万元，则其收益增长率的计算如下：

$$20\times1\text{年的主营业务利润增长率}=\frac{33\ 359-36\ 158}{36\ 158}\times100\%=-7.74\%$$

$$20\times2\text{年的主营业务利润增长率}=\frac{32\ 011-33\ 359}{33\ 359}\times100\%=-4.04\%$$

$$20\times1\text{年的净利润增长率}=\frac{39\ 705-61\ 784}{61\ 784}\times100\%=-35.74\%$$

$$20\times2\text{年的净利润增长率}=\frac{36\ 895-39\ 705}{39\ 705}\times100\%=-7.08\%$$

从以上数据可以看出，珠江公司的收益增长率不太乐观，公司必须深入到企业内部找出收益下降的原因并加强管理，或者是根据内外部环境调整公司政策，努力提高收益。

8.3.3 杜邦分析体系

在财务报表分析过程中，除了对各项财务指标进行独立分析外，为了对企业整体财务状况作出正确认识和合理评价，还需要将财务指标联系起来进行综合分析。最常用的财务报表综合分析方法就是杜邦分析体系。

杜邦分析体系是由美国杜邦（Du Pont）公司率先提出并得到广泛运用的财务分析方法。它通过财务指标之间的内在联系，将最为重要和基本的净资产收益率分解为销售净利率、总资产周转率和资产负债率三个指标，并进行再分解，从而将企业的盈利能力、营运能力和偿债能力等综合起来进行分析评价，从而获得对企业财务状况的全面认识。

杜邦分析体系中最为核心的指标是净资产收益率，净资产收益率反映了所有者（股东）投入资本的获利能力，表明企业财务管理的目标是所有者（股东）权益最大化。企业的净资产收益率受到企业盈利能力、营运能力和偿债能力等因素的影响，用公式表示为：

净资产收益率=总资产收益率×权益乘数

总资产收益率=销售净利率×总资产周转率

净资产收益率=销售净利率×总资产周转率×权益乘数

以上公式说明，要提高净资产收益率，增加所有者（股东）回报，就需要扩大销售，增加销售收入，降低成本和消耗，同时要通过适度的负债经营获得财务杠杆利益。

【例8-28】 结合珠江公司20×2年的情况（为了简化处理，以期末数代替平均数进行相关计算），说明杜邦财务分析结构体系：

$$\text{净资产收益率}=\frac{\text{净利润}(36\,895)}{\text{净资产}(538\,896)}$$

$$=\frac{\text{净利润}(36\,895)}{\text{总资产}(610\,903)}\times\frac{\text{总资产}(610\,903)}{\text{净资产}(538\,896)}$$

$$=\text{总资产收益率}\times\text{权益乘数}$$

$$=\frac{\text{净利润}(36\,895)}{\text{销售收入}(262\,541)}\times\frac{\text{销售收入}(262\,541)}{\text{总资产}(610\,903)}\times\frac{\text{总资产}(610\,903)}{\text{净资产}(538\,896)}$$

$$=\text{销售净利率}(14.05\%)\times\text{总资产周转率}(0.4298)\times\text{权益乘数}(1.1336)$$

$$=6.85\%$$

在利润表上查到净利润数额，该表上的营业收入数据对应此处的销售收入数额。在资产负债表上可以找到净资产和总资产的数额。

【例8-29】 将珠江公司的各项财务指标用杜邦分析图（见图8-2）来列示，

可以直观地看出该企业的财务状况和经营成果的总体面貌。

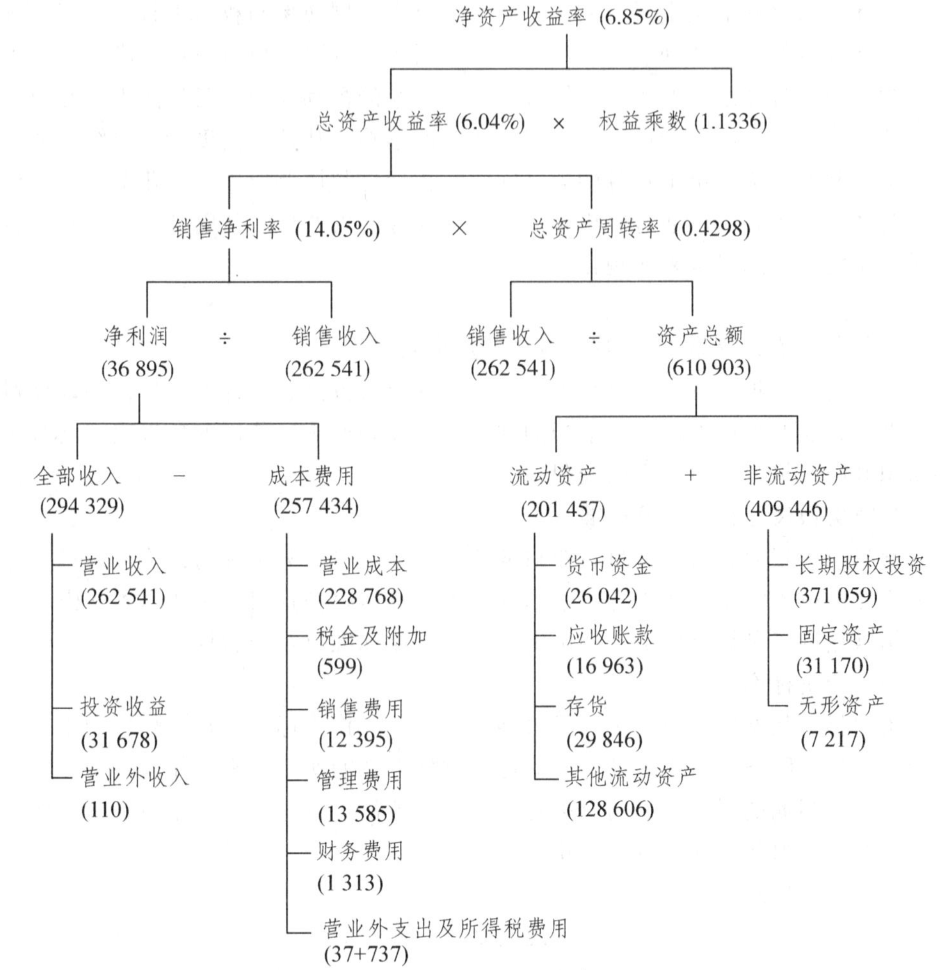

图 8-2　杜邦分析图

从图 8-2 可以看出，采用因素分解可以将净资产收益率层层分解到财务报表上的各个项目，从上到下分析出最基本的影响因素，找出解决问题最基本的方向；而从下到上逐层归结，形成一个互相钩稽的财务因素系统。

将净资产收益率分解为销售净利率、总资产周转率与权益乘数三个因素，相应就体现了企业的盈利能力、营运能力与偿债能力。销售净利率反映了企业净利润与销售收入的关系，它的高低取决于收入与成本总额的高低。要想提高销售净利率，一是要扩大销售收入，二是要降低成本费用。总资产周转率体现企业资产管理的能力。从图 8-2 可以看出，影响总资产周转率的一个重要因素是资产总额。它由非流动资产和流动资产组成。它的结构合理与否将直接影响资产的周转速度。权益乘数主要受资产负债之间比率的影响。负债比率越大，权益乘数就越高，说明企业的负债程度越高，给企业带来了较多的杠杆利益，同时，也带来了较多的风险。

因此，从更深的层次看，销售净利率、总资产周转率与权益乘数三个因素分别了反映企业的经营活动、投资活动与筹资活动的状况。也就是说，净资产收益率作为一个综合性最强的指标，综合体现了企业的盈利能力、营运能力、偿债能力，任何一个能力的变动都会对其产生相应的影响。从这个角度看，要维持适当的净资产收益率必须讲求财务能力之间的互相促进与协调发展。企业要维持一定的净资产收益率，可以通过分析企业这三个财务能力并最终从财务报表上的项目入手，制定相应的对策来实现目标。

8.3.4 财务报表分析中需要注意的问题

在进行财务报表分析的过程中，除了选择分析方法、设计财务指标和计算财务数据外，还要考虑如何确定恰当的评价标准和如何正确使用财务报表，同时还要认识到财务报表分析存在的局限性。

1.财务报表分析的评价标准

通过财务报表分析来衡量企业财务状况，必须将财务指标与评价标准进行比较分析才能得出结论，所以选定适当的评价标准是财务报表分析的基本步骤。这里介绍常用的三种评价标准，即历史标准、行业标准以及经验标准。

（1）历史标准。

历史标准是指以企业过去一段时期的实际状况作为标准。在实际使用中，通常会将当期的财务数据与上期进行对比，这样上期的实际水平就作为一种评判标准，或者将当期的财务数据与过去几期的平均数值进行比较。采用历史标准便于评价企业自身财务状况的发展变化趋势。

（2）行业标准。

行业标准是以反映行业财务状况的平均水平作为标准。通常选择行业中一组有代表性的企业，以其平均情况作为行业标准，或者直接就以情况较为接近的竞争对手的财务数据作为分析基础。运用行业标准进行财务分析，可以说明企业在行业中的相对水平与所处地位。

（3）经验标准。

经验标准是指通过大量实践的检验得出的具有指导意义的标准。经验标准是人们公认的标准，来自实践并不断接受实践的检验，具有一定的客观性和普遍性。例如，一般认为，企业的流动比率不低于2、速动比率不低于1，但是，经验标准只是一般情况下的一个判断，不是适用一切情况和所有企业的绝对标准。在应用经验标准时，需要联系实际情况具体分析。

2.财务报表数据的时间属性

财务报表分析的主要依据是资产负债表、利润表和现金流量表，而这三张报表具有不同的时间属性。资产负债表包含的财务数据均为时点性信息，利润表和现金流量表反映的是时期性信息。在同时使用来自不同报表的数据时，必须将它们转换成具有相同时间属性的数据才能进行运算，生成所需的财务指标。

在同时使用资产负债表数据与利润表或现金流量表数据进行分析时，通常是将时点数据转换成时期数据，例如，在计算存货周转率和净资产收益率等比率时都采用了这种方法。将时点数据转换为时期数据的方法包括加权平均法和算术平均法。加权平均法是将维持同一时点数据的时间长度作为权数，进行加权平均。由于一般很难在财务报表中获得有关持续时间的数据，所以会使用简单的算术平均法作为替代。算术平均法是将不同时点的数据进行简单的算术平均，最常见的是将期初和期末的时点数据进行平均。

3.财务报表分析存在的局限性

财务报表能为分析企业的财务状况和经营业绩提供很多非常有用的信息，但是也存在一定的局限性，有必要加以注意并进行适当的判断，以免影响分析结果的正确性。

(1) 不同的会计方法。

尽管会计界已经采取措施尽量减少会计方法的可选择性，但是这类问题依然存在。不同企业选择不同的会计方法，或者同一企业在不同时期改变会计方法都会使得报表数据之间缺乏可比性。

(2) 通货膨胀的因素。

通货膨胀一方面会使得企业的资产负债表严重失实，账面价值远远偏离实际价值；另一方面会影响折旧费用和存货成本，使得利润数字不能反映企业实际的盈利能力。在对企业较长一段时期或者不同时期的财务数据进行比较时，需要对通货膨胀引起的价值变动进行判断后才能进行解释。

(3) 财务报表粉饰。

有些企业会使用一些会计方法对财务报表进行粉饰，在实际经营业绩和财务状况并没有好转的情况下改善财务数据。例如，一家流动性较差的企业，在年末借入一笔资金，持有现金几天后，在下一年年初就偿还借款，从而提高了企业的流动比率和速动比率。同样，还可以通过年末的销售和下年初的销售退回，在报表上提高企业的盈利能力指标和周转率指标。所以在财务分析时还需要“透过数字看本质”。

(4) 季节性因素。

对于生产经营活动带有明显的季节性波动的企业，季节性因素也会扭曲财务报表数据，尤其在使用时点数据时会出现较大的波动。例如，零售企业的资产负债表中的存货，在节假日之前和之后会出现大幅度的变化，计算出来的存货周转率会有很大的差异。这时，最好采用月平均数据来计算周转率指标。

(5) 财务指标的两面性。

对于一个财务指标，不能简单地断定其越高越好或越低越好，因为财务指标具有两面性。例如，流动比率越高，说明企业资产的流动性越强，这是好的一面，但同时企业现金过多导致企业资源的闲置和浪费，这是不好的一面。同样，企业总资产周转率高，可能反映了企业资产使用效率高，但也可能是企业投资不足，无法购买足够的资产。所以，在分析财务指标时，不能机械地生搬硬套，需要全面和客观地进行判断。

本章小结

企业进行财务分析是为了评价企业过去的经营业绩，衡量企业当前的财务状况，预测企业未来的发展趋势。财务分析的主要方法包括比较分析法、趋势分析法、比率分析法和因素分析法。财务报表是财务分析资料的直接来源，因此，正确理解财务报表是进行财务分析的前提。利用比率分析法可以分析企业的盈利能力、营运能力、偿债能力、现金能力以及发展能力，直接了解企业各主要方面的财务状况。在此基础上，通过综合能力分析，可以系统考察企业的财务状况。常用的财务报表综合分析方法有沃尔评分法和杜邦分析体系。

关键概念

财务分析（Financial Analysis）；财务报告（Financial Report）；资产负债表（Balance Sheet）；资产（Asset）；负债（Liability）；所有者权益（Owners' Equity）；资本结构（Capital Structure）；流动性（Liquidity）；利润表（Income Statement）；当期经营观（Current Operation Concept）；损益满计观（All Inclusive Concept）；现金流量表（Statement of Cash Flows）；经营活动（Operating Activities）；投资活动（Investing Activities）；筹资活动（Financing Activities）；直接法（Direct Method）；间接法（Indirect Method）；现金（Cash）；现金等价物（Cash Equivalents）；财务报表分析（Financial Statement Analysis）；比率分析法（Ratio Analysis）；比较分析法（Comparative Analysis）；趋势分析法（Trend Analysis）；因素分析法（Factor Analysis）；销售毛利率（Gross Margin）；销售净利率（Profit Margin）；总资产收益率（Return on Assets，ROA）；净资产收益率（Return on Equity，ROE）；每股收益（Earnings per Share，EPS）；市盈率（P/E Ratio）；存货周转率（Inventory Turnover）；应收账款周转率（Accounts Receivable Turnover）；流动资产周转率（Current Asset Turnover）；总资产周转率（Total Asset Turnover）；流动比率（Current Ratio）；速动比率（Quick Ratio）；酸性测试比率（Acid-test Ratio）；速动资产（Quick Asset）；资产负债率（Debt Ratio）；负债权益比（Equity Ratio）；利息保障倍数（Times Interest Earned）

思考题

1.进行财务分析有什么意义？

2.财务分析方法主要有哪几种？
3.分析偿债能力要应用哪些财务比率指标？如何进行计算？
4.营运能力分析要应用哪些财务比率指标？如何进行计算？
5.获利能力分析要应用哪些财务比率指标？如何进行计算？
6.财务比率分析存在什么问题？
7.是否会出现某公司的资产净利率为26%，却不能偿还债务的情况？
8.为什么长期债权人对偿债能力比率感兴趣？
9.试分析企业五个财务能力的定义及它们之间的关系。
10.说明杜邦分析体系的内容及含义。

计算分析题

1.某公司20×1年的分析资料如下：

（1）利润表有关数据：销售收入净额90 000元，现销收入10 000元，利息费用4 500元，产品销售成本41 130元，利润总额18 800元，净利润6 204元。

（2）资产负债表资料见表8-8。

表8-8 **资产负债表**

20×1年12月31日 单位：元

资产	期末余额	年初余额	负债和所有者权益	期末余额	年初余额
流动资产：			流动负债：		
货币资金	3 750	12 500	短期借款	15 725	9 162.5
应收账款	18 750	21 250	应付账款	10 525	5 000
存货	18 750	1 612.5	流动负债合计	26 250	14 162.5
流动资产合计	41 250	35 362.5	非流动负债：		
非流动资产：			长期借款	18 750	15 000
固定资产	41 250	31 000	非流动负债合计	18 750	15 000
非流动资产合计	41 250	31 000	负债合计	45 000	29 162.5
			所有者权益：		
			实收资本	11 250	11 250
			资本公积	13 625	13 500
			盈余公积	6 475	6 450
			未分配利润	6 150	6 000
			所有者权益合计	37 500	37 200
资产总计	82 500	66 362.5	负债与所有者权益总计	82 500	66 362.5

要求：根据上述资料计算该公司下列动态和静态指标：

（1）流动比率。

（2）速动比率。

（3）应收账款周转次数。

（4）存货周转天数。

（5）流动资产周转天数。

（6）资产负债率。

（7）产权比率。

（8）利息保障倍数。

（9）销售毛利率。

（10）销售净利润率。

（11）总资产收益率。

（12）净资产收益率。

2.某企业20×1年有关财务资料如下：年末流动比率为2.1，年末速动比率为1.2，存货周转率为5次。年末资产总额为160万元（年初160万元），年末流动负债为14万元，年末非流动负债为42万元，年初存货成本为15万元；20×1年度的销售收入为128万元，管理费用为9万元，利息费用为100万元，所得税税率为25%。

要求：

（1）计算该企业20×1年年末的流动资产总额、资产负债率、权益乘数和总资产周转率。

（2）计算该企业20×1年年末存货成本、销售成本、净利润、销售净利率和净资产收益率。

3.ABC公司近三年的主要财务数据和财务比率见表8-9。

表8-9　ABC公司近三年的主要财务数据和财务比率

项目	20×0年	20×1年	20×2年
销售额（万元）	4 000	4 300	3 800
总资产（万元）	1 430	1 560	1 695
普通股（万元）	100	100	100
留存收益（万元）	500	550	550
所有者权益合计（万元）	600	650	650
流动比率	1.19	1.25	1.20
平均收现期（天）	18	22	27
存货周转率	8.0	7.5	5.5
债务/所有者权益	1.38	1.40	1.61
长期债务/所有者权益	0.5	0.46	0.46
销售毛利率	20.0%	16.3%	13.2%
销售净利率	7.5%	4.7%	2.6%
总资产周转率	2.80	2.76	2.24
总资产净利率	21%	13%	6%

假设该公司没有营业外收支和投资收益，所得税税率不变。

要求：

（1）分析说明该公司运用资产获利能力的变化及其原因。

（2）分析说明该公司资产、负债和所有者权益的变化及其原因。

（3）假如你是该公司的财务经理，在20×3年应从哪些方面改善公司的财务状况和经营业绩？

4.光华公司有关资料如下：

资料一：光华公司20×1年12月31日的资产负债表见表8-10。

表8-10 资产负债表（简化）

编制单位：光华公司 20×1年12月31日 单位：万元

资产	期末余额	年初余额	负债及所有者权益	期末余额	年初余额
流动资产：			流动负债：		
货币资金	90	100	流动负债合计	300	450
应收账款	180	120	非流动负债合计	400	250
存货	360	230	所有者权益合计	700	700
流动资产合计	630	450			
非流动资产：					
固定资产	770	950			
非流动资产合计	770	950			
资产总计	1 400	1 400	负债及所有者权益总计	1 400	1 400

资料二：

光华公司20×1年度的销售净利率为16%，总资产周转率为0.5次，权益乘数为2.2，净资产收益率为17.6%。光华公司20×1年度的销售收入为840万元，净利润为117.6万元。

要求：

（1）计算20×1年年末的速动比率、资产负债率；

（2）计算20×1年的总资产周转率、销售净利率和权益乘数；

（3）试用杜邦分析法分析销售净利率、总资产周转率和权益乘数变动对净资产收益率的影响。

第9章 财务计划与预测

财务分析主要是利用财务报表信息和其他相关信息判断企业当前的财务状况，是财务管理工作的一个重要方面。财务管理更为重要的一项任务是运用财务报表的信息预测企业未来的财务状况并制订财务计划。本章主要介绍财务计划的意义、基础和步骤，销售预测和资金需求预测的基本方法。

学习目标

1. 理解财务计划的意义、基础和步骤
2. 掌握销售预测的方法
3. 学会编制预计财务报表
4. 把握融资需求预测的方法及其影响因素

引　例　中铝公司介入两拓合并案，入股力拓致80多亿美元亏损

2008年2月1日，中国铝业公司（以下简称中铝）突然介入必和必拓公司与力拓公司合并一案，中铝于当天发布公告宣布，已通过新加坡全资子公司联合美国铝业公司获得了力拓的英国上市公司12%的现有股份。

此次交易收购价约为每股60英镑，总对价达到了140.5亿美元，是截至当时中国企业规模最大的一次海外投资。由此，中铝成为力拓公司的最大单一股东。以当时的股价计算，必和必拓至少要将收购价格提高到每4股换1股，才能达到中铝的收购价格。

接下来的几个月，市场行情逐步恶化，巨大的财务风险和成本负担致使必和必拓公司宣布放弃对力拓公司的收购。两拓合并失败消息一出，力拓股价便应声而落，一度跌至15英镑每股。这与中铝60英镑每股的买入价格相比已经跌去了45英镑，跌幅达75%，中铝浮亏已经超过80亿美元。

中铝并购力拓事件经历了首期注资、再次收购和参与配股三个阶段。2008年2月—2009年2月，中铝首次注资力拓为第一阶段并购事件。2008年2月中铝携手美国铝业在市场高峰期以近每股59英镑的价格斥资140.5亿美元合作收购力

拓英国公司12%的普通股股份，并持有力拓集团9.3%的股份成为其单一最大股东。其中，美国铝业以认购中铝新加坡公司债券形式出资了12亿美元，其余128.5亿美元均为中铝出资。

全球金融危机爆发后，截止到2009年2月，中铝首期投资已经浮亏70%以上。与此同时，中铝开始实施第二阶段注资计划。2009年2月12日，中铝与力拓集团签署战略合作协议，中铝主动斥资195亿美元将其在力拓集团整体持股比例由之前的9.3%增至约18%。2009年6月5日，力拓单方面宣布撤销中铝第二次注资的协议，这就宣告这笔海外投资交易彻底失败。按照双方签署的协议规定，力拓只需向中铝支付1.95亿美元的毁约费。

中铝第二次注资失败后，整个并购事件并没有完结。第三阶段事件是中铝参与力拓“152亿美元配股融资”方案。经证实，中铝至2009年7月1日已出资近15亿美元，全数执行力拓新股认购权，以维持现有的持股比例，摊低此前斥巨资入股的成本。以此时力拓英国公司收盘价每股21.7英镑计算，中铝仍然浮亏近90亿美元。

资料来源　佚名．中国企业海外并购成功与失败案例大汇总［EB/OL］．［2016-12-01］．http：//www.fei123.com/980000/971367.shtml.

阅读本章不妨思考以下问题：如果中铝在进入国际市场的初期就制订合适的财务计划，是否可以减少或避免所遭遇的问题？

9.1　财务计划的意义、基础和步骤

财务计划（Financial Planning）是以销售预测为起点，估计企业生产经营的情况，编制预计财务报表，并预测企业未来的融资需求。

9.1.1　财务计划的意义

财务计划是企业财务状况发展和变化的蓝图，其意义在于：①便于判断企业未来的发展是否符合企业的总体战略和财务管理目标。例如，通过预计财务报表可以估计企业的净资产收益率，如果该指标低于行业平均水平和股东的预期，管理者就可以及时采取措施。②通过编制预计财务报表可以估计企业生产经营的变化以及这些变化对财务管理的影响，有助于提高财务管理活动的应变能力。财务计划会对各种可能情况作出假设和考虑，可以提高企业对不确定事件的反应能力。③财务计划是融资决策的基础和前提。通过财务计划可以估计企业未来的融资需求，财务管理人员根据财务计划与预测得出的外部融资需求安排企业的融资活动，避免出现资金周转的困难。④有助于改善投资决策。企业可以根据预测的销售水平所需的生产能力安排投资活动。另外，企业的融资和投资决策是互相联

系的，根据销售预测估计的融资需求不一定都能够得到满足，因此，需要根据可能筹集到的资金来安排生产经营活动以及有关的投资项目，使得投资决策更为合理和可行。

9.1.2 财务计划的基础

财务计划是将企业长期的战略计划与短期的经营计划结合在一起，通过编制预计财务报表来预测企业未来的财务状况。所以，财务计划的基础是企业的战略计划和经营计划。

1.战略计划

企业的战略计划包括了企业宗旨、经营范围、企业目标和企业战略四个要素。

（1）企业宗旨。

企业宗旨是关于企业存在的目的或对社会发展的某一方面应作出的贡献的陈述，有时也称为企业使命。企业宗旨不仅陈述了企业未来的任务，而且要阐明为什么要完成这个任务以及完成任务的行为规范。

（2）经营范围。

经营范围是指一家企业的营业内容和经营活动的地理范围。有研究发现，市场对专业化经营的企业比较看好，而对多元化的企业评价较差。但这也不是绝对的标准，通用电气公司投资了许多不同的领域，依然被公认为是全球管理最好的公司之一，并得到很高的市场评价。

（3）企业目标。

企业宗旨是企业的总体理念，企业目标则是具体的方向，包括了数量和质量方面的目标。例如，数量方面的目标有取得的市场份额、实现的净资产报酬率和盈利增长比例等；质量方面的目标有成为最好的营销商等。

（4）企业战略。

企业战略是企业实现目标的途径。企业在确定了宗旨、范围和目标后，就必须制定一个实现这些目标的战略。企业战略通常包括：是否进行海外投资、是否投资于新的行业或新的技术、是扩大顾客市场还是集中顾客市场等。企业战略是可以操作的，并且应与企业的宗旨、范围和目标保持一致。

2.经营计划

经营计划是以公司战略为基础，为实现公司目标提供的详细实施指南。一项经营计划通常审视一个企业的目前状况并由此制定出企业的总体长期策略，例如，历时5年左右的时间以及未来1年内更为具体的执行和预算计划。经营计划包括了长期策略和短期计划。每一个企业都会有各自不同的关键问题，但总体来说，重点基本都集中在管理、产品生产、市场运作和销售上。

经营计划的目的包括：做经营策划过程的正式表述；为了寻求资金支持；为

了获得所有者或主管部门的认可；作为经营管理的工具等。应该说，经营计划最为重要的目的是作为经营管理的工具，为管理企业提供一个总体框架。经营计划列出了各项事宜的解决方法，从整体的策略构想到日常活动的进行都有所依据。作为管理工具，经营计划为企业提供了一份行动准则。

9.1.3 财务计划的步骤

财务计划的过程可以分为六个步骤：

（1）编制预计财务报表并利用这些预测分析经营计划对预计利润和各种财务比率的影响。财务计划是控制的基础。在一个变化的环境中，企业要取得成功需要一个良好的控制系统，其中很重要的一点就是要迅速发现与计划的偏离并作出反应。

（2）确定完成计划所需要的资金，包括厂房、设备、存货、应收账款、研发活动和广告等所需要的资金。

（3）预测计划期内可以获得的资金，包括内部产生的资金和外部筹集到的资金。在财务计划中要考虑到由于财务限制对企业经营计划的约束，包括负债比率、流动比率和资产周转率的限制。

（4）完善控制系统以监督企业内部资金的配置和使用，确保财务计划的正确执行。

（5）设计当出现实际情况与预测不符时调整基本计划的程序。例如，当经济形势比编制计划时预计得要好，就应迅速扩大生产，提高销售量。因此，这一步骤实际上是一个反馈环节。

（6）建立基于绩效的管理报酬制度。

财务计划中的三个关键环节是销售预测、预计财务报表和融资需求预测。

9.2 销售预测

财务计划的起点是销售预测。销售预测（Sales Forecast）是运用一定的方法分析影响企业销售变化的各种因素，测算出企业在未来一段时间内的销售量及变化趋势。销售预测与实际情况偏差很大，会造成对企业极为不利的结果。如果预测过于乐观，筹集了大量资金购买设备和扩大生产，会导致企业的厂房、设备和存货的大量闲置。这意味着企业的资产周转率很低，利润率和净资产报酬率下降，如果是通过负债融资，还本付息的压力还会使得财务状况变得更糟。反过来，如果销售预测过低，企业没有足够的资金添置设备和扩大生产，将无法满足市场需求，顾客会转向购买竞争对手的产品，导致企业丧失市场份额。因此，准确的销售预测对财务计划影响重大，并且对企业的发展也至关重要。

9.2.1 销售预测的步骤

一般来说，销售预测的步骤有：

（1）制订预测规划。

销售预测是一项复杂的工作，应有重点地选择预测对象，拟订预测规划，组织人力和安排时间，这样才能有效地完成预测工作。

（2）搜集和整理数据资料。

影响销售的因素很多，包括外部因素和内部因素。外部因素主要有国内外的政治和经济环境、政策监管条件、行业内的竞争情况等，内部因素有产品质量、产品价格、服务质量、生产能力、营销策略等。为了准确预测销售情况，需要充分了解各种因素，搜集相关数据和信息，并对资料进行分类和整理。

（3）进行分析测算。

在进行预测时，应根据不同的对象和内容，选择合适的方法进行定性分析和定量测算，以得到更为准确的结果。

（4）判断预测误差。

由于实际中存在很多不确定因素，预测无法完全消除偏差，所以在作出预测后还要估计可能的误差范围。尤其要针对重要的不确定因素进行敏感性分析，了解可能出现的各种情形下的销售情况。

（5）评价预测效果。

这是在事后进行的评价，将预测的结果与实际发生的情况进行比较，分析出现差异的原因，以便在下期的预测中进行修正。这个步骤使得销售预测和财务计划成为一个动态的循环过程。

9.2.2 销售预测的方法

进行销售预测的方法有很多，包括定性的方法和定量的方法。定性的方法有判断分析法和调查分析法，定量的方法有时间序列分析法和回归分析法等。这里主要介绍两种定量的方法。

1.时间序列分析法

时间序列分析法（Time Series Analysis）是利用变量与时间之间存在的相关关系，通过对以前数据的分析来预测将来的数据，是销售预测中具有代表性的方法，适用于销售比较稳定、变化较有规律的企业。时间序列分析法的步骤包括：搜集与整理企业销售量的历史数据并将这些数据排成数列；分析时间数列，从中寻找企业销售量随时间变化而变化的规律，得出一定的模式，以此模式去预测将来的销售情况。其具体包括以下几种方法：

（1）简单平均法。

简单平均法是求出过去几个时期销售量的算术平均数作为未来销售量的预测

数。其计算公式为：

$$预测销售额 = \sum_{i=1}^{期数} 第i期的销量 \div 期数$$

【例 9-1】 已知DCB公司2005—2019年服装销售情况见表9-1，试用时间序列分析法来预测该公司2020年的销售收入。

表 9-1 DCB公司2005—2019年服装销售收入表 单位：百万元

年份	年次	销售收入
2005	1	10
2006	2	11
2007	3	13.5
2008	4	13
2009	5	16
2010	6	18.5
2011	7	25.8
2012	8	30
2013	9	34
2014	10	50
2015	11	52.2
2016	12	51
2017	13	52.6
2018	14	53
2019	15	53.4

DCB公司2020年的销售收入=（10+11+13.5+13+16+18.5+25.8+30+34+50+52.2+51+52.6+53+53.4）÷15

=32.27（百万元）

（2）移动平均法。

移动平均法是一种经过改良的算术平均法，它根据近期数据对预测值影响较大、远期数据对预测值影响较小的原理，按照时间序列逐期移动，依次计算包含一定项数的时间序列平均数，形成一个平均时间数序列，并据此进行预测。例如，用1月份到6月份的平均销售额估计7月份的销售数据，再用2月份到7月份的平均销售额估计8月份的销售数据。

【例 9-2】 根据例 9-1 中 DCB 公司有关服装销售的资料，用移动平均法预测该公司 2020 年的销售收入。假设步长为 3，DCB 公司 2020 年的销售收入见表 9-2。

表 9-2 **移动平均法预测 DCB 公司 2020 年的销售收入** 单位：百万元

年份	年次	销售收入	3 期移动平均
2005	1	10	—
2006	2	11	—
2007	3	13.5	11.5
2008	4	13	12.5
2009	5	16	14.2
2010	6	18.5	15.8
2011	7	25.8	20.1
2012	8	30	24.8
2013	9	34	29.9
2014	10	50	38
2015	11	52.2	45.4
2016	12	51	51.1
2017	13	52.6	51.9
2018	14	53	52.2
2019	15	53.4	53
2020	16	—	—

注：最后一列第一个数据 11.5=（10+11+13.5）÷3，第二个 12.5=（11+13.5+13）÷3，以此类推即可。

因此，DCB 公司 2020 年的销售收入为 5 300 万元。

（3）移动加权平均法。

移动加权平均法在移动平均法的基础上，根据不同时期的数据对预测值的影响程度，分别给予不同的权数，然后再进行平均移动以预测未来值。一般来说，对近期数据给予较大的权数，对较远的数据给予较小的权数，这样可以弥补简单移动平均法的不足。

（4）指数平滑法。

指数平滑法是通过导入平滑系数或称加权因子，计算销售预测数的一种方法。平滑系数的取值要求大于0而小于1，一般取值在0.3与0.7之间，计算公式为：

销售额预测数=平滑系数×上期实际销售额+（1−平滑系数）×上期预测销售额

即：$S_t=\alpha y_t+(1-\alpha)S_{t-1}$

该方法与移动加权平均法实质上很相似，可以排除在实际销售中所包含的偶然因素的影响，而且由于只需要设定平滑系数一个权数，使该方法更为灵活简便，但该方法在确定平滑系数时存在一定的主观成分。平滑系数越大，则近期实际销售对预测结果的影响越大；平滑系数越小，则近期实际销售对预测结果的影响越小。通常，在进行销售额的长期预测时，应确定较小的平滑系数；在进行销售额的短期预测时，应确定较大的平滑系数。

【例9-3】 根据例9-1中DCB公司有关服装销售的资料，用指数平滑法预测该公司2020年的销售收入。假设选取平滑系数（α）=0.8，则DCB公司2020年的销售收入见表9-3。

表9-3 **指数平滑法预测DCB公司2020年的销售收入**

年份	年次	销售收入	一次指数平滑值$S_t^{(1)}$	趋势预测值
2005	1	10	10.3	—
2006	2	11	10.86	10.3
2007	3	13.5	12.97	10.86
2008	4	13	12.99	12.97
2009	5	16	15.40	12.99
2010	6	18.5	17.88	15.40
2011	7	25.8	24.22	17.88
2012	8	30	28.84	24.22
2013	9	34	32.97	28.84
2014	10	50	46.59	32.97
2015	11	52.2	51.08	46.59
2016	12	51	51.02	51.08
2017	13	52.6	52.28	51.02
2018	14	53	52.86	52.28
2019	15	53.4	53.29	52.86
				53.29

注：2006年趋势预测值=0.8×10+（10+11+13.5）÷3×0.2=10.3，其余的运用公式$S_t=\alpha y_t+(1-\alpha)S_{t-1}$便可计算得出，如2007年趋势预测值=0.8×11+0.2×10.3=10.86。

（5）季节趋势预测法。

季节趋势预测法是根据销售额每年重复出现的周期性季节变动指数，预测其季节性变动趋势。这种方法可以用来反映销售额的季节性变动特征。

具体的步骤是：首先搜集历年（通常至少有三年）各月或各季的统计资料（观察值）；接着求出各年同月或同季观察值的平均数（用A表示）；然后求出历年间所有月份或季度的平均值（用B表示）；再计算各月或各季度的季节指数，即S=（A，B）×100%；最后根据未来年度的全年趋势预测值，求出各月或各季度的平均趋势预测值（用Y表示），然后乘以相应的季节指数，即得出未来年度内各月和各季度包含季节变动的预测值（用Y_t表示）。

【例9-4】根据某公司2017—2019销售资料预测2020年各个季度的销售收入。假设2020年的销售收入以2020年销售收入为基数按8%增加，则该公司2020年各个季度的销售收入见表9-4。

表9-4　**季节趋势预测法预测某公司各个季度的销售收入**　金额单位：万元

季度	2017年	2018年	2019年	各季平均 A=［（2）+（3）+（4）］÷3	S=A÷B×100%	Y_t=Y×S
（1）	（2）	（3）	（4）	（5）	（6）	（7）
第一季度	182	231	330	247.7	28.9	298.15
第二季度	1 728	1 705	1 932	1 788.3	208.9	2 155.16
第三季度	1 144	1 208	1 427	1 259.7	147.2	1 518.62
第四季度	118	134	132	128	15	154.75
合计	3 172	3 278	3 821	3 423.7	Y=（3 821÷4）×（1+8%）=1 031.67	

注：B=3 423.7÷4=855.93（万元）。

2.回归分析法

在经济活动中，各种因素之间往往互相联系、互相影响，彼此构成一定的因果关系。同样地，销售量亦会随着内外部各种因素的变化而变化。当销售与时间之外的其他因素存在因果关系时，就可运用回归分析法进行销售预测。

所谓回归分析法（Regression Analysis），是在掌握大量观察数据的基础上，利用数理统计方法建立因变量与自变量之间的回归关系函数表达式（称回归方程式）。在回归分析中，当研究的因果关系只涉及因变量和一个自变量时，叫作一元回归分析；当研究的因果关系涉及因变量和两个或两个以上自变量时，叫作多元回归分析。此外，在回归分析中，又依据描述自变量与因变量之间因果关系的函数表达式是线性的还是非线性的，可以分为线性回归分析和非线性回归分析。通常线性回归分析法是最基本的分析方法，当遇到非线性回归问题可以借助数学手段转化为线性回归问题处理。

(1) 一元线性回归分析法。

这是根据自变量x和因变量Y的相关关系，建立x与Y的线性回归方程进行预测的方法。由于销售一般是受多种因素的影响，而并不是仅仅受一个因素的影响，所以应用一元线性回归分析法，必须对影响销售的多种因素做全面分析。只有当诸多的影响因素中，确实存在一个对因变量的影响作用明显高于其他因素的变量时，才能将它作为自变量，应用一元线性回归分析法预测销售。

一元线性回归分析法的预测模型为：

$$Y_t=a+bx_t$$

式中：x_t代表第t期自变量的值；Y_t代表第t期因变量的值；a、b代表一元线性回归方程的参数。

将a、b代入一元线性回归方程$Y_t=a+bx_t$就可以建立预测模型，那么，只要给定x_t值，即可求出预测值Y_t。

(2) 多元线性回归分析法。

实际上，销售的发展和变化取决于多个影响因素的情况，也就是一个因变量和几个自变量有依存关系，而且有时几个影响因素主次难以区分，或者有的因素虽属次要，但也不能忽略其作用。例如，某一商品的销售量既与人口的增长变化有关，也与商品价格的增长变化有关。这时采用一元线性回归分析法进行预测是难以奏效的，需要采用多元线性回归分析法。

多元线性回归分析法是指通过对两个或两个以上的自变量与一个因变量的相关分析，建立预测模型进行预测的方法。当自变量与因变量之间存在线性关系时，称为多元线性回归分析。

多元线性回归分析法的预测模型为：

$$Y_t=a+b_1x_1+b_2x_2+b_3x_3+\cdots+b_nx_n$$

多元线性回归模型中最简单的是只有两个自变量（n=2）的二元线性回归模型，其一般形式为：

$$Y_t=a+b_1x_1+b_2x_2$$

式中：Y_t为因变量；x_1、x_2为两个不同的自变量，即与因变量有紧密联系的影响因素；a、b_1、b_2为线性回归方程的参数。

二元线性回归分析法的基本原理和步骤与一元线性回归分析法没有原则性的区别，大体相同。

9.3 资金需求预测

9.3.1 资金需求预测方法

资金需求预测是根据企业未来的经营战略和财务战略，采用一定的方法，对企业在未来一定时期的资金需要量进行推算和估算，以便有效组织资源，提高资金使用效率。正确预测资金需要量，是企业财务预测的一项重要内容。

资金需求预测需要企业首先预测出未来的销售收入和销售利润，继而预测出企业内部已有的资金来源、负债的自发增长和内部提供的资金来源，从而便可得到企业的融资需求。资金需求预测最常见的一种方法就是销售收入百分比法。销售收入百分比法（Percent of Sales Method）假设利润表和资产负债表上的项目与销售收入之间存在稳定的比例关系，然后根据预测的销售收入和相应的比例关系预计收入、费用、资产、负债和所有者权益，以预测外部筹资需求的方法。销售收入百分比法预测资金需要量的基本步骤如下：

1.预计利润表

其主要目的是预测净利润和留存用于再投资的收益。最简单的方法就是假设成本费用与销售额保持同步增长，为了更为准确也可以单独预测成本费用。

2.预计资产负债表

其主要目的是预测资金需要量。根据相关项目与销售收入的百分比和预测的销售收入，估计预测期的资产、负债和所有者权益各项目数额，即：

资产（或负债）增加额=预计销售收入总额×各项目销售收入百分比

留存收益增加额=预计销售收入总额×销售收入净利率×（1-股利支付率）

编制预计资产负债表时，对历史数据进行审核分析，以判断哪些资产负债表项目与销售收入成比例变化，并计算出相关项目与销售收入的百分比。一般情况下，流动资产中的货币资金、应收票据、应收账款和存货等项目，流动负债中的应付票据、应付账款、应付职工薪酬、应交税费等项目，都会随销售收入的增减而相应地增减。而固定资产项目是否要增加，需视预测期的生产经营规模是否在企业原有生产经营能力之内而定。如在原有的生产经营能力之内，则不需增加在固定资产上的投资；否则，就需要扩充固定资产。至于其他非流动资产项目、非流动负债项目、实收资本和资本公积等项目一般与销售收入的增减无关。留存收益（包括盈余公积和未分配利润）在盈利、股利（利润）支付水平不变的情况下一般与销售收入同比例增减。

3.预计外部筹资额

预计外部筹资额是指根据会计恒等式估计预测期外部筹资需求金额，具体可以以预计营业收入总额确定，也可以以预计营业收入增加额确定。

（1）根据营业收入总额确定筹资需求。

外部筹资需求=预计总资产-预计总负债-预计所有者权益

（2）根据营业收入增加额确定筹资需求。

为了确定公司在未来一定时期（如下年度）的外部融资需求量，除可根据预计资产负债表预测外，也可以根据下列因素进行估算：①预测期的销售增长率；②预测与销售增长有关的其他变量，如资产、负债、费用及利润的变动情况；

③预计股利支付率及内部资金（主要指留存收益）；④如果内部资金小于公司资产预期增长的资金需要量，其差额即为公司所需筹措的外部资金。其公式如下：

$$\text{外部筹资需求}=\text{资产增加}-\text{负债自然增加}-\text{留存收益增加}$$

$$=\frac{\text{资产销售}}{\text{收入百分比}}\times\frac{\text{新增销售}}{\text{收入额}}-\frac{\text{负债销售}}{\text{收入百分比}}\times\frac{\text{新增销售}}{\text{收入额}}-\frac{\text{预计}}{\text{净利润}}\times\text{销售额}\times(1-\text{股利支付率})$$

如果公司每年支付的每股股利不变，则：

留存收益增加=预计净利润−每股股利×普通股股数

【例9-5】 南方公司20×1年的利润表和资产负债表见表9-5、表9-6。公司预计明年可筹到资金8 000万元。分析该公司这些资金能否满足预计销售增长的需要。

为方便分析，假设：（1）20×2年的销售额和销售成本同比增长10%，包含折旧在内的期间费用也同比增长10%，利息费用由借款数额与利率决定，所得税税率保持不变；（2）公司股利政策保持不变，即每股股利不变；（3）公司20×1年已经满负荷生产，因此，20×2年必须扩大生产能力，资产类项目增长率与销售收入增长率相同；（4）实收资本总额保持不变；（5）留存收益=公司上年留存收益+本年净利润−本年分配股利后的累积数。

表9-5 **南方公司20×1年度利润表** 金额单位：百万元

项目	20×1年结余
销售净额	1 500
产品销售成本	−1 230
毛利	270
不含折旧的固定经营成本	−90
折旧	−50
息税前利润（EBIT）	130
减：利息	−40
税前利润（EBT）	90
所得税费用（40%[①]）	−36
净利润	54
普通股股利	−29
留存收益增量	25
每股收益（元/股）	2.16
每股股利（元/股）	1.16
普通股股数（百万股）	25

① 我国现行企业所得税税率为25%，本例题假设所得税税率为40%。

表 9-6 **南方公司20×1年资产负债表** 金额单位：百万元

项目	20×1年结余
货币资金	15
应收账款	180
存货	270
总流动资产	465
固定资产	380
总资产	845
应付账款	30
应付利息	60
应付票据	40
总流动负债	130
非流动负债	300
总负债	430
实收资本	130
留存收益	285
所有者权益合计	415
负债与所有者权益总计	845

根据以上资料，分析计算南方公司的资金需要量如下：

第一步，编制预计利润表。

编制预计利润表，确定预测期的净利润和留存收益增加额。具体做法是：确定利润表中与销售相关的各项目与实际销售额之间的百分比；根据预计年度销售收入预计数，乘以利润表各项目与实际销售额之间的销售百分比；计算预计年度利润表各个项目的预计数，编制成预计利润表，见表9-7。

由于目前无法得知公司是否会进行债务融资，显然负债总额的变动会改变20×2年的利息费用，因此在预测20×2年的利润时，假设负债总额没有发生变化。

表9-7南方公司20×2年预计利润表显示，预计南方公司20×2年净利润为6 180万元，可用于再投资的收益为3 280万元，也就是公司可内部解决的资金。下一步就要分析这一新增资金对20×2年预计资产负债表和融资需求的影响。

表 9-7　　**南方公司20×2年预计利润表**　　金额单位：百万元

	20×1年结余	预测基础①	20×2年预测
销售净额	1 500	×1.10	1 650
产品销售成本	-1 230	×1.10	-1 353
毛利	270		297
不含折旧的固定经营成本	-90	×1.10	-99
折旧	-50	×1.10	-55
息税前利润（EBIT）	130		143
减：利息	-40		-40②
税前利润（EBT）	90		103
所得税费用（40%）	-36		-41.2
净利润	54		61.80
普通股股利	-29		-29②
留存收益增量	25		32.80
每股收益（元/股）	2.16		2.47
每股股利（元/股）	1.16		1.16
普通股股数（百万股）	25		25

注：①×1.10表示“×（1+g）”，用于与销售额同步增长的项目。

②表示与20×1年数值相同。

第二步，编制预计资产负债表。

编制预计资产负债表，确定预测期的外部融资需求量。将资产负债表中预计随销售变动而变动的项目分离出来，并相应计算其销售百分比。已知资料显示，假设公司20×1年已经满负荷生产，也就是说，20×1年年底的资产水平刚好支持20×1年的生产经营，那么为了在20×2年实现10%的销售增长，资产总量必须有所增加。为了适应销售的增长，各部分资产都应有相应的增长，包括交易用现金、应收账款、存货、厂房和设备等。同样，资产的增加将带来负债和权益的相应增加。例如，销售的增加，必须有生产量的提高，原材料采购相应增加，随之而来的将是应付账款的增加。同样，产量的增加需要更多的工人，因而应付职工薪酬等也会增加。但是，非流动负债和实收资本的数量并不直接受销售额的影响，而是由公司的融资需求决定。因此，在预测时先假设这些项目保持不变。

预测资产负债表项目的方法与利润表相似。首先，假设所有资产项目都随销售额发生相同的变化，因此在20×1年的基础上增加10%，得到20×2年的资产项目初步估计值。其次，预测自然增加的负债，即应付账款和应付利息，同样假设这些负债项目也与销售额同步增加。再次，假设应付票据、非流动负债和实收资本保持在20×1年的水平。20×2年的未分配利润则等于20×1年的未分配利润加上表9-7中预计的留存收益。最后，编制预计资产负债表，见表9-8。

表 9-8　**南方公司20×2年预计资产负债表**　金额单位：百万元

项目	20×1年结余	预测基础①	20×2年预测
货币资金	15	×1.10	16.5
应收账款	180	×1.10	198.0
存货	270	×1.10	297.0
总流动资产	465		511.5
固定资产	380	×1.10	418.0
总资产	845		929.5
应付账款	30	×1.10	33.0
应付利息	60	×1.10	66.0
应付票据	40		40.0②
总流动负债	130		139.0
非流动负债	300		300.0②
总负债	430		439.0
实收资本	130		130.0②
留存收益	285	+32.8④	317.8
所有者权益合计	415		447.8
负债与所有者权益总计	845		886.8
增量资金需求（AFN）			42.7③

注：①×1.10表示“×（1+g）”，用于与销售额同步增长的项目。

②表示与20×1年数值相同。

③总资产减去负债与权益合计即可得到增量资金需求。

④3 280万元代表表9-7中20×2年预计利润表中的留存收益增量。

表9-8中20×2年预计的资产总额为9.295亿元，说明南方公司在20×2年新增资产8 450万元，但是20×2年预计的负债和所有者权益总额只有8.868亿元，与资产总额之间存在4 270万元的差异。这一差异说明有4 270万元的资产不能通过自然产生的负债或留存收益获得。公司必须进行外部融资，包括通过发行长期债券、出售普通股等方法来弥补这4 270万元的资金缺口。

第三步，确定外部资金需求量。

（1）根据销售收入总额确定筹资需求。

预计20×2年外部筹资需求=92 950−43 900−44 780=4 270（万元）

上述计算也可以通过编制预计资产负债表完成，见表9-8。

上述计算结果表明，南方公司20×2年需要筹集4 270万元外部资金，而该公司可筹措资金8 000万元，因此其营运资金较为宽松。

南方公司20×2年的预计财务报表显示：①销售的增加需要新增资产的支持；②部分增加的资产可以通过自然形成的负债或留存收益解决；③尚存的资金缺口需要通过债务或股权资金等外部融资渠道解决。

（2）根据销售收入增加额确定筹资需求。

新增销售收入=1 650−1 500=150（百万元）

外部筹资需求=（845÷1 500）×150−（90÷1 500）×150−（61.80−1.16×25）

=84.5−9−32.8

=42.7（百万元）

=4 270（万元）

上述计算结果表明，南方公司需要追加8 450万元的资金支持其销售增长，随着销售收入增长的自然性筹资（应付账款、应计利息）提供900万元，公司创造的净收益为6 180万元，支付股利2 900万元后，留存收益为3 280万元。这样，资金缺口仅为4 270万元。

根据销售收入增加额确定筹资需求可以很清楚地显示销售收入百分比法的实质，即利用销售收入与资产负债表各项目之间的联系，考虑随着销售收入的增长，资产和负债将自然增长以及留存收益增加，从而预测需要增加的资金数额以进行外部筹资。

9.3.2　融资需求预测中的其他因素

以销售收入作为主要变量，预测财务报表和融资需要量，其方法简明易懂，且有一定的实用价值。但在南方公司预计财务报表和融资需求预测中，假设利润表和资产负债表上的项目与销售收入之间的固定比率关系有时并不合适，所以在预测中还需要考虑其他一些影响融资需求的因素。

1.生产能力过剩

在南方公司的例子中，假设公司在20×1年是满负荷生产，因此需要相应增加厂房和设备等固定资产以提高产能。如果企业目前还有过剩的生产能力，那么只有当预计的销售额增加幅度足够大，超出企业现有生产能力的情况下才需要增加固定资产。现有生产能力过剩意味着企业需要较少的外部融资。在这种情况下，需要通过资产使用率来估计满负荷生产的销售额。例如，南方公司在20×1年的销售水平下的资产使用率为80%，即使用了其现有产能的80%，那么可以估计出满负荷的销售额为18.75亿元。

满负荷生产销售额=现有销售水平÷80%=15÷80%=18.75（亿元）

如果公司不需要提高生产能力，固定资产就会保持20×1年的水平，即3.8亿元，因而增量资金需求为470万元，比表9−8中的初步预测额减少3 800万元。

2.规模经济

很多资产在使用中都存在规模经济效应。当出现规模经济效应时，资产与销售收入之间的比例将随着公司规模的扩大而下降。例如，企业通常要保持一定数量的存货，但随着销售量的增长，存货的增加速度可能慢于销售收入的增长，这样存货与销售收入的比例关系就会发生变化。销售收入百分比法假设存货与销售收入之间存在线性关系，实际上非线性关系也普遍存在。如果企业采用经济订货量模型（EOQ）确定存货水平，那么存货是与销售收入的平方根同比增长。在这种情况下，销售收入增长很快，而存货增长较慢。其他情况不变，存货增加速度下降会提高利润，增加留存收益，进而引起融资需求的变化。

3. 跳跃增加的资产

许多行业由于技术等原因，生产设备具有很强的规模效应，需要一次大量购置固定资产，所以其固定资产的增加是不连贯的，称为跳跃增加的资产（Lumpy Assets）。跳跃增加的资产会改变固定资产与销售收入之间的比例关系。例如，南方公司为了满足20×2年10%的销售增长需要将产能提高10%，按照比例关系，只需增加3 800万元的固定资产，但是如果其资产是跳跃增加的，那么要提高10%的产能可能需要一次性增加5 000万元的固定资产，那么融资需求就会高于原先的估计。所以，跳跃式增加的资产的存在使得一个较小的销售增长却需要一个较大规模的资产购置，从而引起较大的融资需求。

所以在进行实际预测时，不能机械地生搬硬套销售收入百分比法，需要考虑多种因素，对销售收入百分比法加以修正，以正确估计融资需求，做好财务计划。

本章小结

财务计划的起点是销售预测。财务预测是财务管理的重要环节。财务计划的基础是企业的战略计划和经营计划。

财务计划的步骤：①编制预计财务报表并利用这些预测分析经营计划对预计利润和各种财务比率的影响。②确定完成计划所需要的资金。③预测计划期内可以获得的资金。④完善控制系统以监督企业内部资金的配置和使用，确保财务计划的正确执行。⑤设计当出现实际情况与预测不符时调整基本计划的程序。⑥建立基于绩效的管理报酬制度。财务计划中的三个关键环节是销售预测、预计财务报表和融资需求预测。

销售预测是运用一定的方法分析影响企业销售变化的各种因素，测算出企业在未来一段时间内的销售量及变化趋势。进行销售预测的方法主要有时间序列分析法和回归分析法两种定量的方法。资金需要量预测是企业财务预测的一项重要内容。资金需要量预测的常用方法有直线回归法、销售收入百分比法等。直线回归法是应用数理统计中最小平方的原理，通过确定一条能正确反映一个自变量x与因变量（预测值）Y之间误差平方和最小的直线，即回归直线来进行预测的方法。销售收入百分比法是根据资产负债表各项目与销售收入之间的依存关系，按照预测期销售收入的增长情况，预测外部筹资需求的方法。运用销售收入百分比法，还可以进一步分析企业成长与外部筹资的关系，即企业成长对额外资金需求的影响以及外部资金筹集对企业成长的限制。

关键概念

财务计划（Financial Planning）；销售预测（Sales Forecast）；时间序列分析法（Time Series Analysis）；回归分析法（Regression Analysis）；销售收入百分比法（Percent of Sales Method）；跳跃增加的资产（Lumpy Assets）

思考题

1. 如何理解财务预测的可能性和必要性？
2. 财务预测应遵循哪些原则？
3. 财务预测有哪些分类？
4. 财务预测有哪些定性预测法？各有何优缺点？
5. 财务预测一般要经过哪些步骤？
6. 目标利润预测有哪些方法？
7. 销售收入百分比法预测资金需求量的基本步骤是什么？
8. 如何理解企业成长与外部筹资的关系？

计算分析题

1. 利用表9-9中的数据，分别采用移动平均法和指数平滑法分析K&E公司20×2年1月份等离子电视机的销售量。其中，移动平均法分别选用T=3、T=5进行计算；指数平滑法以20×1年1月份的实际观察值为初始值，并分别采用$\alpha=0.3$、$\alpha=0.5$作为平滑系数进行计算。

表9-9　**K&E公司20×1年等离子电视机销售资料**

月份	销售量（台）
1	203
2	214
3	229
4	223
5	220
6	198
7	207
8	228
9	206
10	226
11	247
12	259
合计	2 660

2. 某企业20×1年1—6月份有关营业收入和营运资金的资料见表9-10。

表9-10　某企业20×1年1—6月有关营业收入和营运资金的资料　单位：万元

月　份	营业收入	营运资金
1	60	50
2	55	47.5
3	50	45
4	65	52
5	70	55

预计20×1年7月份的营业收入为75万元。

要求：用直线回归法预测20×1年7月份的资金需要量。

3.某企业20×1年简化资产负债表见表9-11。

表9-11　资产负债表（简化）

20×1年12月31日　单位：元

资　产		负债及所有者权益	
货币资金	20 000	应付账款	55 000
应收账款	60 000	其他流动负债	25 000
存货	140 000	非流动负债	100 000
固定资产	280 000	实收资本	300 000
		留存收益	20 000
资产总计	500 000	负债及所有者权益总计	500 000

该企业20×1年销售收入为800 000元、销售收入净利率为5%、股利支付率为60%。预计20×2年盈利和股利支付仍维持20×1年的水平。

要求：

（1）预计20×2年销售收入为1 000 000元，预测20×2年的外部筹资需求。

（2）预计20×2年销售收入为900 000元，预测20×2年的外部筹资需求。

（3）计算内部增长率。

4.某公司20×1年的简要资产负债表见表9-12。

表9-12　某公司20×1年资产负债表　单位：元

资产	期末余额	负债及所有者权益	期末余额
货币资金	6 000	应付账款	17 610
应收账款	24 000	应付票据	10 000
存货	40 000	短期借款	31 490
固定资产	130 000	应付职工薪酬	900
		非流动负债	40 000
		实收资本	60 000
		资本公积	20 000
		留存收益	20 000
资产总计	200 000	负债及所有者权益总计	200 000

该公司20×1年的销售收入为300 000元，销售净利率为10%。如果20×2年的销售收入为400 000元，公司的利润分配给投资人的比率为50%。该公司流动资产和固定资产都随销售的增加成正比例变动；应付账款和应付职工薪酬也会随销售的增加而增加；而其他负债项目和所有者权益项目与销售收入无关。

要求：

（1）根据销售收入确定从公司外部融资的需求。

（2）根据销售收入增加量确定从公司外部融资的需求。

（3）计算“外部融资销售增长率”和20×2年的外部融资额。

（4）计算“仅靠内部融资的增长率”。

主要参考书目

[1] 中国注册会计师协会. 财务成本管理 [M]. 北京：中国财政经济出版社，2020.

[2] 财政部会计资格评价中心. 财务管理 [M]. 北京：经济科学出版社，2020.

[3] 布里格姆，休斯顿. 财务管理 [M]. 张敦力，杨快，赵纯祥，等. 14版. 北京：机械工业出版社，2020.

[4] 沈洪涛，樊莹，罗淑贞. 初级财务管理 [M]. 3版. 大连：东北财经大学出版社，2016.

[5] 布瑞翰，休斯顿. 财务管理基础 [M]. 胡玉明，译. 7版. 大连：东北财经大学出版社，2016.

[6] 希金斯. 财务管理分析 [M]. 沈艺峰，等译. 10版. 北京：北京大学出版社，2015.

[7] 范霍恩，瓦霍维奇. 财务管理基础 [M]. 刘曙光，等译. 13版. 北京：清华大学出版社，2009.

[8] 罗淑贞，熊剑. 财务学原理 [M]. 北京，经济科学出版社，2007.

[9] 谢剑平. 财务管理原理 [M]. 北京：北京大学出版社，2004.

[10] 杨淑娥. 财务管理学研究 [M]. 2版. 北京：经济科学出版社，2008.

[11] 樊莹，罗淑贞. 财务学原理 [M]. 广州：暨南大学出版社，2002.

[12] 陆正飞. 财务管理学 [M]. 南京：南京大学出版社，2003.

[13] 汤谷良. 企业财务管理 [M]. 杭州：浙江人民出版社，2000.

[14] 宋献中，熊楚熊. 公司理财 [M]. 杭州：浙江人民出版社，2001.

[15] 胡玉明. 企业财务管理原理 [M]. 广州：暨南大学出版社，1999.

[16] KEOWN，等. 现代财务管理基础 [M]. 7版. 朱武祥，译. 北京：清华大学出版社，2001.

附录

附表一 复利终值系数表

期数	1%	2%	3%	4%	5%	6%	7%	8%	9%	10%
1	1.0100	1.0200	1.0300	1.0400	1.0500	1.0600	1.0700	1.0800	1.0900	1.1000
2	1.0201	1.0404	1.0609	1.0816	1.1025	1.1236	1.1449	1.1664	1.1881	1.2100
3	1.0303	1.0612	1.0927	1.1249	1.1576	1.1910	1.2250	1.2597	1.2950	1.3310
4	1.0406	1.0824	1.1255	1.1699	1.2155	1.2625	1.3108	1.3605	1.4116	1.4641
5	1.0510	1.1041	1.1593	1.2167	1.2763	1.3382	1.4026	1.4693	1.5386	1.6105
6	1.0615	1.1262	1.1941	1.2653	1.3401	1.4185	1.5007	1.5809	1.6771	1.7716
7	1.0721	1.1487	1.2299	1.3159	1.4071	1.5036	1.6058	1.7138	1.8280	1.9487
8	1.0829	1.1717	1.2668	1.3686	1.4775	1.5938	1.7182	1.8509	1.9926	2.1436
9	1.0937	1.1951	1.3048	1.4233	1.5513	1.6895	1.8385	1.9990	2.1719	2.3579
10	1.1046	1.2190	1.3439	1.4802	1.6289	1.7908	1.9672	2.1589	2.3674	2.5937
11	1.1157	1.2434	1.3842	1.5395	1.7103	1.8983	2.1049	2.3316	2.5804	2.8531
12	1.1268	1.2682	1.4258	1.6010	1.7959	2.0122	2.2522	2.5182	2.8127	3.1384
13	1.1381	1.2936	1.4685	1.6651	1.8856	2.1329	2.4098	2.7196	3.0658	3.4523
14	1.1495	1.3195	1.5126	1.7317	1.9799	2.2609	2.5785	2.9372	3.3417	3.7975
15	1.1610	1.3459	1.5580	1.8009	2.0789	2.3966	2.7590	3.1722	3.6425	4.1772
16	1.1726	1.3728	1.6047	1.8730	2.1829	2.5404	2.9522	3.4259	3.9703	4.5950
17	1.1843	1.4002	1.6528	1.9479	2.2920	2.6928	3.1588	3.7000	4.3276	5.0545
18	1.1961	1.4282	1.7024	2.0258	2.4066	2.8543	3.3799	3.9960	4.7171	5.5599
19	1.2081	1.4568	1.7535	2.1068	2.5270	3.0256	3.6165	4.3157	5.1417	6.1159
20	1.2202	1.4859	1.8061	2.1911	2.6533	3.2071	3.8697	4.6610	5.6044	6.7275
21	1.2324	1.5157	1.8603	2.2788	2.7860	3.3996	4.1406	5.0338	6.1088	7.4002
22	1.2447	1.5460	1.9161	2.3699	2.9253	3.6035	4.4304	5.4365	6.6586	8.1403
23	1.2572	1.5769	1.9736	2.4647	3.0715	3.8197	4.7405	5.8715	7.2579	8.2543
24	1.2697	1.6084	2.0328	2.5633	3.2251	4.0489	5.0724	6.3412	7.9111	9.8497
25	1.2824	1.6406	2.0938	2.6658	3.3864	4.2919	5.4274	6.8485	8.6231	10.835
26	1.2953	1.6734	2.1566	2.7725	3.5557	4.5494	5.8074	7.3964	9.3992	11.918
27	1.3082	1.7069	2.2213	2.8834	3.7335	4.8823	6.2139	7.9881	10.245	13.110
28	1.3213	1.7410	2.2879	2.9987	3.9201	5.1117	6.6488	8.6271	11.167	14.421
29	1.3345	1.7758	2.3566	3.1187	4.1161	5.4184	7.1143	9.3173	12.172	15.863
30	1.3478	1.8114	2.4273	3.2434	4.3219	5.7435	7.6123	10.063	13.268	17.449
40	1.4889	2.2080	3.2620	4.8010	7.0400	10.286	14.794	21.725	31.408	45.259
50	1.6446	2.6916	4.3839	7.1067	11.467	18.420	29.457	46.902	74.358	117.39
60	1.8167	3.2810	5.8916	10.520	18.679	32.988	57.946	101.26	176.03	304.48

续表

期数	12%	14%	15%	16%	18%	20%	24%	28%	32%	36%
1	1.1200	1.1400	1.1500	1.1600	1.1800	1.2000	1.2400	1.2800	1.3200	1.3600
2	1.2544	1.2996	1.3225	1.3456	1.3924	1.4400	1.5376	1.6384	1.7424	1.8496
3	1.4049	1.4815	1.5209	1.5609	1.6430	1.7280	1.9066	2.0872	2.3000	2.5155
4	1.5735	1.6890	1.7490	1.8106	1.9388	2.0736	2.3642	2.6844	3.0360	3.4210
5	1.7623	1.9254	2.0114	2.1003	2.2878	2.4883	2.9316	3.4360	4.0075	4.6526
6	1.9738	2.1950	2.3131	2.4364	2.6996	2.9860	3.6352	4.3980	5.2899	6.3275
7	2.2107	2.5023	2.6600	2.8262	3.1855	3.5832	4.5077	5.6295	6.9826	8.6054
8	2.4760	2.8526	3.0590	3.2784	3.7589	4.2998	5.5895	7.2058	9.2170	11.703
9	2.7731	3.2519	3.5179	3.8030	4.4355	5.1598	6.9310	9.2234	12.166	15.917
10	3.1058	3.7072	4.0456	4.4114	5.2338	6.1917	8.5944	11.806	16.060	21.647
11	3.4785	4.2262	4.6524	5.1173	6.1759	7.4301	10.657	15.112	21.199	29.439
12	3.8960	4.8179	5.3503	5.9360	7.2876	8.9161	13.215	19.343	27.983	40.037
13	4.3635	5.4924	6.1528	6.8858	8.5994	10.699	16.386	24.759	36.937	54.451
14	4.8871	6.2613	7.0757	7.9875	10.147	12.839	20.316	31.691	48.757	74.053
15	5.4736	7.1379	8.1371	9.2655	11.974	15.407	25.196	40.565	64.359	100.71
16	6.1304	8.1372	9.3576	10.748	14.129	18.488	31.243	51.923	84.954	136.97
17	6.8660	9.2765	10.761	12.468	16.672	22.186	38.741	66.461	112.14	186.28
18	7.6900	10.575	12.375	14.463	19.673	26.623	48.039	86.071	148.02	253.34
19	8.6128	12.056	14.232	16.777	23.214	31.948	59.568	108.89	195.39	344.54
20	9.6463	13.743	16.367	19.461	27.393	38.338	73.864	139.38	257.92	468.57
21	10.804	15.668	18.822	22.574	32.324	46.005	91.592	178.41	340.45	637.26
22	12.100	17.861	21.645	26.186	38.142	55.206	113.57	228.36	449.39	866.67
23	13.552	20.362	24.891	30.376	45.008	66.247	140.83	292.30	593.20	1 178.7
24	15.179	23.212	28.625	38.236	53.109	79.497	174.63	374.14	783.02	1 603.0
25	17.000	26.462	32.919	40.874	62.669	95.396	216.54	478.90	1 033.6	2 180.1
26	19.040	30.167	37.857	47.414	73.949	114.48	268.51	613.00	1 364.3	2 964.9
27	21.325	34.390	43.535	55.000	87.260	137.37	332.95	784.64	1 800.9	4 032.3
28	23.884	39.204	50.066	63.800	102.97	164.84	412.86	1 004.3	2 377.2	5 483.9
29	26.750	44.693	57.575	74.009	121.50	197.81	511.95	1 285.6	3 137.9	7 458.1
30	29.960	50.950	66.212	85.850	143.37	237.38	634.82	1 645.5	4 142.1	10 143
40	93.051	188.83	267.86	378.72	750.38	1 469.8	5 455.9	19 427	66 521	*
50	289.00	700.23	1 083.7	1 670.7	3 927.4	9 100.4	46 890	*	*	*
60	897.60	2 595.9	4 384.0	7 370.2	20 555	56 348	*	*	*	*

*>99 999

附表二 **复利现值系数表**

期数	1%	2%	3%	4%	5%	6%	7%	8%	9%	10%
1	.9901	.9804	.9709	.9615	.9524	.9434	.9346	.9259	.9174	.9091
2	.9803	.9712	.9426	.9246	.9070	.8900	.8734	.8573	.8417	.8264
3	.9706	.9423	.9151	.8890	.8638	.8396	.8163	.7938	.7722	.7513
4	.9310	.9238	.8885	.8548	.8227	.7921	.7629	.7350	.7084	.6830
5	.9515	.9057	.8626	.8219	.7835	.7473	.7130	.6806	.6499	.6209
6	.9420	.8880	.8375	.7903	.7462	.7050	.6663	.6302	.5963	.5645
7	.9327	.8606	.8131	.7599	.7107	.6651	.6227	.5835	.5470	.5132
8	.9235	.8535	.7874	.7307	.6768	.6274	.5820	.5403	.5019	.4665
9	.9143	.8368	.7664	.7026	.6446	.5919	.5439	.5002	.4604	.4241
10	.9053	.8203	.7441	.6756	.6139	.5584	.5083	.4632	.4224	.3855
11	.8963	.8043	.7224	.6496	.5847	.5268	.4751	.4289	.3875	.3505
12	.8874	.7885	.7014	.6246	.5568	.4970	.4440	.3971	.3555	.3186
13	.8787	.7730	.6810	.6006	.5303	.4688	.4150	.3677	.3262	.2897
14	.8700	.7579	.6611	.5775	.5051	.4423	.3878	.3405	.2992	.2633
15	.8613	.7430	.6419	.5553	.4810	.4173	.3624	.3152	.2745	.2394
16	.8528	.7284	.6232	.5339	.4581	.3936	.3387	.2919	.2519	.2176
17	.8444	.7142	.6050	.5134	.4363	.3714	.3166	.2703	.2311	.1978
18	.8360	.7002	.5874	.4936	.4155	.3503	.2959	.2502	.2120	.1799
19	.8277	.6864	.5703	.4746	.3957	.3305	.2765	.2317	.1945	.1635
20	.8195	.6730	.5537	.4564	.3769	.3118	.2584	.2145	.1784	.1486
21	.8114	.6598	.5375	.4388	.3589	.2942	.2415	.1987	.1637	.1351
22	.8034	.6468	.5219	.4220	.3418	.2775	.2257	.1839	.1502	.1228
23	.7954	.6342	.5067	.4057	.3256	.2618	.2109	.1703	.1378	.1117
24	.7876	.6217	.4919	.3901	.3101	.2470	.1971	.1577	.1264	.1015
25	.7798	.6095	.4776	.3751	.2953	.2330	.1842	.1460	.1160	.0923
26	.7720	.5976	.4637	.3604	.2812	.2198	.1722	.1352	.1064	.0839
27	.7644	.5859	.4502	.3468	.2678	.2074	.1609	.1252	.0976	.0763
28	.7568	.5744	.4371	.3335	.2551	.1956	.1504	.1159	.0895	.0693
29	.7493	.5631	.4243	.3207	.2429	.1846	.1406	.1073	.0822	.0630
30	.7419	.5521	.4120	.3083	.2314	.1741	.1314	.0994	.0754	.0573
35	.7059	.5000	.3554	.2534	.1813	.1301	.0937	.0676	.0490	.0356
40	.6717	.4529	.3066	.2083	.1420	.0972	.0668	.0460	.0318	.0221
45	.6391	.4102	.2644	.1712	.1113	.0727	.0476	.0313	.0207	.0137
50	.6080	.3715	.2281	.1407	.0872	.0543	.0339	.0213	.0134	.0085
55	.5785	.3365	.1968	.1157	.0683	.0406	.0242	.0145	.0087	.0053

续表

期数	12%	14%	15%	16%	18%	20%	24%	28%	32%	36%
1	.8929	.8772	.8696	.8621	.8475	.8333	.8065	.7813	.7576	.7353
2	.7972	.7695	.7561	.7432	.7182	.6944	.6504	.6104	.5739	.5407
3	.7118	.6750	.6575	.6407	.6086	.5787	.5245	.4768	.4348	.3975
4	.6355	.5921	.5718	.5523	.5158	.4823	.4230	.3725	.3294	.2923
5	.5674	.5194	.4972	.4762	.4371	.4019	.3411	.2910	.2495	.2149
6	.5066	.4556	.4323	.4104	.3704	.3349	.2751	.2274	.1890	.1580
7	.4523	.3996	.3759	.3538	.3139	.2791	.2218	.1776	.1432	.1162
8	.4039	.3506	.3269	.3050	.2660	.2326	.1789	.1388	.1085	.0854
9	.3606	.3075	.2843	.2630	.2255	.1938	.1443	.1084	.0822	.0628
10	.3220	.2697	.2472	.2267	.1911	.1615	.1164	.0847	.0623	.0462
11	.2875	.2366	.2149	.1954	.1619	.1346	.0938	.0662	.0472	.0340
12	.2567	.2076	.1869	.1685	.1373	.1122	.0757	.0517	.0357	.0250
13	.2292	.1821	.1625	.1452	.1163	.0935	.0610	.0404	.0271	.0184
14	.2046	.1597	.1413	.1252	.0985	.0779	.0492	.0316	.0205	.0135
15	.1827	.1401	.1229	.1079	.0835	.0649	.0397	.0247	.0155	.0099
16	.1631	.1229	.1069	.0980	.0709	.0541	.0320	.0193	.0118	.0073
17	.1456	.1078	.0929	.0802	.0600	.0451	.0259	.0150	.0089	.0054
18	.1300	.0946	.0808	.0691	.0508	.0376	.0208	.0118	.0068	.0039
19	.1161	.0829	.0703	.0596	.0431	.0313	.0168	.0092	.0051	.0029
20	.1037	.0728	.0611	.0514	.0365	.0261	.0135	.0072	.0039	.0021
21	.0926	.0638	.0531	.0443	.0309	.0217	.0109	.0056	.0029	.0016
22	.0826	.0560	.0462	.0382	.0262	.0181	.0088	.0044	.0022	.0012
23	.0738	.0491	.0402	.0329	.0222	.0151	.0071	.0034	.0017	.0008
24	.0659	.0431	.0349	.0284	.0188	.0126	.0057	.0027	.0013	.0006
25	.0588	.0378	.0304	.0245	.0160	.0105	.0046	.0021	.0010	.0005
26	.0525	.0331	.0264	.0211	.0135	.0087	.0037	.0016	.0007	.0003
27	.0469	.0291	.0230	.0182	.0115	.0073	.0030	.0013	.0006	.0002
28	.0419	.0255	.0200	.0157	.0097	.0061	.0024	.0010	.0004	.0002
29	.0374	.0224	.0174	.0135	.0082	.0051	.0020	.0008	.0003	.0001
30	.0334	.0196	.0151	.0116	.0070	.0042	.0016	.0006	.0002	.0001
35	.0189	.0102	.0075	.0055	.0030	.0017	.0005	.0002	.0001	*
40	.0107	.0053	.0037	.0026	.0013	.0007	.0002	.0001	*	*
45	.0061	.0027	.0019	.0013	.0006	.0003	.0001	*	*	*
50	.0035	.0014	.0009	.0006	.0003	.0001	*	*	*	*
55	.0020	.0007	.0005	.0003	.0001	*	*	*	*	*

*<.0001

附表三　　　　　　　　　　**年金终值系数表**

期数	1%	2%	3%	4%	5%	6%	7%	8%	9%	10%
1	1.0000	1.0000	1.0000	1.0000	1.0000	1.0000	1.0000	1.0000	1.0000	1.0000
2	2.0100	2.0200	2.0300	2.0400	2.0500	2.0600	2.0700	2.0800	2.0900	2.1000
3	3.0301	3.0604	3.0909	3.1216	3.1525	3.1836	2.2149	3.2464	3.2781	3.3100
4	4.0604	4.1216	4.1836	4.2465	4.3101	4.3746	4.4399	4.5061	4.5731	4.6410
5	5.1010	5.2040	5.3091	5.4163	5.5256	5.6371	5.7507	5.8666	5.9847	6.1051
6	6.1520	6.3081	6.4684	6.6330	6.8019	6.9753	7.1533	7.3359	7.5233	7.7156
7	7.2135	7.4343	7.6625	7.8983	8.1420	8.3938	8.6540	8.9228	9.2004	9.4872
8	8.2857	8.5830	8.8923	9.2142	9.5491	9.8975	10.260	10.637	11.028	11.436
9	9.3685	9.7546	10.159	10.583	11.027	11.491	11.978	12.488	13.021	13.579
10	10.462	10.950	11.464	12.006	12.578	13.181	13.816	14.487	15.193	15.937
11	11.567	12.169	12.808	13.486	14.207	14.972	15.784	16.645	17.560	18.531
12	12.683	13.412	14.192	15.026	15.917	16.870	17.888	18.977	20.141	21.384
13	13.809	14.680	15.618	16.627	17.713	18.882	20.141	21.495	22.953	24.523
14	14.947	15.974	17.086	18.292	19.599	21.015	22.550	24.214	26.019	27.975
15	16.097	17.293	18.599	20.024	21.579	23.276	25.129	27.152	29.361	31.772
16	17.258	18.639	20.157	21.825	23.657	25.673	27.888	30.324	33.003	35.950
17	18.430	20.012	21.762	23.698	25.840	28.213	30.840	33.750	36.974	40.545
18	19.615	21.412	23.414	25.645	28.132	30.906	33.999	37.450	41.301	45.599
19	20.811	88.841	25.117	27.671	30.539	33.760	37.379	41.446	46.018	51.159
20	22.019	24.297	26.870	29.778	33.066	36.786	40.995	45.752	51.160	57.275
21	23.239	25.783	28.676	31.969	35.719	39.993	44.865	50.423	56.765	64.002
22	24.472	27.299	30.537	34.248	38.505	43.392	49.006	55.457	62.873	71.403
23	25.716	28.845	32.453	36.618	41.430	46.996	53.436	60.883	69.532	79.543
24	26.973	30.422	34.426	39.083	44.502	50.816	58.177	66.765	76.790	88.497
25	28.243	32.030	36.459	41.646	47.727	54.863	63.249	73.106	84.701	98.347
26	29.526	33.671	38.553	44.312	51.113	59.156	68.676	79.954	93.324	109.18
27	30.821	35.344	40.710	47.084	54.669	63.706	74.484	87.351	102.72	121.10
28	32.129	37.051	42.931	49.968	58.403	68.528	80.698	95.339	112.97	134.21
29	33.450	38.792	45.219	52.966	62.323	73.640	87.347	103.97	124.14	148.63
30	34.785	40.568	47.575	56.085	66.439	79.058	94.461	113.28	136.31	164.49
40	48.886	60.402	75.401	95.026	120.80	154.76	199.64	259.06	337.88	442.59
50	64.463	84.579	112.80	152.67	209.35	290.34	406.53	573.77	815.08	1 163.9
60	81.670	114.05	163.05	237.99	353.58	533.13	813.52	1 253.2	1 944.8	3 034.8

续表

期数	12%	14%	15%	16%	18%	20%	24%	28%	32%	36%
1	1.0000	1.0000	1.0000	1.0000	1.0000	1.0000	1.0000	1.0000	1.0000	1.0000
2	2.1200	2.1400	2.1500	2.1600	2.1800	2.2000	2.2400	2.2800	2.3200	2.3600
3	3.3744	3.4396	3.4725	3.5056	3.5724	3.6400	3.7776	3.9184	3.0624	3.2096
4	4.7793	4.9211	4.9934	5.0665	5.2154	5.3680	5.6842	6.0156	6.3624	6.7251
5	6.3528	6.6101	6.7424	6.8771	7.1542	7.4416	8.0484	8.6999	9.3983	10.146
6	8.1152	8.5355	8.7537	8.9775	9.4420	9.9299	10.980	12.136	13.406	14.799
7	10.089	10.730	11.067	11.414	12.142	12.916	14.615	16.534	18.696	21.126
8	12.300	13.233	13.727	14.240	15.327	16.499	19.123	22.163	25.678	29.732
9	14.776	16.085	16.786	17.519	19.086	20.799	24.712	29.369	34.895	41.435
10	17.549	19.337	20.304	21.321	23.521	25.959	31.643	38.593	47.062	57.352
11	20.655	23.045	24.349	25.733	28.755	32.150	40.238	50.398	63.122	78.998
12	24.133	27.271	29.002	30.850	34.931	39.581	50.895	65.510	84.320	108.44
13	28.029	32.089	34.352	36.786	42.219	48.497	64.110	84.853	112.30	148.47
14	32.393	37.581	40.505	43.672	50.818	59.196	80.496	109.61	149.24	202.93
15	37.280	43.842	47.580	51.660	60.965	72.035	100.82	141.30	198.00	276.98
16	42.753	50.980	55.717	60.925	72.939	87.442	126.01	181.87	262.36	377.69
17	48.884	59.118	65.075	71.673	87.068	105.93	157.25	233.79	347.31	514.66
18	55.750	68.394	75.836	84.141	103.74	128.12	195.99	300.25	459.45	770.94
19	63.440	78.969	88.212	98.603	123.41	154.74	244.03	385.32	607.47	954.28
20	72.052	91.025	102.44	115.38	146.63	186.69	303.60	494.21	802.86	1 298.8
21	81.699	104.77	118.81	134.84	174.02	225.03	377.46	633.59	1 060.8	1 767.4
22	92.503	120.44	137.63	157.41	206.34	271.03	469.06	812.00	1 401.2	2 404.7
23	104.60	138.30	159.28	183.60	244.49	326.24	582.63	1 040.4	1 850.6	3 271.3
24	118.16	158.66	184.17	213.98	289.49	392.48	723.46	1 332.7	2 443.8	4 450.0
25	133.33	181.87	212.79	249.21	342.60	471.98	898.09	1 706.8	3 226.8	6 053.0
26	150.33	208.33	245.71	290.09	405.27	567.38	1 114.6	2 185.7	4 260.4	8 233.1
27	169.37	238.50	283.57	337.50	479.22	681.85	1 383.1	2 798.7	5 624.8	11 198.0
28	190.70	272.89	327.10	392.50	566.48	819.22	1 716.1	3 583.3	7 425.7	15 230.3
29	214.58	312.09	377.17	456.30	669.45	984.07	2 129.0	4 587.7	9 802.9	20 714.2
30	241.33	356.79	434.75	530.31	790.95	1 181.9	2 640.9	5 873.2	12 941.	28 172.3
40	767.09	1 342.0	1 779.1	2 360.8	4 163.2	7 343.2	22 729	69 377	*	*
50	2 400.0	4 994.5	7 217.7	10 436.	21 813.	45 497	*	*	*	*
60	7 471.6	18 535	29 220	46 058	*	*	*	*	*	*

*>99 999

附表四 **年金现值系数表**

期数	1%	2%	3%	4%	5%	6%	7%	8%	9%
1	0.9901	0.9804	0.9709	0.9615	0.9524	0.9434	0.9346	0.9259	0.9174
2	1.9704	1.9416	1.9135	1.8861	1.8594	1.8334	1.8080	1.7833	1.7591
3	2.9410	2.8839	2.8286	2.7751	2.7232	2.6730	2.6243	2.5771	2.5313
4	3.9020	3.8077	3.7171	3.6299	3.5460	3.4651	3.3872	3.3121	3.2397
5	4.8534	4.7135	4.5797	4.4518	4.3295	4.2124	4.1002	3.9927	3.8897
6	5.7955	5.6014	5.4172	5.2421	5.0757	4.9173	4.7665	4.6229	4.4859
7	6.7282	6.4720	6.2303	6.0021	5.7864	5.5824	5.3893	5.2064	5.0330
8	7.6517	7.3255	7.0197	6.7327	6.4632	6.2098	5.9713	5.7466	5.5348
9	8.5660	8.1622	7.7861	7.4353	7.1078	6.8017	6.5152	6.2469	5.9952
10	9.4713	8.9826	8.5302	8.1109	7.7217	7.3601	7.0236	6.7101	6.4177
11	10.3676	9.7868	9.2526	8.7605	8.3064	7.8869	7.4987	7.1390	6.8052
12	11.2551	10.5753	9.9540	9.3851	8.8633	8.3838	7.9427	7.5361	7.1607
13	12.1337	11.3484	10.6350	9.9856	9.3936	8.8527	8.3577	7.9038	7.4869
14	13.0037	12.1062	11.2961	10.5631	9.8986	9.2950	8.7455	8.2442	7.7862
15	13.8651	12.8493	11.9379	11.1184	10.3797	9.7122	9.1079	8.5595	8.0607
16	14.7179	13.5777	12.5611	11.6523	10.8378	10.1059	9.4466	8.8514	8.3126
17	15.5623	14.2919	13.1661	12.1657	11.2741	10.4773	9.7632	9.1216	8.5436
18	16.3983	14.9920	13.7535	12.6896	11.6896	10.8276	10.0591	9.3719	8.7556
19	17.2260	15.6785	14.3238	13.1339	12.0853	11.1581	10.3356	9.6036	8.9601
20	18.0456	16.3514	14.8775	13.5903	12.4622	11.4699	10.5940	9.8181	9.1285
21	18.8570	17.0112	15.4150	14.0292	12.8212	11.7641	10.8355	10.0168	9.2922
22	19.6604	17.6580	15.9369	14.4511	13.4886	12.3034	11.0612	10.2007	9.4424
23	20.4558	18.2922	16.4436	14.8568	13.4886	12.3034	11.2722	10.3711	9.5802
24	21.2434	18.9139	16.9355	15.2470	13.7986	12.5504	11.4693	10.5288	9.7066
25	22.0232	19.5235	17.4131	15.6221	14.0939	12.7834	11.6536	10.6748	9.8226
26	22.7952	20.1210	17.8768	15.9828	14.3752	13.0032	11.8258	10.8100	9.9290
27	23.5596	20.7059	18.3270	16.3296	14.6430	13.2105	11.9867	10.9352	10.0266
28	24.3164	21.2813	18.7641	16.6631	14.8981	13.4062	12.1371	11.0511	10.1161
29	25.0658	21.8444	19.1885	16.9837	15.1411	13.5907	12.2777	11.1584	10.1983
30	28.8077	22.3965	19.6004	17.2920	15.3725	13.7648	12.4090	11.2578	10.2737
35	29.4086	24.9986	21.4872	18.6646	16.3742	14.4982	12.9477	11.6546	10.5668
40	32.8347	27.3555	23.1148	19.7928	17.1591	15.0463	13.3317	11.9246	10.7574
45	36.0945	29.4902	24.5187	20.7200	17.7741	15.4558	13.6055	12.1084	10.8812
50	39.1961	31.4236	25.7298	21.4822	18.2559	15.7619	13.8007	12.2335	10.9617
55	42.1472	33.1748	26.7744	22.1086	18.6335	15.9905	13.9399	12.3186	11.0140

续表

期数	10%	12%	14%	15%	16%	18%	20%	24%	28%	32%
1	0.9091	0.8929	0.8772	0.8696	0.8621	0.8475	0.8333	0.8065	0.7813	0.7576
2	1.7355	1.6901	1.6467	1.6257	1.6052	1.5656	1.5278	1.4568	1.3916	1.3315
3	2.4869	2.4018	2.3216	2.2832	2.2459	2.1743	2.1065	1.9813	1.8684	1.7663
4	3.1699	3.0373	2.9173	2.8550	2.7982	2.6901	2.5887	2.4043	2.2410	2.0957
5	3.7908	3.6048	3.4331	3.3522	3.2743	3.1272	2.9906	2.7454	2.5320	2.3452
6	4.3553	4.1114	3.8887	3.7845	3.6847	3.4976	3.3255	3.0205	2.7594	2.5342
7	4.8684	4.5638	4.2882	4.1604	4.0386	3.8115	3.6046	3.2423	2.9370	2.6775
8	5.3349	4.9676	4.6389	4.4873	4.3436	4.0776	3.8372	3.4212	3.0758	2.7860
9	5.7590	5.3282	4.9164	4.7716	4.6065	4.3030	4.0310	3.5655	3.1842	2.8681
10	6.1446	5.6502	5.2161	5.0188	4.8332	4.4941	4.1925	3.6819	3.2689	2.9304
11	6.4951	5.9377	5.4527	5.2337	5.0286	4.6560	4.3271	3.7757	3.3351	2.9776
12	6.8137	6.1944	5.6603	5.4206	5.1971	4.7932	4.4392	3.8514	3.3868	3.0133
13	7.1034	6.4235	5.8424	5.5831	5.3423	4.9095	4.5327	3.9124	3.4272	3.0404
14	7.3667	6.6282	6.0021	5.7245	5.4675	5.0081	4.6106	3.9616	3.4587	3.0609
15	7.6061	6.8109	6.1422	5.8474	5.5755	5.0916	4.6755	4.0013	3.4834	3.0764
16	7.8237	6.9740	6.2651	5.9542	5.6685	5.1624	4.7296	4.0333	3.5026	3.0882
17	8.0216	7.1196	6.3729	6.0472	5.7487	5.2223	4.7746	4.0591	3.5177	3.0971
18	8.2014	7.2497	6.4674	6.1280	5.8178	5.2732	4.8122	4.0799	3.5294	3.1039
19	8.3649	7.3658	6.5504	6.1982	5.8775	5.3162	4.8435	4.0967	3.5386	3.1090
20	8.5136	7.4694	6.6231	6.2593	5.9288	5.3527	4.8696	4.1103	3.5458	3.1129
21	8.6487	7.5620	6.6870	6.3125	5.9731	5.3837	4.8913	4.1212	3.5514	3.1158
22	8.7715	7.6446	6.7429	6.3587	6.0113	5.4099	4.9094	4.1300	3.5558	3.1180
23	8.8832	7.7184	6.7921	6.3988	6.0442	5.4321	4.9245	4.1371	3.5592	3.1197
24	8.9847	7.7843	6.8351	6.4338	6.0726	5.4509	4.9371	4.1428	3.5619	3.1210
25	9.0770	7.8431	6.8729	6.4641	6.0971	5.4669	4.9476	4.1474	3.5640	3.1220
26	9.1609	7.8957	6.9061	6.4906	6.1182	5.4804	4.9563	4.1511	3.5656	3.1227
27	9.2372	7.9426	6.9352	6.5135	6.1364	5.4919	4.9636	4.1542	3.5669	3.1233
28	9.3066	7.9844	6.9607	6.5335	6.1520	5.5016	4.9697	4.1566	3.5679	3.1237
29	9.3696	8.0218	6.9830	6.5509	6.1656	5.5098	4.9747	4.1585	3.5687	3.1240
30	9.4269	8.0552	7.0027	6.5660	6.1772	5.5168	4.9789	4.1601	3.5693	3.1242
35	9.6442	8.1755	7.0700	6.6166	6.2153	5.5386	4.9915	4.1644	3.5708	3.1248
40	9.7791	8.2438	7.1050	6.6418	6.2335	5.5482	4.9966	4.1659	3.5712	3.1250
45	9.8628	8.2825	7.1232	6.6543	6.2421	5.5523	4.9986	4.1664	3.5714	3.1250
50	9.9148	8.3045	7.1327	6.6605	6.2463	5.5541	4.9995	4.1666	3.5714	3.1250
55	9.9471	8.3170	7.1376	6.6636	6.2482	5.5549	4.9998	4.1666	3.5714	3.1250

附表五　　正态分布曲线的面积

Z	0.00	0.01	0.02	0.03	0.04	0.05	0.06	0.07	0.08	0.09
0.00	0.0	0.0040	0.0080	0.0120	0.0160	0.0199	0.0239	0.0279	0.0319	0.0359
0.10	0.0398	0.0438	0.0478	0.0517	0.0557	0.0596	0.0636	0.0675	0.0714	0.0753
0.20	0.0793	0.0832	0.0871	0.0910	0.0948	0.0987	0.1026	0.1064	0.1103	0.1141
0.30	0.1179	0.1217	0.1255	0.1293	0.1331	0.1368	0.1406	0.1443	0.1480	0.1517
0.40	0.1554	0.1594	0.1628	0.1661	0.1700	0.1736	0.1772	0.1808	0.1844	0.1879
0.50	0.1915	0.1950	0.1985	0.2010	0.2054	0.2088	0.2123	0.2157	0.2190	0.2224
0.60	0.2257	0.2291	0.2324	0.2357	0.2389	0.2422	0.2454	0.2486	0.2517	0.2549
0.70	0.2580	0.2611	0.2642	0.2673	0.2703	0.2734	0.2764	0.2793	0.2823	0.2852
0.80	0.2881	0.2910	0.2939	0.2967	0.2995	0.3023	0.3051	0.3078	0.3106	0.3133
0.90	0.3159	0.3186	0.3212	0.3238	0.3264	0.3289	0.3315	0.3340	0.3365	0.3389
1.00	0.3413	0.3438	0.3461	0.3485	0.3508	0.3531	0.3554	0.3577	0.3599	0.3621
1.10	0.3643	0.3665	0.3686	0.3703	0.3729	0.3749	0.3770	0.3790	0.3810	0.3830
1.20	0.3849	0.3869	0.3888	0.3907	0.3925	0.3943	0.3962	0.3980	0.3997	0.4015
1.30	0.4032	0.4049	0.4066	0.4082	0.4099	0.4115	0.4115	0.4147	0.4162	0.4177
1.40	0.4192	0.4207	0.4222	0.4236	0.4251	0.4265	0.4279	0.4292	0.4306	0.4319
1.50	0.4332	0.4345	0.4357	0.4370	0.4382	0.4394	0.4406	0.4418	0.4429	0.4441
1.60	0.4452	0.4463	0.4474	0.4484	0.4495	0.4550	0.4515	0.4525	0.4535	0.4545
1.70	0.4554	0.4564	0.4573	0.4582	0.4591	0.4599	0.4608	0.4616	0.4625	0.4633
1.80	0.4641	0.4649	0.4656	0.4664	0.4671	0.4678	0.4686	0.4693	0.4699	0.4706
1.90	0.4713	0.4719	0.4726	0.4732	0.4738	0.4744	0.4750	0.4756	0.4761	0.4767
2.00	0.4772	0.4778	0.4783	0.4788	0.4793	0.4798	0.4803	0.4808	0.4812	0.4812
2.10	0.4821	0.4826	0.4830	0.4834	0.4838	0.4842	0.4846	0.4850	0.4854	0.4857
2.20	0.4861	0.4864	0.4868	0.4871	0.4875	0.4878	0.4881	0.4884	0.4887	0.4890
2.30	0.4893	0.4896	0.4898	0.4901	0.4904	0.4906	0.4909	0.4911	0.4913	0.4916
2.40	0.4918	0.4920	0.4922	0.4925	0.4927	0.4929	0.4931	0.4932	0.4934	0.4936
2.50	0.4938	0.4940	0.4941	0.4943	0.4945	0.4946	0.4948	0.4949	0.4951	0.4952
2.60	0.4953	0.4955	0.4956	0.4957	0.4959	0.4960	0.4961	0.4962	0.4963	0.4964
2.70	0.4965	0.4966	0.4967	0.4968	0.4969	0.4970	0.4971	0.4972	0.4973	0.4974
2.80	0.4974	0.4975	0.4976	0.4977	0.4977	0.4978	0.4979	0.4979	0.4980	0.4981
2.90	0.4981	0.4982	0.4982	0.4983	0.4984	0.4984	0.4985	0.4985	0.4986	0.4986
3.00	0.4986	0.4987	0.4987	0.4988	0.4988	0.4989	0.4989	0.4989	0.4990	0.4990
3.10	0.4990	0.4991	0.4991	0.4991	0.4992	0.4992	0.4992	0.4992	0.4993	0.4993
3.20	0.4993	0.4993	0.4994	0.4994	0.4994	0.4994	0.4994	0.4995	0.4995	0.4995
3.30	0.4995	0.4995	0.4995	0.4996	0.4996	0.4996	0.4996	0.4996	0.4996	0.4997
3.40	0.4997	0.4997	0.4997	0.4997	0.4997	0.4997	0.4997	0.4997	0.4997	0.4998
3.50	0.4998	0.0498	0.4998	0.4998	0.4998	0.4998	0.4998	0.4998	0.4998	0.4998
3.60	0.4998	0.4998	0.4999	0.4999	0.4999	0.4999	0.4999	0.4999	0.4999	0.4999
3.70	0.4999	0.4999	0.4999	0.4999	0.4999	0.4999	0.4999	0.4999	0.4999	0.4999
3.80	0.4999	0.4999	0.4999	0.4999	0.4999	0.4999	0.4999	0.4999	0.4999	0.4999
3.90	0.5000	0.5000	0.5000	0.5000	0.5000	0.5000	0.5000	0.5000	0.5000	0.5000

注：Z为标准差的个数，表中数据是平均数和Z个标准差之间的那部分正态曲线下的总面积。